연구원 원장, 미래창조과학부 미래준비위원회 위원 등을 역임했으며, 현재 아시아미래인재연구소 소장, 세계전문미래학자협회APF 이사로 활동 중이다.

그는 개인과 기업과 우리 사회가 현실을 통찰하고, 더 나은 미래, 바람직한 미래를 창조해갈 수 있도록 세계 최고의 미래예측 능력을 발휘하고 미래전략을 지원하는 것을 소명으로 생각하고 있다. 현재 미국, 한국, 중국 등을 오가며 미래예측기법, 미래전략경영, 미래모니터링, 워-게임, 시스템사고 등을 바탕으로 정부기관과 국내외 대기업, 비영리 단체, 그리고 개인을 대상으로 미래와 관련된 예측, 자문, 교육 활동을 하고 있다.

총 50여 권의 책을 출간할 정도로 왕성한 연구 및 저술 활동도 하고 있다. 그의 대표적 미래예측서인 《2030 대담한 미래 1, 2》《제4의 물결이 온다》《앞으로 5년 미중전쟁 시나리오》《앞으로 5년 한국의 미래 시나리오》《부자의 시간》《Futures Report》 등은 한국에서 경영자와 각 분야의 리더를 비롯한 다양한 독자층에게 큰 사랑을 받아 널리 읽히고 있다. 《2030년 부의 미래지도》《2020 부의 전쟁 in Asia》 등은 중국과 일본에서도 출판되었으며, 특히 《2020년 부의 미래지도》는 출간 직후 일본 아마존 종합베스트셀러 1위를 차지했다.

그는 아들 쌍둥이를 포함한 네 아들의 아빠다. 다섯 남자와 한 여자가 함께 만들어갈 가슴 뛰는 미래를 상상하는 즐거움은 그가 가진 또 다른 삶의 원동력이다.

'미래통찰 보고서' 구독 및 강연 문의:
duacnszz@naver.com / 010-3444-0910
유튜브: 최윤식TV

빅체인지

코로나19 이후
미래 시나리오

빅체인지
코로나19 이후 미래 시나리오

1판 1쇄 발행 2020. 7. 8.
1판 6쇄 발행 2020. 12. 28.

지은이 최윤식

발행인 고세규
편집 심성미 디자인 유상현 마케팅 백선미 홍보 김소영
발행처 김영사
등록 1979년 5월 17일 (제406-2003-036호)
주소 경기도 파주시 문발로 197(문발동) 우편번호 10881
전화 마케팅부 031)955-3100, 편집부 031)955-3200 | 팩스 031)955-3111

저작권자 ⓒ 최윤식, 2020
이 책은 저작권법에 의해 보호를 받는 저작물이므로
저자와 출판사의 허락 없이 내용의 일부를 인용하거나 발췌하는 것을 금합니다.

값은 뒤표지에 있습니다.
ISBN 978-89-349-9257-8 03320

홈페이지 www.gimmyoung.com   블로그 blog.naver.com/gybook
페이스북 facebook.com/gybooks   이메일 bestbook@gimmyoung.com

좋은 독자가 좋은 책을 만듭니다.
김영사는 독자 여러분의 의견에 항상 귀 기울이고 있습니다.

이 도서의 국립중앙도서관 출판예정도서목록(CIP)은 서지정보유통지원시스템 홈페이지
(http://seoji.nl.go.kr)와 국가자료공동목록시스템(http://www.nl.go.kr/kolisnet)에서
이용하실 수 있습니다.(CIP제어번호 : CIP2020024189)

빅체인지

최윤식

코로나19 이후 미래 시나리오

Post COVID-19

RETURN · REBOUND · RECESSION

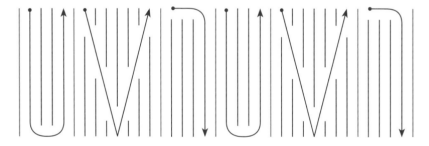

BIG CHANGE

김영사

예측된 위기와 변화가
시작되고 있다

이번 경제위기는 예측된 위기였다. 경제위기를 촉발한 방아쇠는 코로나바이러스감염증-19(이하 '코로나19'로 약칭)였지만, 전 세계에서 일어나는 경제 충격의 소리, 깊이와 넓이, 각종 사건과 분석 내용은 이미 예측되었고 경고되었던 일들이다. 수년 전부터 필자도 3가지 위기를 예측하고 경고했다. 미국 주식시장 대폭락(대조정), 한국의 2차 금융위기, 중국의 1차 금융위기였다. 3가지 중 첫 번째 위기는 현실이 되었다. 앞으로 2개의 위기가 또 세계를 강타할 것이다. 그 시점은 정확하게 예측할 수 없다. 하지만 아주 먼 미래는 아니다.

필자의 생각만이 아니다. 이번 위기가 시작되자 투자 전문가나 경제학자 대부분이 다음 위기를 경고하고 나섰다. 그들에게 한국의 2차 금융위기는 큰 사건이 아니다. 그들이 주목하는 위기 진원지는 중국이다. 미국을 비롯한 선진국 기업이다. 핵심은 막대한 부채다. 한국인에게는 한국의 2차 금융위기도 중요하다. 역시 핵심은 막대한 부채다. 가계와 일부 좀비 기업이 가진 막대한 부채다.

위기가 일어나지 않을 때는 낙관적 위기 시나리오조차도 터무니없는 예측으로 무시된다. 아무리 좋게 봐줘도 그런 일은 일어나지 않는다는 태도다. 위기가 시작되면 어떨까? 역시 낙관적 위기 시나리오는 또다시 터무니없는 소리로 치부된다. 이유는 정반대다. 위기가 시작되면 낙관적 시나리오 수준에서 절대 끝나지 않기 때문이다. 또한 위기가 시작되면 거꾸로 최악의 시나리오를 가지고 대비를 시작해야 한다.

이번에도 마찬가지다. 투자시장의 위기는 빨리 끝나지만, 실물경제위기는 생각보다 오래 지속될 것이다. "세월에 장사 없다"는 말이 있다. 나이가 지긋한 이에게만 통하는 말이 아니다. 위기 시간이 길어지면 가계와 기업도 견디기 힘들다. 한국에는 막대한 가계 부채와 엄청난 부동산 버블이 쌓여 있다. 건국 이래 최고 규모다. 좀비 기업(한계 기업) 수와 비중도 최고치다. 2008년 미국, 1991년 일본의 버블붕괴 때보다 더 높다.

위기 수습 시 부적절한 수단을 사용하면 또 다른 위기를 잉태한다. 어쩔 수 없는 선택이지만 미국과 한국을 비롯한 전 세계 정부는 현재의 경제위기를 벗어나기 위해 막대한 부채를 쏟아붓고 있다. 다른 방법도 없어 보여 그 누구를 탓할 수도 없다. 2008년 이전부터 첫 단추를 잘못 끼웠기 때문에, 부채로 만들어진 위기를 부채로 돌려막는 상황을 한순간에 되돌리기 힘들다. 그래도 사실은 사실이다. 진실은 부정할 수 없다.

이번에 각국 중앙은행이 무제한 찍어내는 돈과 정부의 대규모 재정 투여는 생산적 투자가 아니다. 최악의 상황을 막기 위해 쏟아붓는 휘발성 임시방편이다. 미래에 더 큰 수익으로 되돌아올 가능성은 아주 낮고, 더 큰 부담과 더 큰 위기로 돌아올 가능성이 높기 때문이다.

갚기 힘든 빚을 져본 사람이라면 이 말의 뜻을 직관적으로 안다. 한국을 비롯한 세계 각국의 전폭적인 재정 투하 정책으로 이번 경제위기도 최악은 피할 가능성이 높다. 하지만 돈을 빌려 쓴 가계와 좀비 기업의 체력은 더욱 약해질 것이다. 한국, 중국, 신흥국들에서 또 다른 위기가 이미 시작되거나 머지않은 미래에 위기가 다가올 것이라는 필자의 미래 시나리오가 현실이 될 가능성은 더욱 높아진다.

여기서 주의할 점이 하나 있다. 그렇다고 해서 "이제 완전히 망했다"고 포기하면 안 된다. 필자가 이 책을 쓰는 핵심 이유다. 지난 수백 년의 경제사를 뒤돌아보면, 결국 경제가 이긴다는 진리를 쉽게 발견할 수 있다. 단, 경제가 큰 불황을 거쳐 새로운 호황기로 가는 과정에서 어떤 것은 더욱 고착되고, 어떤 것은 완전히 새로워진다. 과연, 그런 것들은 무엇일까?

필자는 이 책에서 코로나19 이후 변하지 않는 것과 변하는 것이 무엇인지 분석하고 예측해보려고 한다. 가장 먼저 떠오르는, 변하지 않는 것이 있다. 바로 이 말이다.

"결국, 경제가 이긴다"

지금도 위기이고, 앞으로 또 다른 2개의 대위기가 올 것이지만, 결국엔 경제가 이긴다. 코로나19 충격도 이기고, 반복적으로 오는 경기침체도 이긴다. 코로나19 충격은 일시적이고 경기침체는 이미 예정된 미래였다. 코로나19 충격의 정점을 넘어서면 투자시장의 대세 상승기가 시작된다.

2020~2021년 경기침체기가 지나면 미국을 비롯해서 일부 국가에서는 새로운 장기 호황기가 시작된다. 그 과정에서 중국발 금융위기가 전 세계를 강타하면 아주 큰 지진이 천하를 흔들 것이다. 하지만 중국은 한국이 1997년 외환위기를 극복했던 기간보다 이 위기를 더 빠르게 극복할 것이다. 미국을 비롯한 선진국 투자시장과 경제는 중국보다 더 빨리 위기에서 벗어날 것이다.

이들 국가는, 투자시장에서만 거대한 지진이 발생하고 실물경제는 굳건할 가능성이 높다. 그리고 그들은 코로나19 이후 단기적 경기침체를 거친 후 '반드시' 다시 시작되는 새로운 장기 호황기 추세로 다시 복귀해서 유유히 안정적 성장을 계속할 것이다. 이것을 어떻게 확신하느냐고 질문할 수 있다. 답은 간단하다. 역사가 그랬다. 변하지 않는 미래다.

하지만 변하는 것도 많다. 필자가 이 책의 원고를 집필하는 동안 한국에서는 전례 없는 일이 벌어졌고 여전히 진행중이다. 이

전에는 겪어보지 못한 새로운 일이다.

2020년 1월 20일, 국내에서 코로나19 첫 번째 확진자가 발생했다. 이때부터 외국인은 한국 주식을 20조 원가량 매도했고, 개인은 무려 20조 원가량 순매수했다. 대폭락장에서 하루 주식거래 대금이 30조 원을 넘었다. 투자자가 주식을 사려고 증권사에 맡겨두거나, 주식을 판 뒤에 인출하지 않고 재투자를 위해 대기하고 있는 예탁금도 역대 최대치다. "지금 아니면 못 산다"는 말은 보통 부동산 투자시장에서 나오는 말이다. 이 말이 주식시장에서 나오는 것은 우리 생애에도 처음인 듯하다.

증권사 전체 기준, 최근 두 달 동안 새로 개설된 계좌 수는 무려 108만 개다. 이것도 진기록이다. 3월 한 달에만 실제로 주식거래를 하는 활동 계좌 수도 3천만 개를 넘었다. 한국 경제활동 인구수보다 많다. 갓난아이, 초·중·고 학생, 연로한 어르신을 제외하고 거의 모든 국민이 주식시장에 진입했다는 말이다. 신조어도 생겼다. '동학개미운동'이다. 코로나19가 촉발한 이번 경제위기에서 한국 주식시장에서 벌어지는 새로운 현상이다. 언론에서는 이들의 새로운 투자 행동과 전략이 과연 성공할 것인지가 초미의 관심사다.

코로나19 이후, 주식시장에서만 진기록, 신기록, 이례적 사건이 속출하는 것이 아니다. 여기저기에서 새로운 현상이 일어난다. 어떤 사건들은 단기적이지만, 어떤 변화는 최소 1~3년, 최대 3년 이상 수십 년 동안 우리의 삶을 바꿀 것이다. 거창한 말을 동원하자면, 새로운 질서를 만들 수 있다. 과연 그런 것들이 무엇일까? 이 책에서 그 미래를 예측해볼 것이다.

이 책은 크게 총 2개 장으로 구성된다. 코로나19가 중요한 사건이지만 전염병의 미래를 다룬 책은 아니다. 코로나19로 우리 삶의 자리에서 어떤 변화가 일어날지를 예측의 주제로 삼았다.

1장은 코로나19 이후 1~2년 동안 일어날 수 있는 단기 질서 변화다. 단기적 변화이기 때문에 시간이 지나면서 사라지거나 코로나19 이전의 제자리로 되돌아올 수 있다. 어떤 것은 때때로 반복되어 찾아오는 유행으로 남을 수도 있다.

2장에서는 3년 이상 중장기적 흐름에 변화를 일으킬 힘이나 이슈를 예측해보았다. 중장기적 변화이기 때문에 오랫동안 우리 삶 주변을 맴돌 일들이다. 오랫동안 영향을 주기 때문에 사고나 행동의 패러다임을 완전히 바꿀 수도 있다. 어떤 것들은 10년 이상 지속되어 인류의 삶 전반에 영향을 주는 메가트렌드로 발전해갈 수도 있다.

미래를 연구하는 학자로서 경제 상황의 변화뿐 아니라 전염병이 바꿀 인류의 미래상에 대해서 관심을 가져왔다. 익숙한 주제이고 머릿속에 늘 담아두면서 다양한 질문을 던져왔지만 이렇게 급박하게 평소 생각과 예측을 정리할 줄은 몰랐다.

모두가 알듯이, 코로나19의 충격은 워낙 급작스럽고 강력했다. 그리고 지금 이 순간에도 그 충격은 현재 진행형이다. 전염병이 주는 사회적 충격도 컸지만 경제적 충격도 역대급이다. 표면상으로는 전염병 충격이지만 그 이면은 예견된 경제적 위험의 폭발이었다. 2가지 역대급 위기가 겹치면서 개인이나 기업에서 앞으로 무엇을 더 생각해보고 준비해야 할지, 무엇을 바꾸어가야 할지 고민하는 분들이 많을 것이라 생각했다. 출판사도 이런 사회 분위기와 독자들의 요청을 필자에게 전달했다.

사태가 긴박한 만큼 원고를 작성할 시간을 여유롭게 가질 상황이 못 되었다. 그러나 독자들이 코로나19 이후 큰 변화를 최대한 빨리, 대략적이나마 알 수 있도록 최상의 예측을 담으려 했다. 이 사태가 진정되면 더 많은 연구와 성찰을 담은 책으로 돌아올 것을 약속드린다. 마지막으로, 필자의 생각을 독자들과 나눌 수 있도록 기회를 주신 출판사와 편집팀에게도 감사의 말을 전한다.

2020년 캘리포니아에서

미래학자 최윤식

BIG
CHANGE

차례

1 단기 질서 변화

2 중장기 질서 변화

BIG
CHANGE

1

단기 질서 변화

"미래는 갑자기 오지 않는다. 미래는 반드시 미래 신호를 주고 온다!" 필자가 즐겨 사용하는 말이다. 2020년 3월 15일 오후 5시 (미국 동부 시간), 미국 연방준비제도(이하 '연준'으로 약칭)가 긴급 연방공개시장위원회FOMC를 개최하고 기준금리를 제로로 전격 인하했다. 필자는 당시 연준의 다급한 조치를 분석하는 보고서를 작성해서 당일(한국 시간 3월 16일) 구독자들에게 긴급 발송했다.

연준은 2019년 3번의 중간 조정 목적의 일시적 기준금리 인하 이후 트럼프의 제로금리 인하 압박에도 불구하고 금리를 1.50~1.75%로 동결시키고 있었다. 2019년 12월 11일, 연준은 "(미국 경제) 전망에 대한 불확실성이 남아 있다"는 문구를 삭제한 성명서를 발표하면서 점진적 매파 성향마저 서서히 드러내고 있었다.

제로금리 가능성을 일축하고 앞으로 여건만 좋아진다면 기준금리 인상을 재개하겠다는 첫 신호였다.

FOMC 위원들의 2020년 기준금리 전망 점도표dot plot에서도 총 17명의 위원(투표권 없는 위원들 포함) 중 기준금리 동결은 13명, 기준금리 인하는 0명, 기준금리 0.25% 인상은 4명이나 되었다. 연준 내부에서도 서서히 매파 성향으로 전환 중이라는 신호가 분명하게 보였다. 연준은 미국 GDP 성장률을 2019년 2.2%, 2020년 2%, 2021년 1.9%, 2022년에는 1.8%로 전망하면서 경제성장률 하락은 불가피하지만 그 속도는 양호할 것으로 예상했다.

하지만 필자는 연준이 매파적 신호를 보낼 당시에 눈여겨볼 미래 신호 몇 가지를 함께 지목했다. 충격적 수치를 마구 쏟아내는 현재 경제위기로 판단하건대, 2008년 당시 글로벌 경제위기 충격을 넘어서고 대공황과 비견된다는 경제 폭풍 상황은 아니지만, 2년 전부터 경고했던 첫 번째 경제위기(미국 주식시장 대폭락)가 아주 가까이 왔다는 신호였다.

이에 필자는 2019년 연말과 2020년 연초 세미나와 강연 등에서 "현재 미국의 주식시장 버블이 상당하기 때문에 트럼프의 주식시장 떠받치기 노력에도 불구하고 내일 당장이라도 갑작스럽게 주식시장 대조정이 일어나도 이상한 일은 아니다"라고 평가하면서 다가올 위기에 대응할 준비를 시작하라고 조언했다. (필자의 유튜브 방송을 보는 독자라면, 2020년 1월 15일자 방송에서 "미국 주식시장 대조정을 준비하라"는 내용을 확인했을 것이다.)

필자가 2020년을 위기 발발 가능성이 높은 해로 지목한 이유
는 간단했다. 미국 주식시장 버블 붕괴의 정확한 시점은 필자를
포함해서 아무도 예측할 수 없지만, 막대한 기업 부채와 하이일
드 채권시장에서 거래되는 위태한 회사채 부실 정황, 그리고 여
러 주변 정황과 미래 신호로 보아 그때가 임박한 것은 확실했기
때문이다.

단, 마지막 변수는 있었다. 트럼프 대통령이 2020년 재선 성공
을 위해 다양한 경기부양책과 장밋빛 공약들을 쏟아내고 대선 기
간 내내 막대한 선거자금이 시중에 넘쳐흐르면 주식시장의 대폭
락이 늦춰질 수 있다. 이런 변수를 감안해도 2020년 선거 후 대폭
락 시작은 '정해진 미래'였다. 미국 주식시장이 대폭락하면, 한국
을 비롯한 대부분의 나라 주식시장도 동반 폭락하며 일시적인 경
제 충격이 전 세계를 강타할 것이 분명했다.

2020년 한 해가 큰 사건 없이 지나가더라도 11월 대선이 끝나
면 역사상 최장 기록을 갱신하며 주식 가격 상승을 견인했던 호
재와 경제 동력이 다 소모되고(주식 가격에 이미 반영이 끝나고), 남은
것은 연준의 기준금리 인상 재개와 (예정된) 리세션 공포뿐이라는
생각이 시장에 널리 퍼지면, 대조정을 두려워하는 세력들이 하나
둘씩 빠져나가면서 위기 스위치가 켜질 가능성이 컸다.

이런 모든 정황과 신호를 감안할 때, 필자의 예측으로는 트럼
프가 인위적 방법으로 주식시장 대폭락을 늦출 수 있는 최대 시
간은 불과 1년뿐이었다.

하지만 위기의 도래는 예측할 수 있어도 위기의 시간은 예측할 수 없는 법. 필자는 2020년 11월 대선 이전이라도 얼마든지 미국 주식시장 대폭락과 그에 따른 경제 충격이 일어날 수 있기 때문에 그 가능성에도 대비할 필요가 있다고 판단했다. 2019년 말~2020년 1월 기준에서도 미국 주식시장은 엄청난 버블(역사상 최고 수준)이 쌓여 있고, 미국 기업 부채는 2008년 대비 2배 이상 증가했고 하이일드 시장의 위험도 크게 높아진 상황이라서, 2020년 대선 전에라도 (그것이 무엇인지는 예측할 수 없지만) 특별한 사건이 시장의 잠재된 염려(한 번쯤은 대폭락이 일어날 수 있다는 염려)를 강하게 자극하면 대폭락이 일어날 가능성이 충분했기 때문이다. 2020년 대선 전에 대폭락이 일어나지 않더라도 올해에는 12~15% 정도의 하락 폭을 보이는 중간 조정기가 최소 1~2회 발생할 가능성이 높았다.

3가지
미래 징후와 예측

필자가 미국 주식시장 대폭락을 준비하라는 세미나와 방송을 하고 난 바로 다음 달 2월, 불길한 미래 징후가 나타났다. 2020년 2월 7일, 필자는 '3가지 미래 징후와 예측'이라는 제목의 통찰 보고서를 독자들에게 발송했다. 하나는 2020년 미국 대선 관련 미래 징후였고, 나머지 2개는 중국과 관련된 것이었다. 그중 하나는 당시는 '우한 폐렴'이라 불렸던 신종 코로나 바이러스 감염 사태 진행에 대한 것이었다.

한국에서 2020년 1월 20일에 코로나19 확진자가 처음 발생했지만, 한국과 미국 경제는 큰 위기를 느끼지 못하고 일상생활을 유지했다. 하지만 2020년 2월 6일 중국에서는 신종 코로나 확진자(28,008명)와 사망자(549명) '계속' 빠르게 증가 중이었다. 당시 공식 발표된 치명률은 2~3% 수준이었다. 필자는 긴급 보고서를 통해 '우한 폐렴'이 2020년 세계 경제에 미칠 영향 예측을 이렇게 발표했다.

WHO가 예측하는 가장 낙관적 시나리오는 2월 중하순에 정점에 이르고 4월 초쯤에 '상황 통제 가능 수준'으로 안정되는 것이다. 하지만 (낙관적 시나리오대로 갈 가능성은 낮고) 사스(5개월), 신종플루(1년), 메르스(7개월)의 완전 종식 시점을 감안할 때 빨라야 2020년 3분기, 늦으면 2020년 말까지 감염병 영향권 안에 머무를 듯하다.

WHO의 낙관적 시나리오 제시에도 불구하고, 중국 춘제를 전후해 우한 주민 500만여 명이 중국 전역과 동남아로 이동했기 때문에 중국 정부와 보건 당국의 역학조사와 인위적인 추가 확산 방지 성공 가능성이 아주 낮은 상황이다. (감염 피크 도달 시점도 WHO의 예측 시점인 2월 중하순이 될 가능성도 낮아지고 있다.) 기업 입장에서는 WHO가 예측하는 낙관적 시나리오보다 '상당히' 늦은 시점에 '피크 도달'과 '상황 통제 가능 수준'에 도달할 가능성도 준비를 해야 한다.

한국 기업 입장에서는 2020년 4월까지 급격한 경제 위축이 지속 (최악의 시나리오)될 가능성에 대비해야 한다. 그리고 상황 통제 가능 수준에 이르는 기간까지 포함하면 2020년 6월 말까지는 위기 단계를 유지할 필요가 있다.

필자가 그날 발표한 마지막 미래 징후와 예측은 '미 · 중 무역전쟁 긴장감 재고조 가능성'이었다. 코로나19 사태가 6월까지 전세계 경제에 충격을 줄 경우, 미국과 중국이 원하지 않더라도 무역전쟁 재개를 선언하는 상황으로 빨려들어갈 가능성이 높다고 예측했다.

2019년 미 · 중 무역전쟁이 최고조에 이르렀을 때 가장 큰 타격을 받은 나라는 한국이었다. 미 · 중 무역전쟁의 봉인이 다시 풀리면 코로나19로 충격을 받은 한국 기업이나 투자자에게 카운터 펀치가 될 가능성이 높았다. 당연히 미리 생각하고 준비해야 할 미래였다.

필자의 우려와 미래 징후에 관한 예측이 발표된 지 얼마 되지 않아 국내에서도 코로나19 사태는 점점 더 큰 사건으로 번지기 시작했다. 필자는 2020년 2월 22일 홈페이지(www.cysinsight.com)를 통해 '코로나19 단계별 예측 시나리오'를 긴급 발표하고 실시간 모니터링 체제로 전환했다. 그리고 경제 대충격의 3월이 시작되었다.

2020년 4월 4일, 3개월 만에 전 세계 코로나19 확진자가 100만 명을 돌파했다. 역사에 기록된 전염병 중 가장 빠른 속도였다. 2020년 4월 4일부터는 하루 확진자 수가 10만 명을 넘었다. 2009년 팬데믹pandemic 선언을 이끈 신종플루도 감염 확진자 100만 명을 넘는 데 1년 정도 시간이 걸렸다. 역사상 최악의 전염병 중 하나로 회자되는 1918년 스페인독감조차도 6개월 이상 소요됐다.

2020년 3월 26일, 영국 임페리얼칼리지런던 연구팀은 코로나19의 당시 확산 추세 데이터, 치명률 추정치, 주요 국가 인구 및 사회적 요인 등을 변수로 잡아 예상 가능한 피해 규모를 시뮬레이션한 결과를 발표했다. 충격적이었다. 다음은 그들이 발표했던 내용의 핵심이다.

- 시뮬레이션 1 : 각국이 코로나19 확산을 방치하는 최악의 상황이라면 2020년 한 해 동안 세계 인구 77억 명의 대다수가 감염, 사망자 4천만 명.
- 시뮬레이션 2 : 각국이 코로나19 확산을 막기 위해 강력한 조치(대규모 진단 검사, 감염자 격리, 전면적 사회적 거리두기 등)를 조기 실행하는 상황이라면 2020년 한 해 동안 확진자 4억 7천만 명, 사망자 186만 명.
- 시뮬레이션 3 : 각국이 강력한 공중보건 대응책을 조기 실행하지 않고 늦추는 상황이라면 누적 확진자 24억 명, 사망자 1,045만 명.

6월 15일 현재, 전 세계 누적 확진자는 800만 명을 넘어섰고 사망자도 43만 명을 넘어섰다. 전문가들은 무증상자나 검사 장비나 대응 미비로 공식 집계에서 누락된 감염자 수를 10~20배까지 추정한다. 백신이 나오는 2020년 말이나 2021년 초까지 코로나19가 기세를 유지할 것이라고 전제하면 '시뮬레이션 2'의 추정치가 과장된 것만은 아닐 듯싶다. 임페리얼칼리지런던 연구팀의 '시뮬레이션 2'가 현실이 된다면(절대 그렇게 되기를 바라지 않지만), 이번 사태는 어느 정도 규모의 재앙일까? 14세기 중세 유럽을 강타하며 인류 역사를 바꾸었던 흑사병은 1346~1353년까지 유럽인 4천만 명, 중국인 3천만 명을 포함해서 전 세계 1억 명 이상 사망자를 낸 것으로 추정된다. 당시 인구가 4억 5천 명 정도였는데, 현재 인구 비율로 환산하면 최대 20억 명 이상을 죽음으로 몰아넣을 정도로 상상을 초월하는 규모였다.

근대 역사상 가장 강력한 전염병이었던 천연두는 1967년 한

해에만 1,500만 명을 감염시켰고 그중 200만 명 이상이 사망했다. 그 이후에도 매년 기세를 떨치며 1980년에 WHO가 공식적으로 종식 선언을 하기 전까지 80년 동안 약 3억 명의 생명을 빼앗아갔다(평균 치명률 30%). 물론 이 수치도 20세기 이전에 천연두가 인류를 공격한 사례를 제외한 것이다. 16세기에 천연두는 면역력이 없던 중남미 원주민 5천만 명 이상을 죽음으로 몰고갔다.

1918~1919년 전 세계를 휩쓸었던 스페인독감은 제1차 세계대전 사망자 900만 명보다 최대 11배 많은 5천만~1억 명의 사망자를 냈다. 당시 전 세계 인구가 16억 명 정도였으니, 현재 인구 비율로 환산하면 최소 2억 명에서 최대 5억 명에 이른 엄청난 규모다. 2009년 신종플루는 전 세계 214개국에서 발병했고 공식적으로 1만 8,500명의 사망자 기록을 남겼다. 2003년 사스는 9~10%, 2012년 메르스는 35~40%의 치명률을 기록했지만, 재생산 지수가 낮고 초기 봉쇄를 잘한 덕택에 전 세계적으로 엄청난 사상자를 내지는 않았다.

대부분의 사람들이 코로나19 이후 많은 것들이 변할 것이라고 짐작한다. 필자의 생각도 같다. 사회학자들이 한국 사회를 2002년 월드컵 이전과 이후로 나눈 것과는 비교되지 않을 만큼 큰 변화가 나타날 것이라고 생각한다. 코로나19 이전과 이후의 한국과 세계의 변화. 그 미래가 어떨지를 예측하려면, 먼저 역사를 되돌아보는 것이 필요하다.

미국의 역사학자 윌리엄 맥닐은 《전염병의 세계사》라는 저서에서 통해 전염병을 돌발적이고 일시적인 사건이 아니라 정치를 비롯해서 경제와 개인 생활환경 등 인간사 전체 흐름을 바꾸는 중요한 변수 중 하나라고 지적했다. 이 책을 읽는 독자라면, "과연 그럴까?"라는 질문을 던지지 않을 것이다. 이 책의 주제가 코로나19 이후의 새로운 변화와 질서에 대한 내용임을 잘 알고 있고, 코로나19가 준 전 지구적 충격을 직접 겪었기 때문이다.

그래서 필자는 이 책에서 코로나19 혹은 전염병이 문명의 변곡점이 될 수 있느냐 없느냐를 논쟁하지 않겠다. 그보다는 역사적 사실들을 되돌아보면서 코로나19 같은 전염병이 무엇을 바꾸어 놓았는지 크고 작은 흐름과 사건들을 짚어가면서 이번에도 적용될 가능성이 높은 기본적인 영감을 얻으려 한다.

코로나19와 가장 많이 비교되는 과거 전염병은 스페인독감이다. 코로나19처럼 폐에 치명적 손상을 주면서 팬데믹을 일으켰고 바이러스 종류도 비슷하기 때문이었다. 스페인독감의 최초 발병지는 1918년 3월 미국 중서부 곡창지대인 캔자스주 해스켈이었다. 2만 6천 명 규모의 군사 훈련소가 있는 곳이었다. 여기에서 훈련받은 군인들이 제1차 세계대전 참전을 위해 유럽으로 파병되어 전장에서 스페인독감을 퍼뜨렸다. 발병 초기에는 사망률도 낮았고 곧 여름이 되면서 전파력도 잠시 약화되었다. 전쟁이 끝날 무렵 본국 귀환을 앞둔 각국 군인들이 임시 캠프지에서 다시 모이면서 전 세계로 확산되는 계기가 마련되었다. 캠프지에서 '3일 열병'이라고 불리는 증상이 유행했고, 단순 감기로 판정받은 군인들이 귀향하면서 전 세계 대유행이 시작되었다.

발병 전체 기간은 제1차 세계대전 말부터 종전 직후인 1918~1919년까지였고, 원인은 인플루엔자 A형 바이러스의 변형체인 H1N1 바이러스였다. 정식 명칭은 '1918년 인플루엔자'다. 발병 초기에는 세계대전 중이어서 주요 국가들에서는 언론보도를 강하게 통제했다. 중립국으로 언론보도가 자유로웠던 스페인에서 집중적으로 신종인플루엔자를 보도했고, 스페인 내 발병 시작 후 3개월 만에 800만 명 감염자를 내고, 알폰소 스페인 국왕마저 감염으로 사망하면서 스페인독감이라는 별명이 붙었다.[1]

항생제가 개발되기 전이어서 소금물로 입을 헹구고 열이 내리기를 마냥 기다렸다. 천운에 기대는 것이 개인으로선 최선의 대응이었다. 스페인독감도 신분고하나 빈부격차를 가리지 않았다. 독일 황제 빌헬름 2세, 영국 총리 로이드 조지도 목숨을 잃을 뻔했다. 유명인사도 예외는 아니었다. 프랑스 시인 기욤 아폴리네르, 미국 사업가 프레더릭 트럼프, 오스트리아의 화가 에곤 실레와 구스타프 클림트 등이 스페인독감으로 사망했다.[2]

스페인독감을 분석한 다양한 논문들을 살펴보면, 치료제와 백신이 없는 상황에서 스페인독감의 활동을 멈춘 힘은 인구의 50~60%가 감염되는 '집단 면역Herd Immunity'이었다.[3] 집단 면역 체계가 만들어지면서 대재앙을 멈출 수 있었지만 피해는 엄청났다. 스페인독감은 제1차 세계대전 사망자 900만 명보다 최대 11배 많은 5천만~1억 명의 사망자를 냈다. 코로나19에 대해서 임페리얼칼리지런던 연구팀이 발표한 최악의 시뮬레이션(각국이 강력한 공중보건 대응책을 조기 실행하지 않고 늦춘 상황)에 의하면 누적 확진자 24억 명, 사망자 1,045만 명였다.

스페인독감 사망자는 액면 수치만으로도 코로나19의 10배이고, 당시 사망자 수를 현재 인구 비율로 환산한 수(2억 명~5억 명)와 비교하면 최대 50배나 강력한 엄청난 사건이었다. 스페인독감은 1918~1919년을 출생률보다 사망률이 더 높은 해로 만들어버렸다. 당연히, 사망자 수만으로도 인류 역사에 제1차 세계대전보다 더 큰 영향을 주었을 것으로 짐작된다.

스페인독감 이후 한국과 세계에 어떤 변화가 일어났는지 살펴보자. 일제강점기 경무총감부 기관지 〈경무휘보〉를 보면, 스페인독감은 시베리아를 거쳐 남만주로 이어지는 철도를 타고 한반도 북부로 유입되어 전국으로 확산되었고 '무오년 독감'이라고 기록되어 있다. 조선총독부 기관지 〈매일신보〉나 〈부산일보〉 등은 독감을 '풍사風邪'라고도 부르면서 '폭위暴威를 떨치는 풍사의 신스페인독감'이라고 기록했다.

1918~1919년 스페인독감은 3번의 확산기가 있었는데, 조선에는 전 세계적으로 사망자가 가장 많았던 2차 확산기인 1918년 9월경에 집중 발병했다. 조선 인구의 44%에 해당하는 742만 명이 감염되어 14만 명가량 사망했다. 1918년 1월에는 인천 지역에

서만 하루에 2천 명이 사망했다는 기록도 있다.

모든 학교가 휴교했고 대부분의 단체와 공공기관 업무가 정지되었다. 군대에서 대규모 감염이 끊이지 않았다. 추수를 하지 못한 논이 절반을 넘었고 집배원도 상당수 감염되어 업무 마비가 다반사였다.[4] 2020년 코로나19로 한국을 비롯해서 전 세계가 일시에 셧다운된 것과 비슷했다.

1919년 1월 조선총독부의 독감 방역 실패와 경제 마비가 조선인의 불만을 폭발시켜 3·1운동의 중요한 동력으로 작용했다는 해석도 있다. 2017년 김택중 씨가 쓴 〈1918년 독감과 조선총독부 방역정책〉이란 글에서 "조선총독부의 독감 방역 실패로 일상적인 죽음을 목격하게 된 한국인들은 무단 정치 10년의 절망감을 분노로 표출할 수밖에 없는 상황에 도달하였다"고 평가했다.

〈그림 1〉은 뉴욕, 런던, 파리, 베를린의 1918~1919년 스페인독감 유행 흐름을 보여준다. 총 3차에 걸쳐 대유행했는데, 가장 피해가 컸던 시점은 2차 유행기였던 1918년 10~12월이었다. 한반도 같은 시기에 스페인독감이 대유행하면서 대규모 사망자를 냈다. 주목할 부분이 하나 더 있다.

백신이나 확실한 치료제가 없는 경우에는 3차 유행기에도 적지 않은 피해가 발생했다. 2020년 코로나19의 경우는 3차 유행기 시점에 백신이 준비될 가능성이 높다. 2차 유행기가 될 것으로 예측되는 2020년 가을과 겨울에 백신이 준비되지 않으면 상당수의 감염자가 나올 가능성도 충분하다. 2009년 전 세계를 강타한 신

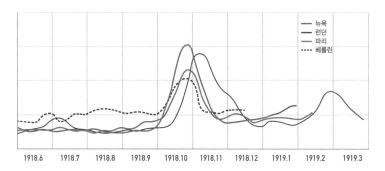

그림 1 1918~1919년 스페인독감 확산 주기

뉴욕
런던
파리
베를린

1918.6 1918.7 1918.8 1918.9 1918.10 1918.11 1918.12 1919.1 1919.2 1919.3

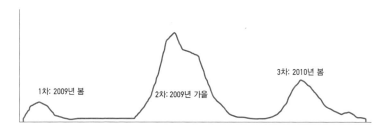

그림 2 2009~2010년 신종플루 확산 주기

1차: 2009년 봄

2차: 2009년 가을

3차: 2010년 봄

종플루 팬데믹도 2009년 10월부터 2010년 2월까지 진행된 2차
유행기가 가장 큰 피해를 냈다(그림 2).

미국에서는 어떤 일이 벌어졌을까? 광활한 영토를 가진 미국
은 이번 코로나19처럼 지역마다 스페인독감에 어떤 대응을 했는
지에 따라서 감염자와 사망자 수에 차이가 났다. 중요한 것은 이
것이다. 피해 규모의 차이에 따라서 스페인독감 이후 지역의 발
전 방향이 달라졌다. 현재 뉴욕은 코로나19 최대 피해 지역이다.

미국 전체 감염자와 사망자의 절반 가까이가 뉴욕주에 집중되었다.

하지만 1919년 뉴욕은 달랐다. 미국 전체 사망자가 67만 명에 달했지만 뉴욕의 사망자는 4만 명 정도에 그쳤다. 이유는 간단했다. 2020년과는 다르게 1918~1919년 뉴욕은 아주 빨리 사회적 거리두기를 시행했다. 뉴욕에서 3명의 선원들이 스페인독감 진단을 받은 후 사망자가 급격히 증가하기 시작하자 뉴욕시는 감염 의심자에게 대중교통 이용을 못 하게 하고, 기업과 공장의 업무 시간에 시차를 두어 사람들이 몰리는 것을 막았고, 모든 사람에게 마스크 사용을 명령했다. 교회도 종교행사를 일시 중단했다. 사망자가 두 달 만에 2만 명을 넘어서자 셧다운 기간을 석 달 이상 실시했다.

2020년 한국이 코로나19 대응에 가장 모범국으로 알려지면서 미국을 비롯한 전 세계에서 교민들이 국내로 되돌아오고 스포츠 구단의 외국 용병들도 자국보다 훨씬 안전한 한국으로 발길을 옮겼다. 1918~1919년 당시에도 마찬가지였다. 뉴욕이 스페인독감을 모범적으로 방어하고 가장 빨리 극복했다는 소식이 전 세계에 알려지면서 유럽 이민자들이 몰려들었다. 스페인독감 피해에서 가장 빨리 회복되어 경제회복도 빨랐다. 미국 도처에서 안전하고 경기가 좋은 뉴욕으로 인재들이 몰려들었다.

반대로, 20세기 초 '세계의 공장'으로 불린 미국 최대 공업지역 중 한 곳인 필라델피아는 스페인독감의 파괴력을 우습게 알고 제1차 세계대전 참전 군인 환영 퍼레이드를 강행했다. 시가행

그림 3 1918~1919년 미국의 스페인독감 대응에 따른 사망자 수

• 필라델피아

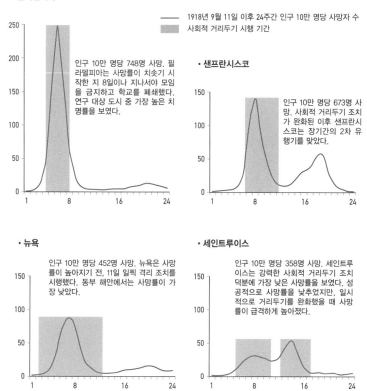

1918년 9월 11일 이후 24주간 인구 10만 명당 사망자 수
사회적 거리두기 시행 기간

인구 10만 명당 748명 사망. 필라델피아는 사망률이 치솟기 시작한 지 8일이나 지나서야 모임을 금지하고 학교를 폐쇄했다. 연구 대상 도시 중 가장 높은 치명률을 보였다.

• 샌프란시스코

인구 10만 명당 673명 사망. 사회적 거리두기 조치가 완화된 이후 샌프란시스코는 장기간의 2차 유행기를 맞았다.

• 뉴욕

인구 10만 명당 452명 사망. 뉴욕은 사망률이 높아지기 전, 11일 일찍 격리 조치를 시행했다. 동부 해안에서는 사망률이 가장 낮았다.

• 세인트루이스

인구 10만 명당 358명 사망. 세인트루이스는 강력한 사회적 거리두기 조치 덕분에 가장 낮은 사망률을 보였다. 성공적으로 사망률을 낮추었지만, 일시적으로 거리두기를 완화했을 때 사망률이 급격하게 높아졌다.

진에 시민 20만 명이 몰려 인산인해를 이뤘고, 스페인독감 감염자가 폭발했다. 2020년 미국 루이지애나에서 나타난 현상과 똑같았다.

코로나19는 기저질환자나 고령자에게 치명적이지만 스페인독

감의 사망률은 20~40세 청장년층에서 더 높았다. 수많은 청장년이 사망하자 필라델피아 산업은 강력한 내상을 입었다. 전염병의 충격을 크게 받을수록 불확실성, 공포, 혐오, 대인기피, 봉쇄정책, 회사 파산과 실직은 강화되어 경제활동 위축에서 벗어나는 시간이 오래 걸린다.

스페인독감이 사라지고 난 이후 1920~1921년, 미국 경제가 심각한 경기침체(리세션)에 빠졌을 때 필라델피아의 불황은 유독 심했다. 엄청난 규모의 청장년이 사망하면서 결혼율, 출산율, 기대수명 등이 급격히 떨어지면서 도시 전체가 가라앉았다. 전염병이나 대재난이 일어나면 사람들은 사회적 분노를 표출한 대상을 찾는다. 혐오 대상을 찾는다. 2020년 코로나19가 뉴욕을 강타할 때 동양인 비하, 인종 차별은 물론이고 염산 테러 등 혐오 범죄가 일어났다.[5] 당시에도 마찬가지였다. 스페인독감의 책임이 이민자에게 돌려졌다. 필라델피아처럼 스페인독감 피해가 크고 경제가 침체된 지역일수록 그런 현상은 심했다. 한동안 이민자들도 당연히 그곳을 피했다.[6]

중세를 강타했던 페스트도 엄청난 사망자를 내면서 인구 변화를 일으켰다. 인구가 급격하게 감소하자 노동력이 부족해지면서 임금은 최고 10배까지 상승했다. 살아남은 농노는 임금 상승으로 부유해지고, 희소가치가 높아지면서 권리도 향상되었다. 반면에 농사 지을 일꾼을 구하지 못한 영세 영주들은 파산했다.

자연히 영주와 소작농 간의 갈등이 심해지면서 무력 충돌이 빈

번해졌고, 장원제는 힘을 잃고 자영농이 늘어나면서 봉건제가 뿌리째 흔들렸다. 일정한 영역 내에서 자립 경제가 힘들어지자 시장과 무역 의존도가 높아지면서 경제구조 전반의 변화도 시작되었다. 시장과 무역 경제는 상인과 장인(기술 전문가)의 힘을 강화하면서 부르주아라는 신계급층을 탄생시켰고 자본주의의 싹을 틔웠다.

노르웨이 사학자 올레 요르겐 베네딕토Ole Jørgen Benedictow는 페스트로 인한 농노의 지위 향상과 소득 증대가 소비를 촉진시켜, 페스트가 자본주의 탄생에 크게 기여했다고 평가한다. 미국 MIT 피터 테민Peter Temin 교수는 페스트가 제1차 산업혁명에도 영향을 미쳤다고 주장한다.[7]

상인과 기술전문가가 경제의 중심으로 부각하자 기술혁명도 빨라졌다. 과거에는 일일이 대규모 수작업에 의존했던 일들이 노동력 감소로 더 이상 같은 방법으로 유지하기 힘들어지자, 새로운 돌파구가 필요했다. 인간 노동력을 대체할 기계 장치의 발명과 식민지 개척이었다. 구텐베르크 금속활자 기술을 비롯해서 다양한 기계장치가 개발되면서 기존 산업의 생산방식을 바꾸었다.

식민지 개척 붐이 일어나면서 항해에 필요한 기술과 제품이 발명되었고, 대규모 무역과 식민지 개척에 대한 위험을 줄이기 위해 주식회사를 비롯해서 다양한 금융 혁신도 일어났다.

페스트라는 재앙적 사건은 문학과 예술에도 영향을 미쳤다. 전염병을 피해 시골 별장에 모인 10명의 남녀가 자기가 아는 이야기를 서로 들려주는, 중세 최초의 소설 보카치오의《데카메론》도 페스트가 배경이다.

전염병이 무섭게 창궐하고 수많은 사망자를 내고 나면 인류는 그런 공포의 재발을 막기 위해 치료법 발견에도 매진한다. 그 과정에서 위험한 치료법이 활개치는 부작용도 발생하지만 의학과 생화학 분야의 발전도 일으킨다.

전염병은 도시 환경도 바꾼다. 19세기 중반 나폴레옹 3세는 콜레라의 창궐을 막기 위해 중독된 공기를 분산시키는 방법으로 파리 도시를 가로지르는 넓은 대로를 건설했고 건축과 위생에 대한 규제도 대폭 강화했다.

천연두도 세상을 바꾸는 데 일조했다. 조선시대 아동 사망의 원인 40%를 차지한 것이 고열로 사망에 이르게 하는 천연두였다. 천연두는 잉카제국을 비롯한 남아메리카 원주민 문명을 일거에 무너뜨렸다. 남아메리카에서 엄청난 규모의 금과 은이 약탈되어 들어오자 유럽 금융 산업과 질서에도 큰 변화가 일어났다. 급격한 화폐 증가는 구매력을 높이며 상업과 공업 발전을 일으키고 전반적인 삶의 수준을 향상시켰다. 삶의 수준이 향상되자 자유와 인권에 대한 의식도 높아졌다.

하지만 화폐량의 급격한 증가는 인플레이션과 투자 버블도 일으켰다. 자본의 위력이 유럽을 강타하면서 경제 이론과 패러다임에 대혁명이 일어났지만, 반복되는 엄청난 인플레이션과 버블 붕괴로 정치체제의 붕괴도 잦아졌다. 높은 세금과 경제 붕괴에 대한 불만이 쌓이면서 1789년 프랑스대혁명을 비롯해 다양한 시민 혁명이 일어났다. 그때마다 절대권력은 약화되었고 시민의 권리와 힘은 강해졌다.[8]

전염병은 종교에도 영향을 미친다. 엄청난 사망자를 내는 전염병을 겪으면 한쪽에서는 전염병의 신의 노여움이라고 해석하면서 종교에 대한 의존도가 높아지기도 하지만 다른 한쪽에서는 인간에 대한 성찰과 가치의 재평가가 일어난다. 신보다 인간에 더 집중하자는 운동이 일어난다. 신 중심 사회에서 인간과 자연 중심 사회로 전환된다. 보이지 않는 신이나 사람들이 원하는 답을 내놓을 지식이 없는 종교에서 벗어나 과학과 문학에 집중하기 시작한다. 근대 인본주의와 르네상스 운동은 이런 힘이 모여 일어난 변화다.

이런 힘과 운동이 한곳으로 모여 거대한 흐름을 만들면 무너지지 않는 강한 성벽처럼 보이던 기존 질서가 무너지고 새로운 시대가 열린다. 중세도 이렇게 무너졌다. 결국 전염병은 광풍을 일으키고 시간이 지나면 잠잠해지지만 그 영향력은 남아서 시대를 바꾸는 심층 원동력으로 작용한다.

전염병은 우연치 않는 사건도 만들어 역사에 영향을 미쳤다. 1919년 제1차 세계대전이 끝나자 미국에서 막대한 전쟁 비용을 조달했던 영국과 프랑스는 전쟁 승리에도 불구하고 엄청난 빚을 떠안게 되었다. 이들은 막대한 부채를 해결하는 방법으로 패전국 독일에 무거운 전쟁 배상금을 요구하려 했지만, 미국의 윌슨 대통령의 반대에 부딪혔다. 하지만 공교롭게도 협상 시기에 윌슨 대통령이 스페인독감에 걸려 정신이 혼미한 상태에 빠지면서 영국과 프랑스를 설득하는 데 실패하여, 1919년 6월 베르사유조약에서 독일은 엄청난 전쟁 배상금을 통보받고 만다.

독일은 그 후유증으로 매년 국내 물가가 치솟으면서 내수 경제가 붕괴되었다. 1923년 10월 한 달 동안에는 물가가 300배 상승하는 비극적 상황에 처했다. 결국 이런 고통을 이기지 못한 독일 국민과 사회는 히틀러라는 인물을 역사의 전면에 등장시키는 불행한 선택을 하고 만다.[9]

전염병이 전쟁을 막거나 빨리 끝냈던 적도 있다. 서울대 동양사학과 구범진 교수는 병자호란이 남한산성에서 최후의 결전 없이 두 달 만에 조기 협상으로 짧게 끝난 것은 당시 조선에 널리 퍼진 천연두 때문이라는 가설을 국제학술회의에서 발표했다. 구범진 교수는 청나라 기록인 《청실록》과 《승정원일기》 등 여러 기록을 근거로 이 같은 논문을 발표했다. 청나라는 만주족 시절부터 수많은 왕과 왕족이 천연두로 죽었던 경험을 가지고 있어서, 명나라 군대의 배후 위협이 없었음에도 불구하고 조선에 천연두가 창궐하자 서둘러 군대를 돌려 본국으로 귀환했다는 것이다.[10]

2020년 코로나19도 비슷한 현상을 만들었다. 코로나19로 인해 사우디아라비아와 예멘, 필리핀 정부와 공산 반군, 리비아 정부군과 반군도 휴전을 선언했다.

이렇게 역사적 사례들을 보면, 대규모 전염병은 경제, 사회, 정치 등 다양한 분야에서 크고 작은 변화들을 촉진하는 심층 원동력으로 작용했다. 2020년 코로나19도 비슷한 영향을 줄 가능성이 높다. 어떤 현상은 일시적으로 나타났다가 사라지겠지만 어떤 일은 경제나 정치 구조 자체에 영향을 줄 가능성이 있다.

둘의 차이는 무엇일까? 코로나19로 우리의 행동이 일시적으로 제약을 받은 것이라면 시간이 지나면서 코로나19 이전 상태로 되돌아갈 것이다. 하지만 코로나19로 인해 우리의 특정 생각과 가치관에 근본적 반성이 일어난 것이라면 이전 상태로 되돌아가지 않을 것이다. 그런 것들은 무엇일까?

위기는 고통과 동시에 성찰과 반성도 가져다준다. 셧다운은 이동을 제한하고 강제로 활동의 자유를 억압하지만 사람과 자연에게 생기를 되찾아주기도 한다. 일명 '재생Refresh' 현상이다.

공장이 멈추고, 휴교령이 내려지고, 거의 모든 국가가 국경을 전면 혹은 부분 폐쇄하고, 세계 인구의 93%(72억 명)이 이동 제한으로 일상생활이 위축되자 대기 중 이산화질소가 급격히 감소하면서 전 세계 하늘이 맑고 깨끗해졌다는 연구 결과가 나왔다. 국제학술지 〈네이처〉는 2020년 1분기 중국에서 코로나19가 기승을 부릴 때 중국의 대기 질이 크게 개선되었다고 발표했다.

2020년 2월 한 달 동안 중국 내 석탄 소비는 2016년 이후 최저치를 기록했고 석유 소비량은 30% 이상 줄었다. 같은 기간 중국

내 탄소 배출량도 25% 이상 줄었다. 미국 에너지정보청EIA의 분석에 의하면 3월 마지막 한 주간 미국 내 휘발유 수요도 25% 정도 감소했다. 국제 유가는 20달러선도 무너지는 대폭락을 맞았지만 환경은 크게 개선되었다. 미국항공우주국NASA, 유럽우주국ESA, 핀란드 헬싱키 소재 에너지및청정대기연구센터 등의 연구를 종합하면 이탈리아와 프랑스를 비롯한 유럽 전역, 미주 지역과 한국과 인도 등 동아시아의 대기 질도 개선되었다.[11]

중국 우한에서 코로나19가 발병한 2019년 12월부터 중국 내 셧다운이 강하게 유지되던 2020년 3월까지 한국 내 미세먼지 상태가 '매우 나쁨'(m³당 51㎍ 이상)을 기록한 날은 단 이틀뿐이었다. 전년 동기 대비 85% 감소했다.[12] 최악의 대기오염국 중 한 곳인 인도에서는 대기오염도가 낮아지자 무려 200km 떨어진 인도 북구 펀자브주 잘란다르 지역에서 30년 만에 히말라야가 아름다운 설국의 자태를 드러내는 놀라운 사건도 일어났다. 언론은 이렇게 묘사했다. "코로나의 역설, 인간이 멈추자 지구가 건강해졌다." 글로벌 경기가 침체에 빠져서 화석연료 수요가 오랫동안 감소하면 온실가스 배출량도 하락해서, 극심한 변동성을 보이던 기후도 한동안 안정세를 취할 가능성도 있다고 한다.[13]

흥미롭게도 코로나19 팬데믹으로 지구의 진동도 줄었다. 지진을 예측하는 데 방해가 되는 것 중 하나가 인간의 보행 이동, 자동차, 지하철, 공장 가동 등 인간이 움직이거나 생활하면서 발생시키는 소음이라고 한다. 벨기에 왕립천문대가 발표한 연구결과에 의하면, 2020년 3월 중순 이후 전 세계가 셧다운에 들어가면서 이런 소음들이 30~50% 정도 감소했다고 한다. 2020년 4월 첫 주 김포국제공항을 이용한 국제선 이용객이 0명을 기록했다. 한 주 평균 9만 명이 이용하던 김포공항 국제선 터미널에 승객이 없어 국제선 비행기가 이륙하지 않은 날은 1969년 10월 2일 국제노선 개항 이후 최초라고 한다. 인천국제공항 이용객도 3월 한 달 동안 96%로 감소했다. 이 정도로 사람들이 만들어내는 소음이 줄면서 지구는 조용해지고, 미세한 진동을 감지하는 능력도 일시적으로 향상되었다.[14] 인간이 움직임을 멈추고, 지구가 조용해지고, 환경이 깨끗해지자 야생동물도 평안을 되찾았다.

새롭게 재생되고 리셋된 것은 지구 환경만이 아니다. 코로나19로 자택에 머무는 동안 냉장고가 비워졌을 것이다. 오랫동안 얼려두었던 먹거리도 다 꺼내 먹었을 것이고, 벽장 속 깊은 곳에 숨겨둔 요긴한 물건도 찾았을 것이다. 일과 삶에 대해 넉넉한 시간을 두고 되돌아보는 시간도 가졌을 것이다. 강제로 소비 억제를 당하면서 낭비적이었던 소비 습관도 되돌아보고 다시 리셋했을 것이다. 바쁜 일상과 생존을 위해 돈을 벌어야 한다는 명분으로 소홀히 할 수밖에 없었던 가족과 자녀, 부모의 소중함도 다시 깨달았을 것이다.

코로나19는 인류의 생명을 앗아가고 재정적 고통도 가져다주는 등 온갖 힘든 상황을 만들기도 했지만 지구 환경과 인간의 일상 전반에 대해 성찰하는 시간을 주기도 했다.

리턴:
코로나 이전으로
돌아간다

이 책이 '코로나19 이후 한국과 세계의 변화 예측'을 주제로 하지만 한 가지 분명하게 짚고 넘어갈 것이 있다. 코로나19라는 팬데믹이 아무리 강력한 충격과 상처를 남겼어도 모든 것이 변하지는 않는다. 상당한 것들은 코로나19 이전으로 되돌아간다. '리턴Return 현상'이다.

코로나19가 기승을 부리는 동안 잠시 지구 환경이 개선되었지만 곧 예전 모습으로 다시 돌아갈 것이다. 텅 빈 냉장고는 다시 각종 먹거리로 가득 채워질 것이다. 가족과 보내는 시간도 다시 줄어들 것이다. 코로나19 이후에도 많은 법과 제도가 바뀌지 않고 여전히 우리 주위에 머물 것이다. 대규모 감염과 사망이라는 공포에서 벗어나기 위해 안전을 우선시하는 경험을 했지만 코로나19 이후에도 한국 사회에서 안전에 대한 규제나 습관은 크게 바뀌지 않을 것이다. 코로나19의 경험으로 우리 사회가 한순간에 세계에서 가장 안전한 나라로 바뀌거나, 다가오는 또 다른 전염병에 만반의 준비를 하는 예방 국가나 사회로 대대적 전환을 할 것이라는 환상은 접어두는 것이 좋다.

이렇게 대부분을 과거로 되돌리는 강력한 동력은 2가지다. 하나는 인간의 망각이라는 본성이고, 다른 하나는 비용 문제다. 이 2가지의 힘이 얼마나 강력한 지 따로 설명하지 않아도 잘 알 것이다.

한국을 비롯한 수많은 나라에서 지난 수십 년 동안 충격적이고 재앙적 사건이 반복적으로 일어났지만, 그에 비해 제도적 개선이나 대응책 마련 속도가 터무니없이 느리게 진행되었다는 것을 잘 알 것이다. (위기를 겪으면서 개선을 위한 행동들이 완전히 제자리걸음을 하지 않은 것만으로도 위안을 삼아야 할 것이다.)

코로나19가 맹렬한 기세로 우리 주위를 돌아다닐 때는 곧 많은 것이 변할 것이라는 예측이 넘쳐난다. 하지만 변하는 것은 그리 많지 않을 것이다. 변하는 것조차도 생각보다 속도가 빠르지 않을 것이다. 어떤 것은 반드시 바꿔야 한다고 대다수가 생각하더라도 비용 문제에 부딪혀서 코로나19 이전으로 되돌아갈 것이다. 바꿔야 한다고 인정하지만 우선순위에서 밀린다. 특히 경제적 충격을 크게 받은 상황이기 때문에 비용 문제는 아주 민감한 사안이 될 것이다.

사람들은 코로나19 이전의 일상으로 되돌아갈 것이다. 지금은 상당수 국민이 자택에서 공부하거나 일을 한다. 이 과정에서 비대면 비즈니스가 강력하게 주목받는다. 화상회의나 온라인 수업 등이 대세처럼 보인다. 하지만 코로나19가 종식되면 대부분의 회사는 재택근무를 주로 하지 않는다. 모든 학생은 학교로 되돌아간다. 여행도 다시 다닌다. 비행기도 다시 탄다. 공항도 예전처럼 북적거린다. 텅 빈 호텔도 투숙객으로 가득 찬다. 한산했던 도로도 다시 교통지옥이 된다. 회사 옆 식당과 전국의 맛집들도 활기 찼던 예전으로 되돌아간다.

이런 일이 다시는 일어나지 않을 것이라고 예측할 사람은 없다. 코로나19가 강력했지만 수십 년 동안 완벽하게 익숙했던 일상생활과 행동 패턴들은 더욱 강력하다. 인간의 망각도 강력하다. 2020년이 지나가면 코로나19를 겪으며 생각했던 것이나 경험의 상당수는 잊힌다.

2009년 신종플루도 팬데믹이었다. 수많은 감염자와 사망자를 냈다. 하지만 그때의 경험과 생각 혹은 반성은 사라진 지 오래다. 코로나19로 어쩔 수 없이 물러섰지만, 변화를 싫어하는 기득권도 만만치 않다. 어떤 것은 제도와 규범에 부딪혀 코로나19 이전으로 되돌아갈 것이다.

교육이나 의료 시스템 등이 그렇다. 필요성이 예전보다 높아졌지만, 국회에서 법과 제도가 바뀌지 않는 한 큰 변화는 없을 것이다. 코로나19 이전에는 국민 대비 병상 수가 많다고 했지만, 코로나19가 발발하자 병상이 부족하다고 말했다. 코로나19가 종식되면 어떨까? 언제 다시 올지 모르는 강력한 전염병을 위해 병상을 계속 유지하는 것이 옳다고 주장할까? 아니다. 전염병은 아무리 무서워도 나중 일이다. 하지만 병상을 유지하는 비용은 당장의 부담으로 다가온다.

필자가 이런 말을 먼저 하는 이유가 있다. 코로나19 이후 변화에서 새로운 기회를 찾으려는 개인이나 기업이 있다면, 너무 큰 기대를 갖거나 변화의 속도보다 빨리 움직이지 말라. 성공은 변화 속도보다 빠르거나 늦어서는 얻을 수 없다. 성공은 변화 속도와 일치해야 한다. 변화의 방향과 속도에 적응해야 얻을 수 있다. 변화의 물결을 적절하게 따라가야 한다. 변하는 것과 변하지 않는 것을 잘 구분하는 것도 중요하다. 변하지 않고, 코로나19 이전으로 되돌아갈 것은 그것에 맞춰야 한다.

사실, 코로나19 이전으로 되돌아가는 것도 어쩌면 중요한 변화다. 필자가 과거 역사에서 전염병이 한 시대의 막을 내리고 새로운 시대를 여는 강력한 심층 원동력이었다고 설명했지만, 그것도 긴 역사를 놓고 볼 때 그렇다는 말이다. 그렇다면 코로나19 이후 변화가 중요한 개인이나 기업이라면 무엇에 집중해야 할까? 3가지에 집중하라.

첫째, 코로나19가 계기가 되어서 서서히 시작되는 변화다. 이런 변화는 초기에는 소소한 변화에서 시작된다. 예를 들어, 중국에서는 코로나19를 겪으면서 개고기 식용을 공식적으로 금지했다. 사람들이 특정 행동을 하지 않는 데에는 그 나름의 이유가 있다. 가장 큰 이유는 습관, 비용, 귀찮음(혹은 필요성을 낮게 인식함), 낯설음 등이다.

코로나19는 이런저런 이유로 피했던 몇몇 행동을 강제로 경험하게 했다. 재택근무, 화상회의, 온라인 수업, 마트 가지 않기, 생필품 아껴 쓰기, 냉장고 안에 묵혀둔 음식 먹기, 장기간 배달 음식 먹기, 집에서 운동하기, 가족과 시간 보내기 등이다.

코로나19가 종식되면 이런 행동 중 다수는 비용, 습관, 관습 등 이런저런 이유로 서서히 사라질 것이다. 어떤 이들은 이런 강제 경험 중 최소한 한두 가지는 코로나19 이후에도 계속 해보고 싶어할 수도 있다. 과거에는 낯설어서 하지 못했던 일, 오랫동안 강제 경험을 해보니 꽤 괜찮다고 생각되는 일, 강제 경험으로 자기반성을 하면서 변화를 다짐한 일들이다.

코로나19 이후, 새로운 기회를 찾으려는 기업들은 이런 작지만 소소한 변화에 집중해야 한다. 소비자의 과격하거나 급진적인 행동의 변화가 아니다. 천천히, 하지만 근본적 변화를 일으킬 소비자의 생각과 가치관의 변화에 집중해야 한다.

둘째, 코로나19 이전에 이미 시작된 변화가 코로나19로 인해 더 강력해지는 상황에 집중하라. 코로나19 이전에 이미 시작되었던 기회 중에 몇몇은 코로나19 사태 속에서 일어난 다양한 사건과 집단 경험 때문에 코로나19 이후에 대세로 자리잡는 속도가 더욱 빨라질 수 있다.

예를 들어, 인공지능에 대한 관심이나 활용도를 높이려는 시도가 대표적이다. 코로나19 이전에 예측되었던 위기 가능성 중에서도 코로나19 위기를 벗어나기 위해 실시했던 궁여지책이나 어쩔 수 없는 선택 때문에 위기 원인이 더욱 증폭될 수도 있다. 이런 위기는 현실이 될 확률적 가능성이 더욱 높아졌기 때문에 철저하게 준비해야 한다. 대표적으로 가계 부채, 좀비 기업(한계 기업)의 부채 문제 등이다.

셋째, 대다수가 잠재된 위기의식을 갖지만 예전의 일상과 당장 급한 일로 되돌아간다고 했다. 하지만 누군가는 개인 혹은 자기가 속한 공동체나 회사 안에서 다시 반복될 가능성이 높은 위험에 대비하는 새로운 선택과 행동을 시작할 것이다. 이들이 집중해야 할 세 번째 대상이다.

예를 들어, 코로나19 이후 리세션 국면으로 빠져들어 실물경제가 상당 기간 위기 국면에서 벗어나지 못하면 기업이나 공동체를 이끄는 리더와 자산을 지켜야 할 압박감을 가진 이들이 더 큰 위기가 온다는 논리적이고 확률적인 판단을 하면서 준비 행동에 나설 것이다. 코로나19의 2~3차 유행, 리세션(실물 경기침체) 장기화, 몇 년 안에 다시 올 또 다른 전염병과 그로 인한 위기, 중국 위기 가능성 등에 대한 준비들이다.

필자는 위 3가지를 단기, 중기, 장기라는 시간적 범주를 가지고 예측해보려고 한다. 코로나19 이전으로 되돌아가는 것도 어떤 면에서는 변화라고 말했다. 단기 변화로는 이런 되돌림의 과정에서 일어나는 사건들, 코로나19 후유증, 이미 시작된 위기 중에서 1~3년 이내에 현실이 될 미래들을 다룬다. 중장기 변화에서는 코로나19가 계기가 되어서 서서히 시작되는 변화, 익숙한 과거로 되돌아가지 않고 새로운 시도를 하는 사람들의 행동, 코로나19 이전에 이미 시작된 변화가 코로나19로 인해 더 강력해지는 상황 등을 다루어볼 것이다.

리바운드:
일시적으로
기회가 폭발한다

코로나19 이전으로 되돌아가는 과정에서 단기적 기회가 순간 폭발할 가능성이 높다. 일명 '리바운드Rebound' 현상이다. 리바운드 현상은 모든 사람이 코로나19 이전의 일상으로 되돌아가는 과정에서 나타나는 일시적 추세다.

짧게는 1~2개월, 길게는 3~4개월 정도 외부활동을 마음껏 하지 못하고 자택에 머물러 있었거나 정해진 공간이나 지역에서만 맴돌았던 대중이 마치 그에 대한 분노를 표현하듯 폭발적으로 무언가를 할 것이다. 그것이 무엇인지는 분명하다. 집 밖에서 이것저것 둘러보고 만져보면서 스트레스를 해소하는 소비, 최소한의 생필품과 식료품만 구매했던 반강제적 소비 다이어트에서 벗어난 보복성 소비, 집을 떠나 따뜻한 햇살과 신선한 공기를 맡으며 자유로운 활동을 만끽하는 국내 여행, 코로나19로 취소하거나 연기했던 해외 여행, 코로나19를 피해 국내로 들어왔던 이들이 다시 자기 자리로 되돌아가는 해외 출국, 믿을 만한 사람들과 수다를 떨고 마음껏 음식을 먹으며 스트레스를 해소하는 폭풍 구매 행위 등이다.

2020년 4월 초, 지난 3개월 동안 사회적 거리두기로 강제 격리되다시피 한 중국 소비자들이 폭발적으로 거리로 쏟아져 나왔다. 억지로 참은 구매심리가 대폭발하는 순간이었다. 중국 베이징 쇼핑단지마다 오전부터 물밀듯 밀려드는 차량과 소비자로 가득 찼다. 아울렛 매장, 쇼핑몰, 백화점, 주요 상가 거리 등은 가족, 연인 등으로 붐볐다.

코로나19가 완전 종식되지는 않아서 명품 매장 안의 밀집도를 낮추기 위해 입장을 통제하는 바람에 매장 밖에는 대기줄이 길게 늘어섰다. 베이징 도로는 코로나19 이전처럼 차량 정체가 심해졌다. 3월 서비스업 구매관리자지수PMI도 52.3을 기록하며 확장이냐 아니냐를 판가름하는 기준치 50을 훌쩍 넘었다.[15]

같은 시기에 중국 안후이성의 대표 관광지 황산에는 새벽 4시부터 입장객이 줄을 서기 시작해서 오전 6시 30분에는 주차장 내까지 발 디딜 틈이 없었다. 코로나19 이후 2만 명으로 입장객 수를 제한했던 관람소 측은 폭발적 인파에 놀라 입장권 판매를 다급히 중지했고, 새벽부터 4시간이나 줄을 선 사람조차 되돌아가는 해프닝도 벌어졌다. 이런 현상은 황산에서만 일어난 것이 아니었다. 중국 정부의 사회적 거리두기 독려에도 불구하고 비슷한 시기에 중국 유명 관광지 도처가 봄나들이를 즐기려는 사람들로 북적거렸다.[16]

2020년 4월 8일, 홍콩 〈사우스차이나모닝포스트〉 보도에 따르면, 중국 최대 여행 예약사이트 트립닷컴의 청명절 연휴(4월 4~6일) 예약 건수는 전주 대비 2배 증가했다. 중국의 전자상거래 업체 핀둬둬의 화장품 주문 건수도 코로나19 발발 이전인 지난해 같은 기간 대비 60% 증가했다. 중국 전체 식품 소비도 24% 증가했다. 중국 곳곳에서 억눌렸던 소비가 화산이 폭발하듯, 높은 곳에서 떨어진 공이 바닥을 찍고 강하게 튀어오르듯 폭발하고 있다. 웨이젠궈 전 중국 상무부 부부장(차관)은 1분기에 심각하게 하락한 소비 분량이 2~4분기 사이에 모두 분출하면서 2020년 올해 중국 내 소비판매액은 2019년 41조 위안보다 더 늘어난 45조 위안에 이를 것이라는 전망을 내놨다.[17]

이는 비단 중국만의 현상은 아닐 것이다. 코로나19에서 가장 먼저 벗어난 중국이기에 중국에서 먼저 일어난 리바운드 현상일 뿐이다. 전 세계가 함께 겪은 사회적 거리두기, 자택 격리 시간이었기에 전 세계가 코로나19에서 벗어나는 순서에 따라 도미노처럼 폭발적 소비도 이루어질 것이다.

한국에서도 리바운드 현상 신호가 나타나기 시작했다. 코로나19 신규 확진자가 크게 줄어들면서 제주와 강릉, 설악, 평창, 양양 등 상대적으로 청정 지역으로 평가되는 지역의 호텔과 리조트에 봄나들이 주말 예약이 급증했다. 말 그대로 'V자' 급반등이다. 제주도의 주요 호텔들은 5월 투숙 예약률이 80%대까지 치솟고 있다. 일부 숙박시설에서는 코로나19 사태 이전보다 4~5월 점유율이 더 높아지는 기현상도 일어나고 있다. 아직은 코로나19의 위험도가 높은 해외 여행보다는 상대적으로 안전한 국내 청정 지역으로 가족 여행이나 신혼 여행을 떠나려는 심리가 집중되면서 일어나는 현상이다. 제주도에 대한 수요가 살아나면서 도산 직전까지 몰렸던 항공사도 노선 운항 횟수를 빠르게 늘리고 있다. 4월에 들어서면서 제주 항공노선은 코로나19 직전의 65%까지 빠르게 회복 중이다.[18]

2020년 여름부터 연말까지 전 세계적으로 지름신이 내리는 희한한 현상이 일어날 것이다. 빠르면 2020년 여름부터 시작해서 2020년 3~4분기 내내 이런 현상은 지속될 것이다. 4분기에는 추수감사절, 성탄절, 연말연시와 맞물리면서 소비 폭증이 계속 이어질 것이다. 오랫동안 다이어트를 한 사람이 폭풍 흡입을 하듯 외식, 여행, 일용품 소비, 자동차와 의류, 가전 제품, 문화 오락, 스포츠, 각종 서비스를 먹어 치우기 시작할 것이다.

결혼식을 비롯한 각종 행사나 모임도 단기적으로 급증하는 리바운드 현상을 보일 수 있다. 몇 달 동안 전 사회적 강제 자택 격리를 당한 바람에 출산율도 일시적으로 높아질 수 있다. 집 안에서 지내는 격리 생활이 길어져서 부부가 함께 지내는 시간도 강제적으로 늘어났기 때문이다. 2020년 4월 8일, 영국 〈가디언〉 보도에 따르면, 뉴질랜드에 본사를 둔 성인용품 판매 회사 어덜트 토이 메가스토어의 월간 판매량이 급증했다.

WHO가 코로나19 팬데믹을 선언한 3월 한 달 동안 뉴질랜드, 호주, 영국 등에서 성인용품 판매량이 3배씩 증가했다. 반대로, 코로나19로 세계 최대 콘돔 생산회사인 카렉스의 말레이시아 공장 3곳이 셧다운을 당했다. 3개 공장이 한 달 동안 생산하던 콘돔 규모는 2억 개라고 한다.

일부에서는 코로나19 베이비붐이 일시적으로 일어날 가능성을 거론한다. 코로나와 밀레니얼을 합성한 '코로니얼Coronials 세대'라는 신조어도 등장했다. 2020년 연말부터 2021년 초까지 대거 태어날 아이들을 지칭할 단어다. 이 시기에 태어난 아이들이 청소년이 되면 격리를 뜻하는 'quarantine'과 10대를 의미하는 'teens'를 합쳐 '쿼런틴Quaranteens'이라고 부를 것이라고까지 말한다. 비슷한 사례가 있어서 황당무개한 말로 치부할 수는 없을 듯하다. 2010년 2월에 미국 동부에서 기록적 폭설이 내리면서 강제 격리 상황이 일어났다. 그리고 같은 해 11월에는 출산율이 급증했다. 미국에서는 이때 태어난 아이들을 폭설을 뜻하는 'blizzard'라는 단어를 합성해서 '블리자드 베이비붐'이라고 불렀다.[19]

물론 일부 인구학자는 불확실성이 증가하는 상황에서는 출산 계획을 미루는 경향이 커지기 때문에 유의미한 출산율 증가는 일어나지 않을 것이라는 반론도 제기한다. 실제로 2008년 금융위기 당시에는 출산율도 하락했다. 하지만 당시에는 강제적 자택 격리 상황이 없었다. 이번에는 아주 오랜 기간을 집에서만 보내야 했다. 물론 한국은 가임 인구 자체가 크게 줄어든 데다 OECD 최저 출산율 국가이기 때문에 코로나19 이후에도 신생아 수가 갑자기 크게 상승하는 변화는 없을 듯하지만 다른 국가들은 상황이 다를 수 있다. 코로나19로 혼인 건수가 줄었지만 미뤄진 결혼식이 2020년 여름 이후부터 회복된다는 것, 본능이 이성을 이기는 강력한 힘이라는 것 등을 감안하면 2020년 말부터 2021년 중반까지 일시적으로 출산율이 리바운드할 가능성은 충분하다.

소비자의 리바운드 현상에 각국의 정부와 기업도 힘을 더할 것이다. 코로나19가 통제 가능한 수준으로 잦아들면, 각국 정부는 빠르면 2020년 여름부터 침체된 경기를 반등시키기 위해 다양한 부양책을 추가로 실시할 것이다.

글로벌 무역은 회복 속도가 더딜 가능성이 크기 때문에 내수를 먼저 회복시키기 위해 자국민의 소비 진작을 위한 각종 혜택과 일시적 세금 감면이나 유예 정책을 쏟아낼 가능성이 높다. 기업도 감소한 매출을 끌어올리고 리세션 기간에 살아남기 위해 국내는 물론이고 해외 현지 소비자의 리바운드 현상에 발맞추어 파격에 파격을 더한 마케팅을 실시할 가능성이 높다.

현대차그룹은 2020년 4월부터 중국 내 법인을 중심으로 파격적인 고객 지원 행사를 시작했다. 고객이 신차를 받은 후 1년 이내에 마음이 바뀌거나 경제적 상황이 여의치 않으면 차량을 반납하거나 다른 차로 교환해준다. 차량 할부금을 내지 못할 정도의 상황에 처하면 6개월치 할부금을 회사가 부담하거나 차량을 반납받고 6개월치 할부금을 위로금으로 주는 서비스다. 회사가 출혈을 감수하면서 던진 파격적인 마케팅이다.[20] 현대기아차는 미국에서도 비슷한 프로모션을 진행 중이다. 2020년 한 해, 부진한 매출을 만회하기 위해 파격적이고 공격적인 마케팅을 실시하는 회사들이 연이어 등장할 것이다.

개인, 기업, 정부의 파격적인 활동 덕분에 2020년 3~4분기 각국에서 GDP를 비롯해 제조와 소비 관련 각종 지표, 기업의 매출과 영업이익 등도 크게 뛰어오르는 리바운드 현상이 나타날 가능성이 높다. 단, 2020년 연말이나 2021년 연초까지만 이런 현상이 지속될 것이다. 그후에는 다른 일이 기다리고 있기 때문이다. 〈그림 4〉는 2008년 미국발 금융위기 이후 미국과 한국의 월별 소매 판매 성장률 변화다. 깊고 넓은 침체 이후, 빠르게 뛰어오르는 리바운드 효과가 나타난 다음 다시 빠르게 가라앉으며 평균으로 수렴하는 모습을 보여준다. 이번에도 코로나19 이후 몇 개월은 그때와 비슷한 상황이 펼쳐질 가능성이 높다.

"생존 능력은 덩치와 상관없이 변화에 얼마나 적응을 잘할 수 있느냐가 가장 중요하다."[21] 전 시스코 회장이었던 존 체임버스의 말이다. 상황에 적응하는 기업이 되어 생존하려면 시간에 따라 변하는 시장을 빠르게 간파하고 미리 준비해야 한다. 특히, 코로나19 이후 첫 번째 오는 리바운드 시기부터 붙잡아야 한다. 짧으면 3개월, 길어도 6개월 정도 지속될 리바운드 현상을 놓치면 곧

그림 4 미국 금융위기 전후 미국과 한국의 월간 소매 판매 추이

• 미국

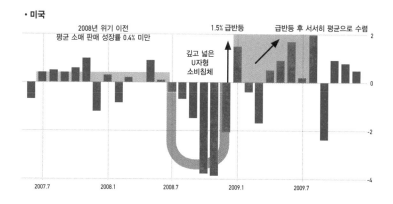

• 한국

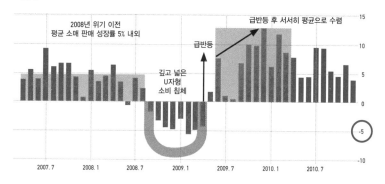

바로 불어닥치는 리세션(경기침체)이라는 춥고 아주 긴 겨울을 허름하고 얇은 옷만 걸친 채 견뎌야 한다.

코로나19가 시장을 강타할 때는 정부나 중앙은행도 대붕괴를 막기 위해 물불을 가리지 않고 구제금융과 기업지원 정책을 쏟

아낸다. 하지만 리바운드 이후에 몰아쳐 오는 긴 경기침체기에는 차근차근 옥석을 구별하는 정책으로 돌아설 가능성이 높다. 그 기간에 생존력을 높이려면 리바운드 기간을 절대로 놓치지 말라.

코로나19 이후, 기업이나 국가에 주어지는 가장 중요한 질문은 "앞으로 약 2년 동안 누가 살아남을 것인가?"가 될 것이다. 늦어도 2년 후인 2022년 후반~2023년 초반에는 전 세계 경기가 되살아날 가능성이 높다. 현재 정부나 중앙은행이 헬리콥터 머니, 유동성 바주카포를 쏘고 있기 때문에 거의 모든 기업이 생존할 가능성이 높다. 하지만 긴급한 상황이 지나고 나면 선별적 지원과 글로벌 리세션이 동시에 진행된다. 누가 살고 누가 죽느냐는 이 기간 동안 정해진다. 리바운드 시간에 이루어지는 전략과 성과는 그때까지 죽지 않고 버티느냐 마느냐를 판가름하는 1차 관문이 될 것이다.

또 한 번의
고비가 온다

리바운드 시기의 길이를 결정하는 중요한 변수가 하나 있다. 리바운드가 3개월 이내로 끝날지, 아니면 조금 더 길어질지를 결정하는 핵심 변수다. 바로 코로나19 2차 유행기다. 앞서 〈그림 1〉과 〈그림 2〉에서 보듯이, 팬데믹은 2년에 걸쳐서 크게 3번의 대유행기를 갖는다. 스페인독감은 1918년 봄에 시작해서 여름에 접어들면서 1차 유행을 끝냈고, 여름에 일시적으로 소강 상태에 있다가 1918년 10월부터 2차 대유행기에 진입했다. 뉴욕, 런던, 파리, 베를린 등 전 세계 대부분의 국가가 2차 대유행 때 가장 큰 피해를 입었다. 그리고 이듬해 3월에 마지막 3차 유행기를 지나 종식되었다. 2009~2010년에 팬데믹을 일으키며 전 세계를 강타했던 신종인플루엔자 전염병도 비슷했다. 2009년 봄에 1차 유행이 작게 일어났다. 여름에 잠시 소강 상태에 빠지며 사람들을 안심시켰지만, 10월부터 이듬해 2월까지 전 세계를 강타하면서 가장 많은 피해를 냈다. 그리고 2010년 봄에 마지막 3차 유행기를 지나면서 종식되었다. 2020년 발생한 코로나19도 마찬가지 패턴을 보일 것이다.

〈그림 5〉는 2009~2010년 신종인플루엔자 대유행 당시 미국의 월간 소매 판매 지표다. 2차 대유행기에 소매 판매 감소가 1차보다 더 컸음을 볼 수 있다. 참고로, 2008년 금융위기로 발생한 5분기 연속 소매 판매 마이너스라는 대침체 후 리바운드 시기도 신종플루 1차 유행기로 인해 일부 상쇄되었다.

팬데믹 전염병이 3번의 대유행 패턴을 갖는 이유는 무엇일까? 바이러스에 대한 대응력 부족 때문이다. 바이러스 봉쇄에 실패하면 사람의 이동 경로를 따라 바이러스가 전 세계로 전파된다. 바

그림 5 **신종인플루엔자 유행 당시 미국의 월간 소매 판매 추이**

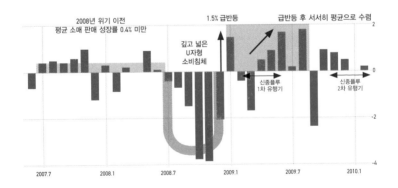

이러스의 진군을 막으려면(바이러스를 종식하려면) 방법은 딱 하나다. 이론상으로, 인구 60%가 면역력을 갖는 것이다. 면역력을 갖는 방법은 2가지다. 하나는 직접 감염이고, 다른 하나는 백신 투여다.

매년 가을겨울철에 반복 발생하는 독감(인플루엔자)은 백신 개발이 되어 있고 이미 항체를 가진 집단도 있기 때문에 전체 인구의 10% 정도가 감염되고 수그러진다. 하지만 새로 등장한 인플루엔자는 백신이 없고 항체를 가진 집단도 없기 때문에 최소 30~50%, 최대 60%가 감염되어 항체를 생성해야 대유행이 종식된다.[22]

치료제는 감염을 전제로 하는 후행하는 대응법이다. 치료제는 사망률을 낮추어 공포감을 줄이는 데 효과가 있지만 바이러스 감염 자체는 막을 수 없다. 1918~1919년 스페인독감은 치료제도 없고 백신도 없어서 직접 감염을 통해 전 세계 인구 60%가 감염되고 유행을 끝냈다. 그 시간이 2년 정도 걸린다. 그 과정에서 바이러스가 생존하고 활동성이 강해지는 시점에 맞춰서 대규모 기승을 몇 차례 한다. 그것이 3번의 대유행이다.

그 이후에는 계절성 독감처럼 인간과 함께 동거하는 단계로 넘어갔다. 2009년 봄에 시작해서 2010년 봄(3차 유행기)을 지나 끝난 신종인플루엔자 때에는 치료제가 있었다. 사실, 신종인플루엔자의 대표 치료제였던 '타미플루'는 2009년에 개발된 신약이 아니었다. 1996년 길리어드사가 개발했던 의약품이었고 2009년 신종인플루엔자에 효과를 내면서 대표적 치료제로 부상했다.

2020년 코로나19는 아직 적합한 치료제를 찾지 못하고 있다. 2009년 신종인플루엔자 때는 10월 말부터 백신 접종도 시작되었다. 그럼에도 불구하고 2차 대유행 시기에 가장 큰 피해를 당했다. 3차 대유행기는 치료제, 학습된 대응력, 백신 등이 모두 있었기 때문에 넉넉히 견디며 넘어갈 수 있었다.

그렇다면 이번에도 비슷할 가능성에 대비해야 할까? 당연하다. 2020년 6월 15일 기준, 전 세계 코로나19 감염자는 800만 명 이상, 사망자는 43만 명 이상이다. 2020년 10월경부터 2차 유행기에 진입한 후 피해 규모가 드러나야 현재 1차 유행의 피해가 스페인독감이나 신종인플루엔자 때처럼 가장 작은 규모였는지, 아니면 이번에는 이례적으로 1차 유행기가 2차 유행기보다 피해 규모가 큰 것이었는지가 판가름난다.

현재 코로나19의 1차 유행기 피해 규모도 엄청난데, 일반적 패턴처럼 2차 유행기 피해가 더 커진다면 문제는 심각해진다. 지금까지의 피해 규모만으로 추정할 때, 2차 유행기 감염자 규모는 최소 1억 명에서 최대 2억 명에 이를 수도 있다. 만약 현재 1차 유행기가 6월에 이르러야 마무리된다면, 1차 유행기 감염자 수는 현재보다 2~3배가 많아질 수 있다.

이를 기준으로 2차 유행기 피해를 추정하면 2020년 3월 26일에 임페리얼칼리지런던 연구팀이 발표한 '시뮬레이션 2'에 해당하는 확진자 수 4억 7천만 명, 사망자 수 186만 명에 근접하는 일이 벌어질 가능성도 있다. 연구팀도 2차 대유행기를 염두에 두고 계산한 결과인 듯싶다. 이럴 경우 코로나19 1차 유행기 이후에 나타나는 리바운드 현상은 3~4개월 정도로 끝날 것이다. 정부를 비롯해 기업들은 이 시나리오에 대응해 철저하게 준비해야 한다.

팬데믹을 일으키는 전염병이 1차보다 2차 유행기에 더 큰 피해를 주는 원인에는 몇 가지 이유가 있다.

첫째, 속도 차이다. 1차 유행은 단 한 곳의 진원지에서 전염이 시작된다. 하지만 2차 유행은 1차 유행기를 거치면서 전 세계 상당 지역이 진원지가 된 다음이다. 한마디로 출발이 다르다. 단 한 곳에서 전염이 시작되어 전 세계로 퍼지는 1차 유행기 속도와 전 세계에 상당한 진원지들이 이미 만들어진 상태에서 전 세계로 유행이 퍼지는 2차 유행기 속도는 완전히 다르다.

2009년 신종인플루엔자는 계절성 인플루엔자(계절독감)의 기초재감염수R_0 1.3보다 높은 1.4~1.6을 기록하면서,[23] 100만 명을 넘기는 데 1년 정도 걸렸고, 1918년 스페인독감도 6개월 이상 걸렸다. 코로나19 바이러스는 국경을 넘어가는 시간 차가 존재했던 1차 유행기에도 중국에서 최초 감염자가 발생한 지 단 3개월 만에 감염 확진자 수가 100만 명을 넘었다. 여기에 무증상자 혹은 진단 사각지대에 있어서 통계에 잡히지 않은 수까지 합하면 전 세계에서 최소 수백만 명에서 최대 천만 명 이상이 3개월 안에 코로나19에 감염되었다고 추정할 수 있다. 코로나19는 1차 유행기에서도 무서운 감염 속도를 보여주었다. 대응 준비를 제대로 하지 않으면 2차 유행기에는 전 세계 감염자가 기하급수적으로 늘어날 수 있다.

둘째, 바이러스 생존과 활동 환경의 차이다. 1차 유행기는 겨울에 시작해서 봄으로 진행하는 형식이다. 2차 유행기는 가을에서 시작해서 겨울로 진행된다. 2020년 3월 13일, 홍콩 〈사우스차이나모닝포스트〉는 미국 메릴랜드대 연구팀의 최근 발표 논문을 인용해서 초기에 코로나19 바이러스가 집중적으로 일어난 국가들의 위치가 북위 30도에서 50도에 위치한다는 사실을 보도했다. 해당 위도는 기온 5~11도, 습도 47~49%라는 기상 조건을 가졌다. 연구팀은 코로나19 초기 확산 당시 섭씨 0도 이하의 최저 기온을 기록한 도시는 없다고도 전했다.

당시 연구팀은 3월과 4월의 평균 기온 데이터를 분석하며 시간이 지나면서 점점 더 높은 위도 지역으로 코로나19가 순차적으로 확산할 가능성을 예측했다. 이들의 예측대로 시간이 지나면서 미국 북동부, 중서부, 캐나다 브리티시컬럼비아, 영국과 중국의 북동부 등으로 코로나19가 북상했다. 이들 연구의 핵심은 코로나19 바이러스의 생존과 활동 환경이었다. 영하에 있던 도시들이 봄이 되면서 점점 기온이 높아져 코로나19의 활동이 활발해지는 환경으로 변화되면서 확산 지역이 빠르게 늘어나는 것이다.

실제로 스페인독감과 신종인플루엔자 유행 시기에도 바이러스가 가장 빠르게 확산하고 독성이 강력했던 계절은 겨울이 아니었다. 봄과 가을이었다. 1차 유행기는 겨울에서 봄으로 가는 시기에 일어난다. 바이러스가 생존하고 활동하기 좋은 기온을 유행기 중반 혹은 후반에 만난다. 제2차 유행기는 거꾸로 가을에서 겨울로 가는 시기에 일어난다.

코로나19 바이러스가 생존하고 활동력이 가장 좋은 가을 기온을 유행기 시작점부터 만난다. 2차 유행기가 1차보다 속도도 빠른 상황에서, 유행이 시작되는 초기부터 바이러스 활동에 최적 조건이 형성된다. 거의 동시에 전 세계 곳곳에서 전국적인 대유행이 동시다발적으로 일어날 수밖에 없다.

이번 코로나19 바이러스는 생존력 자체도 강력한 듯하다. 프랑스 엑스마르세유대학 연구진의 논문에 따르면, 코로나19 바이러스는 섭씨 60도가 넘는 고온에서도 1시간 동안 복제 활동을 할 수 있을 정도로 생존하는 능력을 보였다.[24]

셋째, 면역력 차이다. 바이러스는 강력하고 빠르게 2차 유행기를 시작하는데, 인간의 면역력은 거꾸로 하락한다. 환절기이기 때문이다. 겨울에서 봄으로 전환되는 과정에서 나타나는 환절기보다 무더운 여름을 지나 가을로 접어들면서 갑자기 기온이 떨어지는 환절기가 노약자에게는 좀더 위험하다.

참고로, 여름철에는 세균이 활동하기에 좋고 바이러스는 힘을 잃는다. 바이러스를 보호하는 막은 단순한 구조를 가지고 있어서 온도가 올라가고 자외선이 강력해지면 보호막이 쉽게 파괴되어 DNA나 RNA 같은 유전 물질에 치명타를 입힌다. 반대로, 기온이 올라가면 인간의 생리적 활성도는 향상된다. 바이러스에 맞서는 면역력도 좋아져서 겨울보다 더 많고 강한 바이러스가 공격해야 감기에 걸린다. 여름 감기에 걸린 사람을 본 적이 있을 것이다. 둘 중 하나다. 특정한 이유로 면역력이 약해졌든지, 아니면 아주 센 바이러스에 걸린 것이다. 그래서 여름 감기가 더 독하다는 말이 생긴 것이다.

바이러스는 여름이 되어도 스스로 사라지지 않는다. 약해질 뿐이다. 약해진 바이러스는 여름에는 자기가 살 수 있는 환경을 찾아 한동안 숨어 있다. 숨어 있다고 방심하면 안 된다. 2009년 당시 신종인플루엔자는 여름에 활동력은 현저히 떨어졌지만 세계 곳곳에서 느리게나마 감염자를 계속 발생시켰다. 2009년 한여름이었던 7월, 미국 노스캐롤라이나주에서 개최된 청소년 여름캠프에서 같은 숙소를 사용한 10대 소녀 2명이 치료제 타미플루에 내성을 가진 변종 신종인플루엔자(인플루엔자 A바이러스 서브타입 H1N1)에 감염된 사례가 있었다.

또한 한국이나 일부 국가에서는 6~8월이 여름철이지만 다른 국가에서는 선선한 봄가을 날씨이거나 심지어 호주, 뉴질랜드, 아르헨티나, 파라과이, 칠레 등은 5~8월이 추운 겨울이다. 여름철에 있는 나라의 사람들이 가을겨울철인 남반구에 여름휴가로 여행을 다녀오면 바이러스 감염에서 자유롭지 못하다. 여름 날씨를 보이는 지역에서도 에어컨이 작동되는 실내에서는 끈질기게 생존하고 번식한다. 인간이 기침을 하면 튀어나오는 비말은 무거워서 바닥에 떨어진다. 하지만 바이러스 자체는 세포의 1/100 정도 크기로 매우 작아서 일부가 공기 중에 떠다닐 수 있다. 바닥에 떨어진 비말도 이동하는 사람들의 신발에 묻어서 건물과 건물을 옮겨 다닌다. 건물 곳곳을 순환하는 공기를 타고 이리저리 이동하며 살아남을 만한 환경을 찾아다니며 가을을 기다린다.

2009년 당시에도 전문가들은 신종인플루엔자 바이러스가 기존의 계절 인플루엔자와 유전적 구조가 다르고, 여름 휴가철에 전 세계에서 잦은 이동으로 사람 간 접촉 빈도가 높아지면서 전염 환경이 유지되고, 인간의 몸에 면역력이 전혀 없는 새로운 바이러스라서 완전히 종식되지 않고 버티고 살아남아 가을에 대유행을 한 것으로 추정했다.[25] 코로나19도 이런 식으로 이번 무더운 여름에도 끈질기게 생명력을 유지하면서 버틴 후 가을철 자신에게 가장 좋은 기온 환경을 만나면 다시 강력하게 위력을 발휘할 가능성이 높다. 2차 대유행기에는 계절성 독감도 같이 유행하여 정부나 개인의 대응력을 약화시킨다.

넷째, 치명률 차이다. 위 3가지 이유 때문에 2차 대유행기에 바이러스 복제 속도, 전파력, 독성 등이 강해지면서 치명률 자체가 1차보다 강력해진다. 1918~1919년 스페인독감은 1918년 3월에 유럽과 미국에서 동시 감지되면서 1차 대유행을 했다.

1차 유행은 위의 특성들로 피해가 상대적으로 적었고 제1차 세계대전으로 인해 언론보도가 통제되면서 여름에 접어들며 관심이 사그라졌다. 하지만 1차 유행기와 여름 소강기를 거치면서 몇 번의 바이러스 변이를 거치고, 2차 대유행기 특성과 맞물리면서 같은 해 8월에 프랑스, 시에라리온, 미국 등지에서 치명률은 5배, 감염자는 10배나 높아진 형태로 다시 나타났다. 2009년 신종인플루엔자도 2차 대유행기에 치명률이 훨씬 높았다. 신종인플루엔자는 18개월 동안 3번 유행기를 거치며 미국에서만 6,080만 명의 감염자가 나왔고, 27만 4,304명 입원, 그중에서 1만 2,469명이 사망했다.[26] 2020년 코로나19는 치명률이 가장 낮은 1차 유행기에도 사망률이 높다.

코로나19가 만약 2차 대유행기에 더 강력한 치명률을 보이며 재유행을 시작한다면 어떤 일이 벌어질까? 2차 유행기가 1차 유행기보다 10배 더 많은 사람을 감염시킨다면, 미국 내 사망자만 26만 명을 넘을 수 있다. 2009년 신종인플루엔자는 0.1~1.2%의 사망률을 기록했다.[27]

2020년 코로나19는 1차 유행기 현재(2020년 4월 18일 기준), 확진자 대비 사망률은 전 세계 6.86%(전 세계 감염자 2,304,360명, 사망자 157,980명), 한국을 비롯해 대응을 잘했던 국가는 1~2% 내외, 미국처럼 대응이 늦었지만 의료 시스템 붕괴는 막은 국가는 3~5% 내외(뉴욕처럼 죽을 정도가 아니면 입원조차 못할 정도로 의료 시스템 붕괴 직전까지 몰리면 7%대까지 증가),[28] 이탈리아처럼 의료 시스템이 완전히 붕괴되어 중증 환자조차 집이나 거리에 방치되는 상황까지 몰리는 국가는 10~13%를 기록했다.

이렇게 제2차 유행기는 4가지 조건이 합쳐서 강력한 시너지를 낸다. 전 세계 동시다발 확산이 가능하도록 각국에 진원지가 만들어진 상태, 바이러스 생존과 활동력(독성)이 유행 초기부터 강력해지는 기후 상태, 환절기를 맞으며 빠르게 하락하는 인간의 면역력, 강화된 치명률이다. 이런 이유로 과거부터 최근까지 대부분의 전염병은 2차 유행기가 가장 강력하고 피해가 컸다.

이번에도 비슷할 가능성이 충분하다. 우리는 코로나19 1차 유행기에서 이미 강력한 충격을 받았다. 2차 유행기가 1차보다 더 강력하고 크다면 문제는 아주 심각해진다. 기업이나 국가 경제에 가해지는 충격이 훨씬 더 크다는 의미다. 서둘러 대비해야 한다.

지금은 코로나19 1차 유행기에 모든 초점이 쏠려 있어서 2차 대유행기를 대비할 여력이 없거나 한 번의 유행으로 팬데믹이 끝날 것이라는 착각에 빠져 있다. 만약 코로나19가 1차 유행 이후 완전히 종식된다면, 한국 정부를 비롯해 중국, 미국, 유럽 등 세계 각국이 제약사들과 힘을 합쳐서 치료제와 백신 개발에 혼신을 다하는 이유는 무엇일까? 소 잃고 외양간 고치는 어리석은 행동을 하는 것이 아니다. 이유는 한 가지다. 2차 대유행에 대비하는 것이다.

일각에서는 코로나19 감염자 대비 사망자 비율이 높게 나온 이유를 무증상 감염자가 집계에서 빠졌기 때문이라고 평가한다. 무증상 감염자를 감염 확진자에 포함하면, 사망 비율이 훨씬 낮아진다는 계산이다. 2020년 4월 21일, 미국 스탠퍼드대 연구팀이 4월 3~4일 이틀 동안 캘리포니아주 산타클라라 카운티 주민 3,300명에게 혈청학적 유병률 조사를 실시했다. 자신도 알지도 못한 사이에 코로나19에 감염되어 항체가 생겼는지 검사하는 조사였다.

연구팀의 조사 결과, 이들 중 2.5~4.2%가 코로나19 항체를 보유하고 있었다. 전문가들은 이런 사례를 근거로 자기도 모르는 사이에 코로나19에 감염되어 무증상으로 지내다가 항체를 보유한 사람까지 합하면 공식 집계된 감염 확진자 수보다 10~20배 정도 더 많을 것으로 추정한다.[29] 확진자 수가 증가하면 사망률은 1/10~1/20로 하락하여 0.1~0.2% 사망률을 보이는 계절독감 수준과 비슷해진다. 이 수치를 근거로 하면 경제 셧다운은 과다한 조치라는 주장이 성립한다. 과연 그럴까?

코로나19의 사망률이 계절독감과 비슷한 수준이라고 해도 몇 가지 중요한 차이점이 있다. 첫째, 계절독감은 백신이 있다. 코로나19는 백신이 없다. 백신이 있는 것과 없는 것의 결정적 차이는 전파 속도와 비율의 차이다. 계절독감 백신을 접종한 사람은 독감 바이러스가 사람과 사람 사이를 넘나들며 감염시키는 것을 방해하는 장벽 역할을 한다. 백신도 있고 항체를 가진 집단도 형성되어 있는 계절독감은 전체 인구 10% 내외를 감염시키고 수그러진다.

백신도 없고 항체를 가진 집단도 없는 계절독감이라면 (사회적 거리두기를 하지 않을 경우) 같은 기간에 2~3배 더 많은 사람을 감염시킬 수 있다. 백신을 접종한 사람이 없으면 바이러스는 장벽에 걸리지 않고 자기 본래 속도로 확산되기 때문이다. 코로나19는 백신이 없다. 2차 대유행기도 백신이 나오기는 힘들 듯하다.

둘째, 백신이 있어도 계절독감의 위력에 따라서 치명율과 사망자 규모가 달라진다. 2019년 겨울 미국에서 계절독감에 걸린 환자는 1,500만 명이고, 사망자는 8,200명이었다. 감염자 대비 사망률이 0.05%였다. 역대 최악의 계절독감으로 기록된 2017~2018년 시즌에는 4,500만 명이 감염되었고 6만 1천 명이 사망했다. 0.13%의 사망률이다. 자기도 모르게 항체를 보유한 사람들까지 합해 코로나19 감염자 수를 계산할 때 나오는 사망률 0.1~0.2%는 계절독감에서도 강한 수준에 든다.

셋째, 사망률이 낮아도 백신이 없어서 감염자 규모가 커지면 사망자 수는 늘어난다. 비슷한 사례가 있다. 1918~1919년 전 세계를 강타했던 스페인독감이다. 당시 전 세계 총인구는 16억 명 중 감염자는 약 5억 명, 사망자 1,700~5,000만 명으로 추정된다. 총 감염자의 3~9%, 전체 인구의 1~3%다. 조선에서는 전체 인구의 절반 정도가 감염되었고, 감염자의 1.87%가 사망했다.

스페인독감의 사망율 수치는 (무증상으로 감염 테스트를 받지 않은 사람을 제외한) 코로나19 사망율 공식 집계와 비슷하다. 만약 무증상으로 감염 테스트를 받지 않았지만 항체를 보유한 비공식 감염자를 포함한 코로나19 사망률과 비교하면 10~20배 차이가 난다. 이런 계산을 따라 스페인독감이 현재 코로나19보다 강력했다고 평가한다. 과연 그럴까? 필자의 생각은 다르다. 이유를 살펴보자.

코로나19는 무증상자 대부분이 어린이, 청년, 장년이다. 스페인독감은 20~40대 청장년 사망자가 많았고 그만큼 무증상자가 적었을 것이다. 여기까지는 스페인독감이 코로나19보다 객관적으로 더 무섭다. 사망률도 더 높은 것이 맞다. 하지만 코로나19가 스페인독감보다 독성이 약하다는 평가는 무리다. 스페인독감 사망률이 왜 높았을까 추정해보자. 당시 치료제와 백신은 없었다. 코로나19도 치료제와 백신이 아직 없다.

하지만 결정적 차이가 하나 있다. 지금은 항바이러스제가 있고, 스페인독감 때는 없었다. 아주 중요한 차이다. 코로나19 최종 치료제가 아직 나오지는 않았지만, 병원에 입원하면 클로로퀸Chloroquine, 하이드로클로로퀸Hydroxychloroquine, 에이즈 치료제인 로피나비르-리토나비르lopinavir-ritonavir, 인터페론Interferon 등 기존의 다양한 항바이러스제나 혈장 치료제를 환자에 맞게 투여하여 증상을 완화시킨다. 증상이 누그러지면 환자의 면역력으로 이길 수 있는 여지가 커진다.

코로나19에 감염되었는데 항바이러스제가 없어서 환자 스스로의 면역력으로만 바이러스를 이겨내야 한다고 가정해보라. 병원에 가도 소용이 없는 셈이다. 스페인독감 당시에는 병원 시설이나 병상 규모도 현재와 비교가 되지 않았다. 2020년 현재가 1918~1919년 스페인독감 당시와 동일한 조건이었다면 공식 사망률은 더 높아졌을 것이다. 스페인독감과 코로나19는 또 다른 차이점이 있다. 이것도 아주 중요한 차이다. 인간의 면역력이다.

스페인독감 당시보다 현대인의 면역력과 생활수준이 더 높다.

1918~1919년에는 세계대전 중이었다. 환경은 최악이었고, 전쟁에 시달리던 군인들은 체력과 면역력이 아주 낮은 상태였을 것이다. 전문가들의 추정에 따르면, 스페인독감 사망자 상당수가 독감 자체보다 허약해진 몸 상태에 세균성 폐렴이 추가로 발생해서 폐에 물이 차 숨을 쉬지 못하거나 다른 장기에 치명상을 입은 합병증 사망자가 많았다. 스페인독감이 청장년에 치명적인 이유가 사이토카인 폭풍 현상도 있었지만, 전쟁으로 인한 면역력 약화가 더 큰 원인일 수 있다.

이런 환경의 차이를 변수로 고려하면, 엄청난 감염자와 사망자를 낸 스페인독감이 바이러스 자체 독성만으로는 코로나19보다 더 세다고 하기는 무리다. 어쩌면 사스보다 낮고 메르스보다 훨씬 더 낮을 수 있다. 전염력이 센 바이러스는 치명률(독성)이 낮은 경향을 보인다. 스페인독감이 전 세계 인구의 절반을 감염시키는 막강한 전염력을 보였기 때문에 치명률은 상대적으로 낮은 편에 속했을 것이다. 스페인독감은 치명률이 높아서가 아니라 전염자 규모 증가에 따른 사망자 수 증가가 두려움의 핵심이었다. 스페인독감 당시에도 강력한 사회적 거리두기를 한 곳은 사망자 규모와 비율을 계절독감 수준으로 낮출 수 있었다. 강력한 사회적 거리두기가 백신 역할을 한 셈이다.

이런 분석을 근거로 한 필자의 가정은 이렇다. 아주 강한 계절성 독감 수준의 독성을 가진 것으로 평가되는 코로나19는 스페인독감과 바이러스 자체는 비슷한 수준이다. 지금은 항바이러스제는 있다. 2차 유행기 전에 치료제가 나올 가능성도 높다. 하지만 항바이러스제나 치료제는 감염 자체를 막을 수 없다. 감염 후 사망률을 낮추는 후행적 수단이다. 스페인독감 당시보다 인간의 면역력이 높다고 가정하면 무증상자가 많을 것이다. 그래도 아주 강한 수준의 계절성 독감 수준의 바이러스가 백신이라는 장벽 없이 활동하기 때문에 감염자와 사망자가 2019년 겨울 미국 계절독감 환자 1,500만 명(사망자 8,200명), 2017~2018년 시즌 4,500만 명 감염(6만 1천 명 사망)보다 많을 것이다.

백신역할을 하는 강력한 사회적 거리두기를 하지 않을 경우, 2020년 가을~겨울 2차 유행기에만 미국 내 코로나19 감염자는 최소 수천만 명에서 최대 1억 명이 넘을 수 있다. 감염자 대비 사망률 계산에 계절독감의 0.05%~0.13%을 대입하면 사망자 수는 미국 내에서만 최소 수만 명에서 최대 수십만 명, 전 세계에서는 최소 수백만 명에 이를 수 있다. 1~3차를 모두 합하면 피해는 더 커진다. 이런 수치가 가능할까 하는 생각이 들 수 있다. 1957년 H2N2 아시아독감으로 전 세계에서 100~150만 명이 사망했고, 1968년 H3N2 홍콩독감으로는 75~100만 명, 1977년 H1N1 러시아독감으로 100만 명이 사망했다.

2차 유행기 전에 맞춤형 치료제가 개발되면 사망자 수를 좀더 줄일 수 있을 것이다. 하지만 단기간에 감염자가 폭증하면서 입원자 수가 증가하면 의료 시스템 붕괴 위험이 반복될 수 있다. 그러면 치료제가 있어도 사망자는 다시 증가한다. 이것이 강한 계절성 독감 수준의 바이러스라도 백신이 없는 상황에서 사회적 거리두기를 하지 않은 경우 일어날 수 있는 참사의 예측치다.

코로나19 1차 대유행기에 강력한 사회적 거리두기를 했어도 미국에서 2017~2018년 시즌 계절독감 사망자 6만 1천 명에 근접했다. 백신이 나오기 전까지는 사회적 공포와 경제 마비 상태 반복 문제가 해결되기 어렵다. (참고로, 2009년 신종인플루엔자는 팬데믹 선언이 되었지만, 백신과 치료제가 있어서 경제 마비를 초래하는 셧다운은 하지 않았다.)

이런 위험성 때문에 2차 유행기가 시작되면 초기부터 강력한 사회적 거리두기나 셧다운이 불가피할 가능성이 높다. 2차 유행기 감염 확산을 내버려둔 다음 치명률이 어느 정도인지 결과를 보고 나서 사회적 거리두기를 결정하기에는 위험이 클 것이다.

2020년 4월 14일, 하버드대학교 연구보고서는 코로나19 바이러스는 인플루엔자처럼 행동하면서 계절적으로 전 세계를 돌고 각국은 20주간 사회적 거리두기를 실시하는 시나리오를 시뮬레이션한 결과 '통제되지 않는 확산'만큼 엄청난 규모의 질병 정점을 보였다고 발표했다. 또한 2020년 가을 2차 유행이 봄철 1차 유행기보다 위험하고 의료 시스템에 더 큰 과부하를 줄 것이라고 경고했다. 백신이나 치료제 개발이 완료되지 못하면 2022년까지 간헐적on and off 사회적 거리두기를 반복해야 한다고도 전망했다.[30]

2차 유행기에 벌어질 일들

일부에서는 코로나19 2차 유행기에는 경제적 피해 규모가 1차 유행 때보다 적을 수 있다는 반론도 나온다. 트럼프 대통령도 바이러스 전문가들이 2차 대유행의 심각성에 대해서 발언을 하자 직접 나서서 정정하라고 명령하기도 했다. 그러면서 2차 대유행기에 경제 충격이 적을 것이라며 수습에 나섰다. 과연 그럴까? 우선 2차 유행기에 경제적 피해가 적게 일어난다면 그 이유는 하나다. 2차 유행기 시작 전에 백신 상용화에 성공했을 경우 혹은 백신이 없어서 대규모 감염이 일어나도 경제 셧다운을 하지 않고 꿋꿋이 일상생활을 하는 경우다.

코로나19 2차 유행기에 경제 피해가 적을 것이라는 주장의 요지는 이렇다. 1957년 전 세계에서 100~150만 명의 사망자를 냈던 H2N2 아시아독감은 1957년 2월에 홍콩에서 시작했고 1957년 10월과 1958년 3월에 전 세계적으로 두 번의 큰 파동을 일으켰다. 이렇게 1957~1958년 아시아독감도 3번의 유행기를 만들었는데, 이번과 다른 점은 1차 유행기에는 전 세계적인 감염자 폭증이 아니었다. 원래 이런 패턴이 정상이다. 1차 유행기는 발원 지역이나 해당 국가 수준에서만 확산이 된다. 그리고 2차 유행기 시작 전에 전 세계로 바이러스가 서서히 옮겨가고 2차 유행기인 가을이 시작되면서 폭발적으로 확산된다.

3차 유행기는 이미 전 세계에 바이러스가 확산되어 있으니 확산기가 시작되면 역시 폭발적으로 감염자가 증가한다. 이번 코로나19는 중국과 전 세계의 대응 소홀, 그리고 1957년보다 더 확대된 세계화 추세로 1차 유행기부터 전 세계 팬데믹이 일어난 것이다. 1957~1558년 아시아독감의 1차 지역 유행기와 2차 전 세계 유행기가 한번에 합쳐진 것이 이번 코로나19 1차 유행기라고 보면 된다. 그러면 2020년 가을~겨울 2차 유행기는 아시아독감 3차 유행기와 같은 셈이다. 아시아독감은 1958년 3월부터 시작된 3차 유행기가 가장 큰 파동을 보였다.

1957~1958년 아시아독감기의 경제적 충격도 분석해보자. 당시 미국 경제침체는 전 세계 감염자 폭증이 일어나기 전인 8월부터 시작되었다. 그리고 (미국 입장에서는 첫 번째 확산기였던) 1957년 가을~겨울 감염기를 지나서 다음 해 3월에 두 번째(홍콩에서 1차 지역 감염을 포함하면 3기 대유행기) 전 세계 감염자 폭증이 시작되고

다음 달인 4월에 바닥을 찍고 반등하는 식으로 '단 한 번'의 경제 충격만 받았다는 주장이다.

1918~1919년 스페인독감 때에도 미국 경제는 비교적 작은 충격을 '단 한 번'만 받고 반등했다. 이런 이유로 이번 코로나19도 1차 유행기에 경제적으로 충격이 컸으니 2차 대유행기에는 경제적 충격이 작을 것이라는 주장이다.

이런 주장은 절반은 맞고 절반은 틀리다. 〈그림 6〉은 당시 미국의 산업생산, 고용률, 주식시장, 경제성장률이다. 겉으로 보기에는 이런 주장이 옳은 듯하다. 하지만 이런 주장이 간과한 결정적 차이점이 하나 있다. 당시에는 1차 유행기가 전 세계적이지 않았다. 미국의 경기침체가 1차가 아니라 2차 유행기 시작 전에 일어난 이유다. 대신, 미국 경제와 주식시장 하락은 3차 유행기가 시작하고 한 달 후까지 지속되었다.

즉, 2~3차 유행기가 1~2차 유행기보다 간격이 가깝기 때문에 2차와 3차에 나눠서 받아야 할 2번의 경제 충격을 한꺼번에 받은 셈이다. 4차 대유행기가 없으니 당연히 그것으로 끝났다. 3차 유행기(미국은 2차 유행기)가 시작되고 한 달 후에야 바닥을 찍었다는 점도 기억해야 한다. 보통 주식시장은 위험이 최고에 이를 때 바닥을 찍고, 위험 수위가 정상에서 꺾이기 시작하면 가장 빨리 반등을 시작한다.

2020년 코로나19는 어떨까? 1차 유행기부터 전 세계 팬데믹이었다. 코로나19는 1차 지역 유행, 2~3차 전 세계 유행 패턴이 아

그림 6 | 1957~1959년 아시아독감 유행 전후 미국 경제와 주식시장 변화 추이

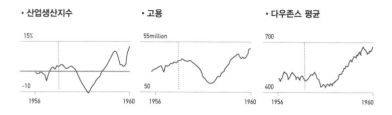

• 산업생산지수

• 고용

• 다우존스 평균

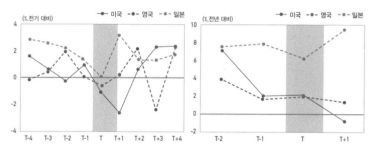

• 아시아독감 당시 주요국 성장률(분기)

• 아시아독감 당시 주요국 성장률(연간)

• 미국 주식시장 흐름

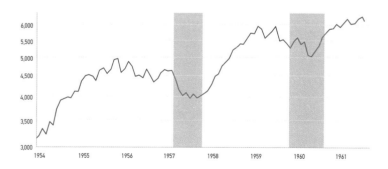

니다. 코로나19는 1~3차 모두 전 세계 유행 패턴을 보이는 역사상 최초의 팬데믹이다. 당연히 미국 경제 충격은 1차부터 시작되었다. 2차는 1차보다 더 큰 유행기가 될 것이다. 3차는 2차와 시간 차를 크게 두지 않고 연달아 일어난다.

위의 주장대로라면, 오히려 2차 유행기에 일어나는 경제 충격은 3차 충격까지 함께 반영해서 나타날 가능성을 생각해야 한다. 1차 유행기에 발생했던 경기 충격 혹은 주식시장 대폭락은 1차 유행기 최정점을 지나면서 바닥을 찍고 반등했다. 위 주장대로라면, 2차 유행기에 발생하는 경제 충격은 3차 유행기가 시작해야 바닥을 찍을 수도 있다. (이런 상황이 벌어지면 필자의 예측보다 더 나쁜 상황이 된다.)

스페인독감 때를 분석해보자. 스페인독감 때는 전 세계 팬데믹이 일어나고 이번 코로나19처럼 경제 셧다운도 실시했다. 하지만 놀랍게도 경제 충격은 지금보다 작았고 주식시장도 단 한 번 폭락으로 끝났다. 이번에도 그럴 수 있을까? 아니다. 스페인독감도 미국이나 한국 등에서는 2차 유행기에 시작되었다. 역시 2~3차 유행기는 아시아독감기처럼 시차가 짧았다. 주식시장 대폭락도 2~3차 유행기를 연결해서 한꺼번에 찾아왔다.

사상 초유의 사망자를 기록했던 스페인독감치고는 경제적 충격과 주식시장 폭락 규모가 작았다. 왜일까? 〈그림 7〉에서 보듯이, 당시 미국 주식시장의 대폭락은 스페인독감 발병 때가 아니라 1917년 4월 미국이 제2차 세계대전 참전을 선언했을 때 일어

그림 7 **1918~1919년 스페인독감 유행 전후 미국 주식시장 변화 추이**

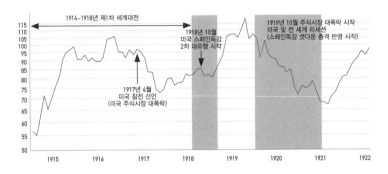

낳다. 그리고 제2차 세계대전이 마무리되는 신호가 나오자 서서히 상승했다. 1918년 10월에 스페인독감이 미국 전역을 강타하자 다시 하락했다. 하지만 단 한 번 하락한 후에 상승을 이어갔다. 이번에도 단 한 번으로 끝날까? 아니다.

〈그림 7〉에서 1919년 초까지 상승한 후 어떤 일이 일어났는지를 보라. 3차 유행기가 시작되면서 미국 주식시장과 경제는 곤두박질치기 시작한다. 그리고 미국이 세계전쟁 참전을 선언했을 때보다 더 하락했다. 스페인독감은 20~40대 청장년층 사망자가 많았다. 생산력에 충격을 준 셈이다. 셧다운 충격도 겹쳤다. 이런 요인이 3차 대유행기가 시작하면서 시장에 재반영되기 시작했다. 그리고 경제와 주식 모두 곤두박질쳤다.

코로나19 2차 유행기에는 어떤 상황이 벌어질까? 치료제와 백신이 모두 나온다면 최상의 시나리오가 펼쳐진다. 하지만 백신 상용화가 10월을 넘어가면 (코로나19의 전염 속도를 감안할 때) 사회적 거리두기 시행은 물론이고 일부 지역의 셧다운 명령과 해제를 반복하는 일이 벌어질 가능성은 충분하다. 어느 국가, 혹은 어느 도시에서 셧다운이 일어나느냐 마느냐를 결정하는 것은 의료 시스템에 달려 있을 것이다. 1차 유행기가 끝나고 짧은 여름 휴지기 동안에 2차 대유행을 대비하는 의료 시스템이 획기적으로 확충될 가능성은 높지 않다. 자칫하면 2차 유행기의 특성상 더 강력한 셧다운을 해야 할 가능성도 있다.

2020년 11월 3일에 미국의 대선이 치러진다. 2차 유행기가 시작될 가능성이 높은 10월에는 대선 유세가 최고조에 달한다. 대유행 조짐이 시작되어도 사회적 거리두기나 셧다운을 빠르게 명령할 상황이 못된다. 한국, 중국, 유럽 등 선거를 치르지 않는 다른 나라도 사정은 비슷할 것이다.

1차 대유행으로 경제적 충격을 심하게 받은 상황에서 2차 유행기에 강력한 셧다운 정책을 재실시하면 국가 경제가 받는 충격은 배가 될 것이다. 이런저런 이유로 사회적 거리두기와 셧다운을 머뭇거리는 동안 2차 유행기에 코로나19는 빠르게 전국으로 확산하며 피해를 키울 것이다. 주식시장과 경제성장률에 두 번째 충격이 가해질 확률이 높다. 1차 충격보다 클지 작을지 불확실성이다. 다행히 감염자나 사망자 수가 상상을 초월할 정도로 늘어나는 최악의 시나리오를 피할 조짐은 나오고 있다.

첫째, 1차 유행기가 워낙 강력했기 때문에 대응하고 극복하는 과정에서 다양한 노하우와 해법을 발견했다. 경제 충격이 염려되어 망설이는 시간이 있겠지만 1차 유행기 경험이 강력해서 아주 늦은 시점에 강력한 정책을 마지못해 꺼내들 가능성도 적다.

둘째, 백신은 빨라야 2020년 겨울이나 2021년 봄에 전 세계 단위에서 상용화가 가능하다. 치료제나 백신 개발에는 평균 10년 정도 기간에 1조 원 넘는 투자금이 필요하다. 학자들이 실험실에서 치료제나 백신 후보군을 찾아내는 것은 상대적으로 단기간에 할 수 있다. 하지만 사람에게 안전하게 사용할 수 있는 최종물을 만들어내는 것은 다른 문제다. 아주 높은 수준의 안전성이 요구되기 때문에 수많은 의학적·행정적 단계가 필요하다. 경제적 효용성도 계산해야 한다.[31]

치료제가 2차 유행기 전에 나올 가능성은 있다. 2020년 4월 17일, 타미플루를 개발했던 다국적 제약사 길리어드사이언스가 코로나19 치료제로 임상실험 중인 '렘데시비르'가 좋은 결과를 냈다는 보도가 나왔다. 트럼프 대통령이 기자회견에서 말라리아 치료제인 '클로로퀸'과 함께 언급했던 치료제 후보였다. 시카고 대학병원에서 진행 중인 임상3상에서 렘데시비르를 투약받은 코로나19 중증환자들이 빠르면 3일에서 1주일 이내에 완치되었다는 기쁜 소식이었다. 같은 날, 영국에서는 혈관 투약 없이 알약 형태로 먹을 수 있는 치료제 후보인 항바이러스 물질 EIDD-2801에 대한 긍정적 소식도 들려왔다.[32]

〈그림 8〉은 미국 CDC에서 유행성 인플루엔자 발생 시 바이러스 억제제 비축 물량 규모에 따라서 사망자 규모가 어떻게 달라

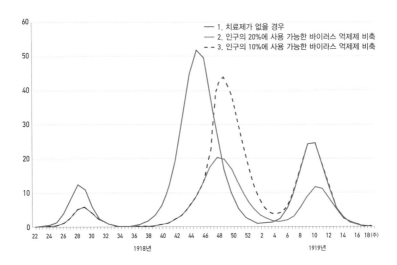

그림 8 유행성 인플루엔자 발생 시 바이러스 억제제 비축 물량 규모에 따른 입원자 및 사망자 규모 차이에 관한 연구(인구 10만 명당 사망자 수)

질 수 있는지를 시뮬레이션한 연구 결과다.

　연구팀은 1918~1919년에 유행했던 스페인독감 사례를 가지고 3가지 시뮬레이션을 만들었다. '시뮬레이션 1'은 바이러스 억제제 치료를 전혀 하지 못했던 당시 실제 상황이다. '시뮬레이션 2'는 전체 인구의 20%에 사용할 수 있는 바이러스 억제제를 비축했을 때, '시뮬레이션 3'은 10% 인구 분량의 억제제를 준비했을 경우다.

　'시뮬레이션 2'의 경우에는 대응력이 전무해서 사회적 거리두기로만 대응할 수밖에 없는 상황의 절반 수준으로 피해 규모를 낮출 수 있다. 2020년 코로나19 1차 유행기는 바이러스 억제제가 전무한 상태는 아니었지만 감염자 수가 폭발적으로 증가하면서 의료 시스템이 붕괴하거나 크게 흔들리면서 상당한 피해를 냈다. 하지만 2차 유행기에는 현재보다 더 충분한 바이러스 억제제를 준비하고, 치료제도 개발을 완료하고, 1차 유행기에서 학습한 대응방법으로 준비한다면 '시뮬레이션 2' 수준으로 피해 규모를 줄일 수 있을 것이다.

〈그림 9〉는 임페리얼칼리지런던 연구팀이 영국에서 인구 10만 명당 코로나19 중증환자 입원 병상 수를 예측한 시뮬레이션 자료다. 2차 유행기인 2020년 10~12월에 가장 강력한 통제(감염자 격리, 자택 격리, 사회적 거리두기 등)를 시행할 경우에도 10만 명당 100명이 넘는 중증환자 병상이 필요하다.

만약 자택 격리를 실시하지 않고, 학교 폐쇄와 감염자 격리와 6피트 사회적 거리두기를 하면서 정상적 활동을 허용할 경우에는 3배 가까이 증가한다. 이 예측치를 2억 2,800만 명의 미국 인

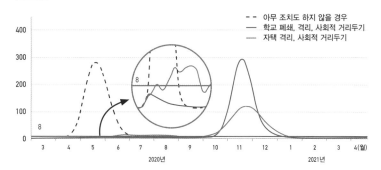

그림 9 | 코로나19 중증환자 입원 병상 수를 예측한 시뮬레이션(인구 10만 명당)

구에 적용하면 가장 강력한 통제 조치를 취할 경우에 30만 개의 병상이 필요하다. 학교는 폐쇄하지만 지역을 완전 셧다운시키지 않고 일반적 수준의 사회적 거리두기 통제만 유지할 경우에는 중증 입원환자 병상 100만 개가 필요해진다.

치료제가 개발되어 중증 병상 부담을 현저히 줄인다고 하더라도 2차 대유행기에도 사회적 거리두기를 강력하게 시행하지 않아 감염자가 짧은 시간에 폭증하면 각국의 일반 병상은 포화상태에 이를 것이다. 미국은 10만 명당 병상 수가 280개, 한국은 1,230개, 독일은 800개, 이탈리아 320개, 영국 250개, 프랑스 600개, 중국 430개, 인도 50개, 일본 1,310개다.

이런 각종 시뮬레이션과 경험을 참고해서 예측하면, 치료제가 나오고 강력한 이동 제한 조치를 취할 경우에는 2차 대유행 피해를 크게 줄일 수 있다. 하지만 이 말을 거꾸로 하면, 2차 대유행기에도 감염자 수와 상관없이 학교 폐쇄는 기본이고, 강력한 셧다운 혹은 (1차 유행기 한국처럼) 사회적 거리두기 조기 실시 중에 하나를 선택하게 될 가능성이 아주 높다. 치료제만 믿고 사회적 조치를 느슨하게 할 경우 감염자가 폭증한다.

감염자가 폭증하면, 치료제 혜택 사각지대가 발생하면서 집단 사망자가 나올 가능성도 크다. 1차 유행기에 뉴욕에서 감염자가 폭증하면서 의료시설이 포화상태에 이르렀다. 의료 사각지대에 놓인 사람들이 늘어나면서 노숙자를 비롯해서 고령으로 기저질환이 있는 요양원 입소자 중에서 사망 사고가 집단으로 발생했다. 뉴욕시 집계에 따르면, 최대 2,400명이 요양원에서 의료 혜택을 받지 못하고 사망했다. 캐나다 사망자의 절반도 요양원에서 발생했고, 이런 사정은 유럽에도 마찬가지였다.[33]

미국은 1차 유행기에도 마스크, 방호복, 인공호흡기 등 기본 보호 장비가 모자라 의료진이 시위를 벌이는 사태까지 발생했다. 마스크 한 장으로 3일씩 버텨야 하고, 병원이 이른바 세균배양접시가 되었다. 의료진들은 감염자를 치료하면서 자기도 언제 감염되어 죽을지 모른다는 공포감을 느꼈다. 인공호흡기가 모자라자 뉴욕주는 호흡기 1개당 2명이 사용하라는 임시 처방을 내렸다. 대규모 감염자와 사망자가 발생하는 현장은 '무시무시하고 소름 끼친다' '음산하고 암울하다'는 표현이 어울리는 모습이었다.[34]

모두가 선제적 대응 적기를 놓쳐서 일어난 참혹한 결과다. 2차 유행기에도 치료제만 믿고 사회적 조치를 느슨하게 하여 선제적 대응 시기를 놓칠 경우, 대규모 사망자는 물론이고 각국에서 의료 시스템 붕괴가 일어날 가능성은 여전하다. 이런 우려 때문에 영국 에든버러대학 글로벌 보건학과장 데비 스리다 교수는 BBC 방송과의 인터뷰에서 코로나19 백신이 2021년 7월까지 상용화되지 않는다면 도쿄올림픽 개최도 힘들 것이라고 전망했다.[35]

구글은 신규 채용과 서버 등 대형 투자를 유보하고, 페이스북도 2021년 6월까지 50명 이상 모이는 대형 오프라인 행사를 전면 취소했다.[36] 애플은 2020년 하반기에 출시 예정인 아이폰12 생산량을 평소보다 늘려 창고에 재고 물량을 대거 쌓아놓는 전략으로 전환했다. 애플의 결정은 의외다. 팀 쿡이 애플을 이끌기 시작하면서 비용과 재고를 최소화하는 극단적 공급사슬관리scm 전략으로 이익을 극대화했다.

하지만 코로나19 1차 유행기를 거치면서 일시적으로 전략을 수정했다. 글로벌 기업들이 이런 행동을 하는 이유가 무얼까? 필자의 추정으로는 2~3차 대유행기를 대비하는 결정인 듯하다. 일부 언론을 통해 2020년 10월 전에 백신 개발 성공이 가능하다는 보도가 나온다. 하지만 반대 의견도 만만치 않다. 코로나19 백신 개발에 거액을 후원하며 활동하는 빌 게이츠는 백신 개발에 엄청난 비용과 긴급 정책 지원을 받아도 18개월 정도의 개발 기간이 필요하다고 밝혔다.

2020년 5월 기준, 전 세계 정부와 민간 기업들에서 100여 개가 넘는 개발 프로젝트가 진행 중이다. 이미 인간을 대상으로 임상에 돌입한 프로젝트는 5개 정도다. (백신 개발 프로젝트는 임상 단계에 들어가도 평균 90% 이상은 최종 실패한다.) 백신 개발 기간이 평균 10년 정도 소요되었던 것을 감안하면 엄청난 속도다. 그럼에도 불구하고, 〈네이처리뷰〉는 과거에 비해 10배 이상 빨라진 현재 속도에 긴급사용허가 같은 신속한 정책이 뒷받침되어도 코로나19 백신 상용화는 2021년 초에나 가능할 것으로 예측했다.[37]

대만 국립창화교육대와 호주 머독대 공동 연구팀이 1차 유행기에 인도에서 검출한 코로나19 바이러스 중 일부가 스파이크 단백질 수용체결합영역rbd에서 특이한 변이를 일으킨 사실을 발견했다. 스파이크 단백질은 코로나19가 사람 세포의 수용체와 결합하고 숙주 세포에 침입하는 중요한 역할을 한다. 코로나19 백신은 스파이크 단백질을 무력화하는 데 초점이 맞춰져 있다.

그렇기 때문에 스파이크 단백질에서 돌연변이가 일어나 버리면 백신 개발을 처음부터 다시 해야 한다. 다행히 이번에 발견된 변종은 다른 나라에서는 확인되지 않은 상태라고 한다.[38] 이만큼 백신 개발은 넘어야 할 산이 많아서 최종 생산 단계까지 안심하거나 장담할 수 없다.

이런 의문이 들 수 있다. 2009년 신종인플루엔자 백신 개발은 상용화까지 단 몇 개월 만에 성공하지 않았는가? 당시 신종플루 백신 개발에 일조했던 고대구로병원 감염내과 김우주 교수는 한 국내 언론과의 인터뷰에서 그 이유를 이렇게 대답했다. "2009년 신종플루 유행 당시 빠르게 백신 생산이 이뤄질 수 있었던 것은 새로운 바이러스임에도 기존 계절 인플루엔자 생산 기술과 생산 공장 등 '플랫폼'이 있었기 때문이다. (…) 효과와 안전성이 입증된 코로나바이러스 백신이 있다면 그 플랫폼을 이용해 항원만 바꿔 빠르게 생산할 수 있겠지만 사스나 메르스 유행 종료 이후 투자가 이뤄지지 않다 보니 현재 플랫폼이 없는 상태로 연내 백신을 상용화하기는 어려울 것이다."[39]

가을 2차 대유행 전에 백신 개발에 성공한다는 희망을 가져보자. 가장 강력한 방어 무기인 백신이 10월 이전에 상용화가 가능해지는 최선의 시나리오가 펼쳐져도 마음을 놓으면 안된다. 백신이 2차 대유행이 시작될 10월 이진에 상용화 허가를 받는 깃과 전 세계 인구 60%에게 투여할 분량을 대량 생산하는 것은 다른 문제이기 때문이다.

이번 1차 대유행기에 한국을 비롯해서 전 세계에서 이슈가 된 마스크와 인공호흡기 대란을 생각해보라. 그나마 1차 대유행은 중국, 한국, 이탈리아, 미국, 독일, 일본, 인도, 러시아 등으로 시간 차를 두고 순차적으로 확산되었다.

2차 때는 세계에서 동시다발적으로 한꺼번에 재유행할 가능성이 아주 높다. 백신과 치료제 생산이 시작되더라도 생산 속도 문제가 대두되면서 선진국을 중심으로 자국 물량 확보에 비상이 걸릴 것이다. 각국의 대표적인 제약회사 한 곳이 공장 가동을 최대로 하더라도 한 달 생산 물량이 (면역증강제를 사용하더라도) 수백만 도즈 이내로 제한될 것이 분명하다.

2008년 신종인플루엔자 유행 당시, 전 세계 백신 생산라인을 총 가동해서 6개월 동안 생산한 백신 규모는 전 세계 인구 10~20% 정도만 접종할 수 있는 수준에 불과했다. 1차 유행기의 속도를 감안해보자.

〈그림 10〉은 이탈리아, 미국, 중국, 독일 등 주요 국가들에서 코로나19가 어떤 속도로 확산되었는지를 보여준다. 일일 신규 확진자 급격 증가 시작점부터 일일 확진자 최고 수치 기록 시점까지 2~3주밖에 걸리지 않았다. 방역 시스템은 더 빨리 무너졌다. 2020년 3월 11일, 미국에서 감염 확진자가 1천 명(1,215명)을 넘

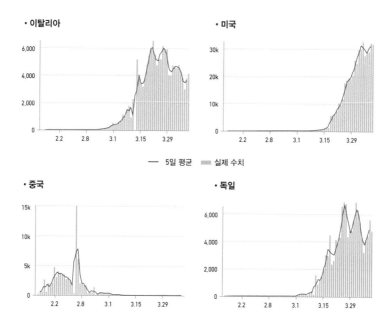

그림 10 │ 주요국 코로나19 신규 확진자 수

• 이탈리아

• 미국

—— 5일 평균 ▨▨ 실제 수치

• 중국

• 독일

어서면서 방역이 무너지는 조짐이 시작되었다. 코로나19는 48시간 내 증식 능력이 사스의 3.2배이고 인간의 선천적 면역을 자극하지 않고 교묘하게 움직이면서 발병 초기에 3.87~5.7명을 전염시키는 능력(사스의 2배, 신종플루 2~3배)을 가졌다.[40]

이런 능력을 바탕으로, 미국 내 감염자를 1천 명에서 2천 명으로 2배 증가하시키는 데 단 3일이면 충분했다.[41] 다시 1만 명을 넘는 데 4일(3월 18일) 걸리면서 1천 명에서 10배로 뛰는 데 겨우 7일 걸렸다. 1만 명의 10배인 10만 명에 도달하는 데 일주일(3월

27일)이 소요됐다. 50만 명으로 늘어나는 데는 2주일(4월 10일) 걸렸다. 1천 명에서 500배 증가하는 데 겨우 한 달이면 충분했다.

2차 유행기는 이런 속도로 전 세계에서 동시다발적으로 감염자가 증가한다. 코로나19가 2~3주 안에 해당 국가 혹은 도시의 의료 시스템을 위협하는 속도로 확산된다면 치료제와 백신 양산 속도가 따라가기 힘들다.

마스크 물량도 공항에서 몇 배 웃돈을 주고 국가 간 가로채기가 발생했다. 선진국들은 자국민에게 투여할 치료제와 백신 물량이 충분해질 때까지 외국으로 반출이나 수출을 봉쇄할 것이 거의 확실하다. 그 기간 동안 강력한 사회적 거리두기와 일부 지역 셧다운은 피하기 힘들다. 치료제와 백신의 사각지대에 있는 국가는 자국에 물량이 확보되는 때까지 버텨야 한다.

결국 해외 유입을 차단하는 국경 봉쇄를 하고, 국내에서도 강력한 사회적 거리두기를 시행할 가능성이 높다. 1차 대유행 시에 유럽에서 일어난 일이다. 상식적으로 생각하면, 부자 나라가 많은 서유럽이 상대적으로 가난한 국가가 많은 동유럽보다 코로나19 피해가 적어야 했다. 결과는 정반대였다. 코로나19에 대한 다양한 집계 현황을 발표하는 자료(http://www.worldometers.info/)를 보아도 마찬가지다.[42]

이런 결과가 만들어진 이유가 무엇이었을까? 상대적으로 가난하고 의료시설과 장비와 인력이 부족했던 동유럽 국가들은 감염 확산을 막기 위해 코로나19 발병 초기부터 강력한 국경 봉쇄, 국내 이동 금지, 감염자 위치 추적, 기타 사회적 거리두기 정책을 조기 실시했던 것이다.

이렇게 치료제와 백신 개발이 2차 대유행 이전에 상용화 허가가 나는 최상의 시나리오 안에서도 각국 경제가 입는 피해는 적지 않을 것이다. 국내 기업들이 진출해 있는 해외 생산기지 중에서 2차 대유행 대응에 취약성을 보일 곳이 상당하다. 셧다운 공포가 재현될 가능성이 높다.

1차 대유행기에서도 이들 국가는 공장 셧다운과 재가동을 반복하면서 어려움을 겪었다. 모처럼 소비가 급반등하는 리바운드 시점을 만났지만 자칫하면 그 기간은 짧아지고, 가을겨울 시즌 매출도 큰 손실을 볼 수 있다. 그 뒤에 찾아올 리세션 규모도 더 커질 수 있다. 이에 대한 준비를 철저히 하는 것이 시급하다.

2020년 1차 유행기 중간 지점 기준, 코로나19 치명률 요약

- 48시간 내 인체 내에서 바이러스 증식 능력: 사스의 3.2배.
- 발병 초기 인간 대 인간 전염 능력(3.87~5.7명): 사스의 2배, 신종인플루엔자의 2~3배, 계절독감 4~5배.
- 감염 확진자 100만 명 돌파 속도: 스페인독감(6개월)의 2배, 신종인플루엔자(1년)의 4배.
- 공식 집계 사망률: 뛰어난 대응을 할 경우는 계절독감(0.1%)의 20배, 신종인플루엔자(0.1~1.2%)의 10~20배, 의료 시스템이 붕괴되면 2002년 사스(10%)와 비슷함.

- (1차 유행기 2020년 4월 18일 기준, 코로나19 확진자 대비 사망률 전 세계 6.86%, 한국을 비롯해서 대응을 잘했던 국가는 1~2% 내외, 미국처럼 대응이 늦은 국가는 3~4% 내외, 이탈리아처럼 의료 시스템이 붕괴된 국가는 10~12%).

리세션:
전 세계 경기대침체를
준비하라

Post
COVID-19

리바운드 현상 다음 순서로 예측되는 미래는 리세션Recession이다. 그것도 2020년 중반에서 2022년 중반까지 최소 2년 정도의 전 세계적 대규모 리세션 가능성이다. 이미 코로나19 1차 유행기의 충격으로 신흥국 상당수가 IMF에 구제금융을 신청하는 상황이다.

한국은행은 5월 말까지 코로나19를 잡아도 주요 국가들이 금융위기급 경제 충격을 피하기 힘들 것이라는 전망을 내놓았다.[43] 크리스탈리나 게오르기에바 IMF 총재는 2020년 한 해에 170개국 이상이 마이너스 성장률을 기록할 것이라고 전망했다.[44] 아시아개발은행ADB은 코로나19로 세계 경제가 받을 손실을 최대 4조 1천억 달러로 전망했다.[45]

하지만 2차 대유행 피해가 늘어나면 손실 규모는 더 커질 수 있다. 국제노동기구ILO는 전 세계 노동자 81%가 코로나19로 일자리 충격 영향을 받고 있다고 분석하면서 제2차 세계대전 이후 가장 심각한 상황이라고 평가했다.[46]

최악의 경우 미국 실업률이 최대 32.1%(5,281만 명)로 1933년 세계대공황 실업률 24.9%를 넘어설 가능성도 제기되고 있다. 코로나19 발병 후, 최초 한 달간 셧다운만으로 미국에서는 2,200만 개 일자리가 사라졌다. 2008년 금융위기 이후 10년 동안 애써 만든 일자리 전부와 비슷한 수치다.

중국의 경제성장률도 2019년 6.5%의 절반에도 못 미칠 수 있다는 것을 비롯해서 전 세계 각국의 2020년 경제성장률과 글로벌 기업 신용등급 하락 전망이 쏟아진다. 전 세계 공장 가동이 중단되고 국경 봉쇄가 늘어나면 물류 흐름도 원활하지 않고, 항공산업은 이미 대규모 구제금융을 받는 상태다. 세계 경제성장률이 하락하는 상황에서 코로나19로 일시에 소비가 대침체에 빠지면서 유가는 대폭락했고, 각국의 산업생산지수는 2008년 글로벌 금융위기 때보다 2배 넘게 하락했다. 철강, 정유, 화학 등 주요 기반산업과 자동차, 전자 등 고가의 소비재도 심각한 공급 과잉에 빠졌다. 한마디로 불과 2~3개월 만에 전 세계, 전 산업이 대충격에 빠졌다.

한국을 비롯한 전 세계가 경제대침체를 피할 가능성은 아주 희박해졌다. 전 세계 경기침체가 이미 시작되고 있다고 해도 과언이 아니다. 하지만 경제대침체를 피부로 체감하는 시간은 조금

늦게 올 것이다. 현재 진행되는 정부와 중앙은행의 대규모 구제 금융과 재정 투여와 여름부터 시작될 리바운드 현상기가 착시 효과를 만들어내고 있기 때문이다. 은행 연체율이 줄고, 기업들이 정부와 은행의 보조를 받아가면서 급격한 파산을 피하고 있기 때문이다. 아마도 대규모 리세션 충격을 피부로 느끼는 본격 시점은 2020년 말~2021년 초가 될 것이다.

코로나19 이후부터 리세션까지 미국 경제성장률 움직임은 어떻게 나타날까? V자, I자, U자, L자 혹은 나이키 곡선 등 전망이 엇갈린다. 과거 사례를 먼저 살펴보자. 〈그림 11〉은 대공황 이후 가장 큰 리세션에 빠졌던 2008년 미국의 경제성장률 움직임이다. 필자가 표시한 것처럼, 깊고 넓은 U자형의 경기침체를 기록했다. 깊고 넓다는 의미는 마이너스 성장률의 폭이 깊고, 마이너스를 지속하는 기간이 4분기였다는 것이다. 마이너스 성장률 전후로 0%와 0.2% 성장률을 기록했다.

총 18개월 동안 넓은 폭의 침체기를 겪었다. 깊고 넓은 U자형의 경기침체 이후, 연준이 막대하게 뿌린 대규모 유동성에 힘입어 빠른 기술적 반등기를 9개월(3분기) 정도 거쳤다. 그후 유럽발 금융위기가 겹치면서 경제성장률이 다시 하락했다. 그리고 유럽발 금융위기 충격을 흡수한 후 잠재성장률 수준으로 회복했다.

〈그림 11〉을 보면 당시 한국은 3분기 마이너스 성장 후 미국과 비슷하게 움직였다. 이번은 어떻게 될까? 시나리오는 2가지다.

첫째, 코로나19의 1차 유행기 셧다운 기간이 5월 정도에 마

그림 11 미국 금융위기 전후 미국과 한국의 GDP: U자형 커브

• 미국

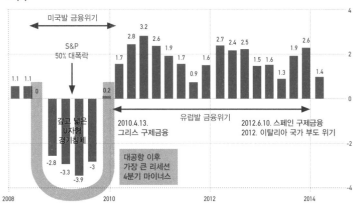

2009년
전 세계 경제성장률
-1.7%

2010년
전 세계 경제성장률
4.3%

2012년
전 세계 경제성장률
2.5%

• 한국

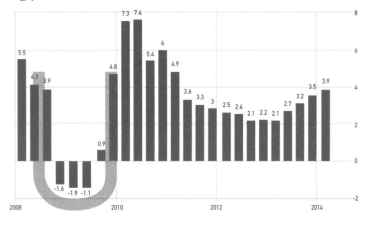

무리되고 2차 대유행기 피해를 최소화하는 경우다. 이 시나리오에서는 미국 경제성장률이 깊지만 짧은 U자형 모습을 그린 후, 2008년 이후처럼 연준과 정부가 막대하게 뿌린 대규모 유동성에 힘입어 빠른 기술적 반등기(통계적 반등기)를 일정 기간 누릴 것이다. 그 후에는 1년 정도 글로벌 리세션 충격이 반영되어 서서히 하락하다가 잠재성장률 수준으로 복귀할 가능성이다.

참고로, 대규모 유동성 덕택에 경제성장률이 빠른 기술적 반등기를 보일 것이지만 체감 경기는 반등기 없이 곧바로 대침체기로 진입하는 느낌을 받을 것이다. 미국 예일대 경영대학원 스티븐 로치 교수가 말한 것처럼, 기술적 반등은 '통계적인 회복'에 불과하기 때문이다.[47]

둘째, 코로나19의 1차 유행기 셧다운 기간이 5월을 넘어서고 2차 대유행기 피해도 1차 유행기와 비슷한 수준으로 겪는 경우다. 이 시나리오에서는 미국 경제성장률이 깊지만 짧은 U자형 모습을 그린 후 기술적 반등을 아주 짧게 한 후 다시 깊고 짧은 U자형 모습이 반복될 수 있다(둘을 합하면 깊은 W자형).

그후에는 기술적 반등기를 아주 짧게 겪은 후(혹은 기술적 반등이 예측되고) 장기적 글로벌 리세션 충격이 반영되면서 2년 이상 오랜 하락기를 겪을 수 있다. 리세션에서 빠져나오는 속도는 미국이 가장 빠를 것이고, 유럽의 경기침체는 미국보다 오래갈 가능성이 높다. 2가지 이유다. 미국보다 잠재 성장률이 낮고, 코로나19 수습과 회복 시에 필요한 적절한 부양책 합의 난망으로 적기를 놓쳐서 침체가 길어질 것이다.

　코로나19 이후, 한국 경제성장률은 어떤 움직임을 보일까? '시나리오 1'이라면 어떻게 될까? (2008년 이후 한국 상황을 감안하면) 미국과 같이 초기에는 깊지만 짧은 U자형 모습을 그린 후, 한국은행과 정부가 막대하게 뿌린 대규모 유동성에 힘입어 빠른 기술적 반등기를 일정 기간 누릴 것이다. 하지만 그 이후는 미국과 달라질 가능성이 높다. 2008년의 경우, 한국은 기술적 반등기 이후 미국보다 더 오랫동안 하락기를 겪었다. 이번에도 그런 움직임을 보일 가능성이 크다.

　'시나리오 2'라면, 역시 초기는 비슷할 것이다. 경제성장률이 깊지만 짧은 U자형 모습을 그린 후 기술적 반등을 아주 짧게 한 후 다시 깊고 짧은 U자형 모습이 반복된다(둘을 합하면 깊은 W자형). 그후에는 기술적 반등기를 아주 짧게 거친 후(혹은 기술적 반등이 예측되고) 장기적 글로벌 리세션 충격이 반영되면서 3~4년 이상 긴 하락기를 겪을 것이다. 최악의 경우, 가계 영역 및 좀비 기업(한계 기업)발 2차 금융위기가 발발할 수 있다.

　2020년 4월 14일, IMF는 코로나19 팬데믹이 하반기까지 이어질 경우(2차 대유행을 염두에 둔 것) 글로벌 경제는 아주 큰 하방 압력을 받아서 2020~2021년 연속 세계 경제성장률이 마이너스를 기록하는 초유의 사태가 벌어질 가능성을 언급했다.[48]

한국은 왜 미국과 다른 모습을 보일까? 한국은 2012년경부터 기업을 비롯한 가계 지표들이 서서히 약화되는 상태였다. 이런 가운데 코로나19 충격이 생산과 소비를 한순간에 마비시켰다. 미국처럼 한국도 구직급여 신청자 수가 역대 기록을 갈아치웠다. 경제 곳곳에서 2008년 금융위기보다 충격이 커지고 있다는 신호가 나온다. 강력한 사회적 거리두기를 실시해서 국내에서 감염과 사망 충격을 잘 막고 중국 다음으로 빠르게 코로나19를 통제 가능한 수준으로 만들었지만, 주요 국가의 국경 봉쇄 및 셧다운으로 수출마저도 발목이 잡혔다. 필자는 2019년 말에 이런 질문을 자주 받았다.

"현재 한국의 상황이 어떻다고 보시나요?"

코로나19 사태가 터진 이후에도 이 질문을 다시 받는다. 이런 질문을 던지는 배경이나 속내가 무엇인지 모두 알 것이다. 단순히 코로나19라는 뜻밖의 사건과 충격이 한국에 어느정도 충격을 줄 것인지만을 묻는 질문이 아니다. 아주 오래전부터, 한국 경제에 대한 무언가 꺼림직한 마음, 곧 위기가 터져버릴 듯한 긴박함을 갖고 있었기 때문에 던진 질문이다. 한국은행과 정부가 미국이나 유럽 등 주요 국가들의 정책을 따라 막대한 돈을 시장에 퍼붓고 있지만 불안한 마음이 전혀 가시지 않는다. 이 책을 읽는 독자도 같은 마음일 것이다. 이 질문에 대한 필자의 대답은 이렇다.

"아주 불안하다!"

필자는 미국 주식시장의 대조정, 중국의 금융위기, 한국의 금융위기라는 3가지의 큰 위기 가능성을 오래전부터 예측하고 경고했다. 2020년 신년 세미나에서도 이런 말을 했다.

매주 급변하는 국내외 정세와 경제 상황을 면밀히 추적하다 보면, 3가지 위기 가능성 중에서 어떤 것이 먼저 현실에서 터질지 모를 정도로 매순간이 러시안 룰렛 상황이라는 느낌을 자주 받는다.

2018년 후반기부터 2019년 말까지 1년 넘는 시간이 살얼음 판이었는데, 올 연말과 2020년 한 해도 이런 두려움은 계속될 것이다.

필자는 오래전부터 한국 위기의 근본적 원인들을 분석하고 그에 따른 미래 위기 가능성들을 시나리오로 발표하며 선제적 대응을 시작해야 대재앙을 맞지 않는다고 조언했다. 한국 수출은 오래 전부터 중국 기업의 추격을 받아 서서히 시장에서 밀려나고 있고, 2019년 한 해는 미국과 중국의 무역전쟁 틈바구니에서 시달리고, 한국과 일본의 무역전쟁마저 벌어지면서 공급망 충격까지 받는 상황에 몰렸다.

몇 년 전부터, 한국 내수 경제도 좋아질 기미가 점점 사라지고 있었다. 한국 경제에서 유일하게 활동성을 유지하는 것은 반도체와 부동산 가격뿐이었다. 가계 영역과 좀비 기업발 금융위기 가능성은 점점 커지지만 다가오는 위기를 대응하고 경제와 민생을 수습해야 할 책임을 부여받은 정부와 국회는 정치적 공방을 격화하며 위기 대응 시간을 허비하고 있었다.

2020년 총선 이후에도 정치권이 난국에 처한 한국 기업과 가계를 구하는 데 힘을 합칠 가능성은 거의 없다. 또 다른 정치 싸움이 기다리고 있을 것이 뻔하다. 자영업자와 제조업 정규직 일자리는 줄어들고, 정부 지원 일자리와 공기업 정규직 전환만 늘어나는 상태에서 코로나19를 맞았다. 이제, 이런 질문을 다시 던질 수 있다.

"앞으로 한국의 상황을 어떻게 보시나요?"

코로나19 이후, 한국 경제에서 일어날 미래 가능성은 크게 3가지다.

첫째, 본격적인 구조조정의 시작이다. 이미 한국 30대 그룹 순위에 들고 있는 몇몇 기업은 대규모 구조조정과 구제금융을 받기 시작했다. 이것이 끝이 아니다. 지금까지는 전방위 파산을 막기 위한 긴급 조치에 불과했다. 급한 불을 끄고 난 후에, 한계 기업, 스타트업, 자영업을 중심으로 하는 본격적인 구조조정이 시작될 것이다. 빠르면 2020년 중후반, 늦으면 2021년이다.

100년을 넘게 생명력을 유지한 기업이라고 찬사를 받았던 두산이 코로나19 충격을 받으면서 대규모 구조조정에 휩쓸리고 있다. 기업 경영 문제도 있지만, 코로나19로 금융시장이 얼어붙으면서 자금난이 가중되었기 때문이다. 두산그룹은 부동산 매각은 물론이고 알짜 회사를 팔아야만 생존이 가능한 상황에 몰렸다. 코로나19가 길어지고, 가을에 2차 대유행이 시작되어 충격이 가중되면 두산그룹의 전철을 똑같이 밟을 기업이 더 나올 수 있다. 아주 불안한 미래다.

항공과 여행 업계는 3~4개월 정도의 1차 대유행기에 직격탄을 맞고 강제적 구조조정에 진입했다. 1997~1998년 외환위기 때도 항공 노선은 20%밖에 줄지 않았다. 코로나19는 90% 이상 노선을 멈추게 했다. 중형급 B737 항공기 기준으로 한 달 주기료(주차료와 비슷), 리스 비용 등 대략 2억 5천만 원의 비용이 든다. 비행을 하지 못하면 모두 날리는 돈이다.

국내에서 가장 규모가 큰 대한항공은 여객기만 150대가량(화물기 제외) 보유 중이다. 업체 추정에 따르면, 대한항공이 항공기 리스 비용을 포함해서 매달 지출해야 할 고정비용이 5천 억~6천억 원가량이라고 한다. 미국 재무부가 두 달 정도 셧다운 충격을 받은 10개 항공사에 긴급 지원한 금액이 30조 원이다.

한국도 마찬가지다. 1차 유행기 첫 번째 충격만으로도 항공과 여행업계는 정부 지원 없이는 독자 생존하기 힘들다. 2020년 가을~겨울 기간에 2차 대유행기가 도래하면서 경제 및 소비 감소 충격를 추가로 맞는다면 올해 안에 관련 기업들의 생존 여부와 경쟁구도가 완전히 재편된다.

자동차 업계는 자금 유동성 문제가 심화되고 있다. 협력업체까지 줄도산 위기에 빠졌다. 현대차, 기아차, 한국GM, 르노삼성차, 쌍용차 등 5개 완성차 업계는 당분간 치열한 생존경쟁 압력에 처할 것이다. 여행이나 항공업계만큼 최악의 상황은 맞지 않겠지만, 상당한 구조조정과 글로벌 생산기지 재편 압력에 처할 것이다.

자동차 업계는 최상위에 있는 완성차 회사보다는 하위에 있는 협력업체의 임금 삭감, 인력 구조조정, 생산시설 감축과 생존 기업 간의 경쟁구도 재편이 주가 될 가능성이 높다. 석유산업은 코로나19로 인한 셧다운과 오일전쟁으로 인한 유가 하락이라는 이중 충격을 받았다. 현 정부의 부동산 투기 억제 정책 유지와 더불어 코로나19로 국내 부동산시장도 꽁꽁 얼어붙었다.

2020년 국내 총선에서 여당이 압도적 승리를 거두었기 때문에 부동산 투기억제 정책은 다음 대선 전까지는 유지될 가능성이 높다. 이런 가운데 코로나19가 2021년 상반기까지 경제 전반에 영향을 주면 국내외 전방위로 건설 투자가 줄어들 것이다. 대한건

설정책연구원의 추정에 따르면, 2020년 4분기까지 국내외 건설 경기 악화가 지속되면 한계상황에 직면하는 건설기업이 7천여 개에 이른다.[49]

섬유산업을 비롯해서 패션업계도 직격탄을 맞는다. 코로나19 1차 유행기 전면적 셧다운을 시작한 첫 달에 소비 판매에서 의류 산업이 가장 충격이 컸다. 전월 대비 판매가 50% 감소했다. 자동차, 가구, 전자제품 판매 하락의 2~3배를 넘었다.

코로나19가 3번의 대유행을 거친다고 가정하면, 2021년 혹은 2022년까지 사회적 거리두기와 전면 혹은 일부 셧다운이 몇 번 반복될 가능성이 높다. 코로나19가 유행하는 봄, 가을, 겨울 시즌이 모두 패션업계의 핵심 시장이다.

내수는 그나마 사정이 나을 수 있다. 하지만 수출은 1년 내내 보릿고개를 맞을 수도 있다. 코로나19가 잠시 주춤하면 국가들은 자국 내 활동에는 유연성을 보이겠지만 외부 유입을 막기 위해 국가 간 이동 제한을 유지하는 기간은 늘릴 수 있다. 코로나19 이전부터 미국을 비롯한 각국의 오프라인 주요 도매상이나 대형 체인점들이 온라인 쇼핑몰과 경쟁에서 속속 탈락하면서 온라인 입점이나 소매 형태 판매 방식으로 빠르게 전환 중이었다.

코로나19는 이런 변화를 더욱 촉진할 가능성이 높다. 어렵게 생존에 성공했던 대형 의류업체나 벤더들이 추가 탈락할 가능성이 높다. 코로나19 경제 충격이 장기화되면 원달러 환율도 불안정해진다. 수출기업이 환차익 때문에 이중고에 빠질 가능성이 높다. 대기업조차 견디기 힘든 충격이 시작되었기 때문에 상당수 소기업들이 치명상을 입거나 파산할 가능성이 높다.

코로나19 위기가 2021~2022년까지 지속되면 소매점의 타격도 심각해진다. 면세점도 예외가 아니다. 롯데와 신라 면세점이 인천국제공항 제1여객터미널 면세사업권을 포기했다. 온라인 유통으로 대세가 기울고 있는 시점에서 사회적 거리두기가 장기적으로 반복되면 대형마트나 백화점도 견디기 힘들어진다.

필자는 몇 년 전부터 한국 유통 기업 빅3 중 한 곳은 10년 이내에 문을 닫을 수 있다고 경고했었다. 코로나19는 그런 변화를 더 빠르게 할 요소다. 결국 최소 1~2년의 강력한 구조조정 기간을 버티며 마지막으로 살아남은 기업이 더 많은 시장점유율을 갖게 되면서 코로나19 이전보다 더 높은 경제력 집중 현상이 일어날 것이다.

둘째, 부동산과 맞물려 있는 막대한 가계 부채의 디레버리징이다. 이는 기업을 중심으로 하는 구조조정보다 규모가 크고 위험하다. 정부의 주도하에 질서 있게 가계부채와 부동산시장을 연착륙시킨다면 금융 시스템 붕괴까지는 가지 않고 장기 저성장 수준에서 한국 경제를 안착시킬 수 있다.

셋째, 만약 가계 부채와 부동산시장 연착륙에 실패하거나 버블을 터뜨리지 않으려고 가계 부채 증가 쪽으로 정책을 선회해서 다음 정부로 미루는 폭탄 돌리기를 선택한다면, 붕괴 시점은 좀 더 연장할 수 있지만 최악의 상황이 벌어질 것이다. 어느 순간 외부적 힘에 의해서 강제적 디레버리징이 일어나면서 금융 시스템까지도 붕괴되면서 제2의 금융위기가 한국 경제를 강타할 것이다.

필자의 예측으로는 첫 번째 거론한 한계 기업, 스타트업, 자영업을 중심으로 하는 구조조정은 이미 정해진 미래다. 그다음, 두 번째와 세 번째는 한국의 선택에 달려 있다. 금융 시스템 붕괴까지 이어지는 제2의 금융위기냐 아니면 (금융위기 없이) 연착륙을 통한 장기 저성장이냐는 현재 갈림길 위에 있다.

이런 상황에 이른 것은 코로나19 때문이 아니다. 코로나19가 어떻게 해결되든 상관없이 이런 일은 일어난다. 코로나19 충격과 피해가 최악의 상황까지 치달으면 우리의 선택권마저 빼앗기고 강제적으로 금융위기를 거쳐 장기 저성장의 터널로 곧장 치닫게 된다.

도대체 언제부터 우리가 이런 상황에 빠졌는지를 간략하게 살펴보자. (지금부터 필자가 소개하는 몇 가지 지표는 필자가 2020년 한국 경제를 전망하는 책에서 다룬 내용 일부를 발췌하여 코로나19 이후 상황에 맞게 설명을 추가한 내용이다.) 〈그림 12〉는 2004년부터 현재까지 OECD 주요 국가들의 경기선행지수CLI 변화 추이를 보여준다.

OECD 경기선행지수는 실제 경기 흐름보다 6~10개월 앞선 고용, 생산, 소비, 투자, 금융 등 10가지 지표들을 종합한 지수로 국가별·지역별로 6~9개월 뒤 경기 흐름과 경기 전환점을 예측하는 데 유용하다. 경기선행지수가 100 이하면 경기 수축 국면이라 평가한다. 2020년 코로나19 발발 직전까지 한국의 경기선행지수

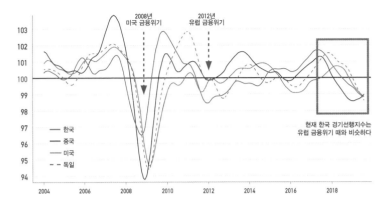

그림 12 **2004년부터 현재까지 OECD 경기선행지수 변화 추이**

2008년
미국 금융위기

2012년
유럽 금융위기

103
102
101
100
99
98
97
96
95
94

— 한국
— 중국
— 미국
- - 독일

현재 한국 경기선행지수는
유럽 금융위기 때와 비슷하다

2004   2006   2008   2010   2012   2014   2016   2018

는 유럽 금융위기 때와 비슷할 정도로 안 좋았다.

2008년 금융위기 이후 가장 안 좋은 상태에서 코로나19 충격을 맞았다. 한국의 경기선행지수는 2008년 금융위기 발발한 후 1~2년은 미국, 중국, 독일보다 선방했거나 회복 속도가 빨랐다. 하지만 2011~2013년 유럽에서 금융위기가 시작되자 몇 년 동안 이들 국가보다 빠르게 악화되었다. 2015~2016년에 잠시 좋아졌지만 그것도 미국이 긴축을 시작하면서 내려간 덕분이다. 2017년 미국이 긴축 국면에 적응하기 시작하자 한국의 경기선행지수는 아주 빠르게 재하락했다.

특히, 〈그림 13〉을 보면 2018년부터는 OECD 35개 국가들 중에서 가장 빠르게 하락했다. 코로나19 직전에는 OECD 전체 평균보다 낮고 거의 최하위권으로 추락했다.

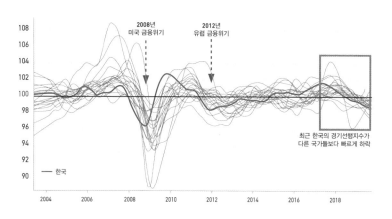

그림 13 2004년부터 현재까지 OECD 35개국 전체 경기선행지수

2008년
미국 금융위기

2012년
유럽 금융위기

— 한국

최근 한국의 경기선행지수가
다른 국가들보다 빠르게 하락

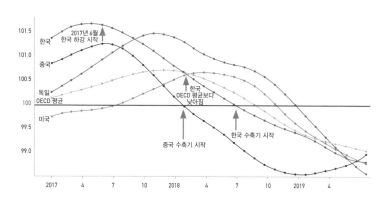

그림 14 OECD 주요국 경기선행지수: 2017년 6월부터 하락 시작(역대 최장기)

한국

2017년 6월
한국 하강 시작

중국

독일
OECD 평균

한국
OECD 평균보다
낮아짐

미국

중국 수축기 시작

한국 수축기 시작

〈그림 14〉는 코로나19 직전까지 한국의 상황을 확대한 자료다.
한국의 경기선행지수는 2017년 6월부터 하락을 시작했고, 2018년
초에는 OECD 평균보다 낮아졌고, 2018년 7월부터는 수축기에

진입했다. 하락 기간도 역대 최장기를 기록했다.

한국 경제가 처한 상황은 OECD 기업신뢰지수BCI에서도 뚜렷하게 나타나고 있었다. 기업신뢰지수는 (경기선행지수와 소비자신뢰

그림 15 OECD 주요국 기업신뢰지수(역대 최장기)

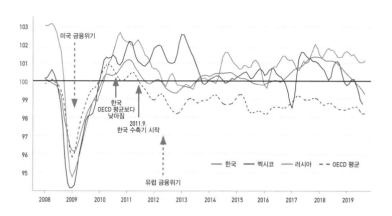

그림 16 한국의 기업신뢰지수: OECD 35개국 중 하위권

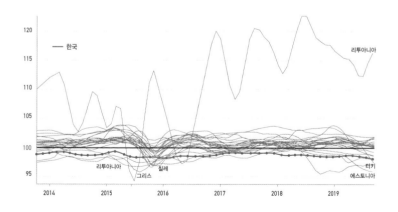

지수와 함께) 앞으로 6~9개월간 경기를 전망하는 3대 지표 중 하나다. 역시 100 이하면 수축 국면이다.

기업신뢰지수는 경기선행지수보다 더 안 좋다. 경기선행지수 하락 시점은 2017년 6월이지만 기업신뢰지수는 2010년부터 하락을 시작했다. 경기선행지수가 OECD 평균보다 낮아진 때는 2018년 초이지만 기업신뢰지수가 2010년 후반부터 OECD 평균보다 낮아졌다. 한국 경제위기는 기업 위기부터 시작되었다는 말이다. 한국의 기업신뢰지수를 OECD 35개국과 비교해보면 더욱 충격적이다.

〈그림 15〉를 보면 한국의 기업신뢰지수는 2014년부터 최하위권이다. 2015년에 한국보다 낮은 기업신뢰도를 기록했던 나라는 리투아니아, 그리스, 칠레 정도다. 이들 3개 국가도 코로나19 이전에 한국을 역전했다(그림 16).

한국 제조업 구매자관리지수에도 코로나19 사태 이전부터 문제가 심각했다. 구매자관리지수는 기업의 구매 담당자를 대상으로 신규 주문, 생산, 재고, 출하 정도, 지불 가격, 고용 현황 등을 조사한 결과를 0~100 사이 수치로 보여준다. PMI 수치는 50 이상이면 경기의 확장, 50 미만일 경우에는 수축을 의미한다.[50]

코로나19로 전 세계 주요 국가의 제조업이 동시다발로 충격을 받고 있지만 한국 제조업이 체감하는 충격과 공포는 평균 이상일 가능성이 높다. 한국 제조업의 구매자관리지수는 최상단점 움직임 추세도 2014년부터 50 근처로 하락을 시작해서 코로나19 발

그림 17　한국 제조업 구매자관리지수 추세

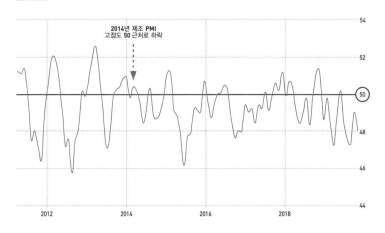

발 직전까지도 계속 하락했다(그림 17).

이 외에도 한국은행이 매출액 20억 원 이상인 업체의 경영자 대상으로 업종별·기업규모별·수출내수기업별 등으로 나눠 조사한 기업경기실사지수BSI도 2019년 중반부터 빠르게 하락하기 시작했다. 기업경기실사지수는 기업체가 느끼는 체감경기 지표다. 100을 기준으로 낮으면 경기 악화를 예상하는 기업이 호전될 것으로 보는 기업보다 많다는 의미다.

민간단체인 전국경제인연합회 산하 한국경제연구원이 매출액 기준 600대 기업을 대상으로 조사한 기업경기실사지수도 상황이 안 좋았다. 제조업에 관한 지표 중에서 온전한 것이 거의 없는 상태에서 코로나19 충격을 온몸으로 맞은 셈이다. 따라서 코로나19 2차 대유행기에 추가 충격을 맞으면 사태는 무서울 정도로 악화될 것이다. 2021년 코로나19 충격이 가시고 나도 한국 제조업은 반등하기 힘들 것이다. 결국 구조조정은 정해진 미래다.

이쯤 되면, 소비자신뢰지수cci도 안 좋을 것이 분명하다는 직감이 들 것이다. 당연하다. 한국의 소비자신뢰지수는 2008년 미국발 금융위기 이후 2018년까지 그나마 선방했다. 하지만 코로나19 발발 직전에 (미국이나 OECD 평균 수치가 좋아지는 것과 반대로) 아주 빠르게 하락했다. 코로나19가 발발하기 전에 2020년 한국 경제의 최대 이슈는 '소비 침체'라는 전망을 내놓았다. 코로나19가 일어나지 않았어도 2020년 한국 내수 소비시장은 극심한 침체에 빠져들었을 것이다.

〈그림 18〉을 보라. 한국 소비자신뢰지수가 100 이하를 기록하며 수축기로 진입한 시점은 2016년 1월이다. 다른 지표들보다 가

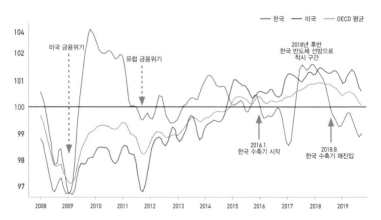

그림 18 | OECD 소비자신뢰지수: 한국은 하락했다가 최근 재진입

장 늦게 수축기에 진입했다. 2018년 후반, 한국의 반도체 수출이 놀라운 실적을 기록하며 잠시 큰 폭의 회복을 보였지만 반도체 착시 현상이 끝나자마자 2018년 8월에 수축기에 재진입했다. 코로나19 직전 수치도 OECD 35개 국가 중 최하위권이었다.

코로나19 직전에 한국은 앞으로 6~9개월간 경기를 전망하는 3대 지표인 경기선행지수, 기업신뢰지수, 소비자신뢰지수가 모두 최악의 상황에 진입했다. 민간소비 비중도 2000년 GDP 대비 54.5%에서 2018년에는 48.0%로 낮아졌다. 경제성장률보다 민간소비 증가율이 더 낮은 상황이었다. 아주 빠르게 저성장 국면에 진입하는 중인데 소비침체는 더욱 빨랐다는 의미다.

최근에는 인플레이션율도 0%대로 추락했고 기대인플레이션도 빠르게 하락을 시작했다. 기대인플레이션은 기업 및 가계 등의 경제 주체들이 현재 알고 있는 정보를 바탕으로 예상하는 미래의 물가상승률이다. 생산자 가격도 2012년부터 제자리걸음과 마이너스 성장을 반복했고, GDP 디플레이터에도 이상 신호가 켜졌다. GDP는 국내총생산Gross Domestic Product, 디플레이터deflator란 가격변동지수를 뜻한다. GDP 디플레이터는 국민소득에 영향을 주는 모든 경제활동을 반영하는 종합적 물가지수다. 국내에서 생산되는 모든 재화와 서비스 가격을 반영하는 물가지수다.

만약 2015년이 기준연도(2015년 GDP 디플레이터 100.0)이고, 2019년 GDP 디플레이터가 104.7이라면 2019년의 종합적 물가지수는 2015년에 비해 4.7% 올랐다는 의미다. 생산자물가는 물론이고 국내 3대 물가지수인 소비자물가, 근원물가, GDP 디플레이터가 모두 안 좋은 상황이라는 말이다. 필자는 이런 신호를 분석하면서 코로나19 직전까지 한국 경제 상황을 글로벌 경기침체 등 외부 요인 탓으로 돌리는 것은 무리라고 생각했다.

〈그림 19〉에서 2013년 한국의 GDP 갭률gap ratio을 확인할 수 있다. GDP 갭률이란 실질 GDP와 잠재 GDP(인플레이션 압력을 가속화하지 않으며 달성할 수 있는 최대 생산능력) 간의 격차다. 실질 GDP가 잠재 GDP를 웃돌아 플러스가 되면 인플레이션 갭 상태로 경기 과열 상태다(인플레이션 가속 우려). 이럴 경우 총수요를 억제(긴축정책)할 필요가 제기된다. 반대로 실질 GDP가 잠재 GDP를 밑돌아 마이너스가 되면 디플레이션 갭 상태로 경기 위축 상태다. 이럴 경우 국가 경제가 최대 생산능력 이하로 작동하기 있기 때문에 유효수요를 증가시켜 성장률을 높이고 실업률을 낮추는 확장정책을 펼쳐야 한다.

2013년에는 2008년 글로벌 금융위기의 영향으로 대부분 국가의 인플레이션 갭이 악화되었다. 오히려 2013년에는 한국은 상당히 선방한 편에 속했다. 코로나19 직전인 2019년 상황을 보자(그림 20). 한국만 빼고 대부분의 나라가 호전되었다. 그리스조차도 크게 호전되고 있었다. 하지만 한국은 역주행했다. 2013년보다 더 악화되었다.

코로나19 직전 한국 경제성장률은 1%대까지 추락했다. 내수 경기만 문제였을까? 한국 경제를 떠받치는 수출경쟁력은 상황이

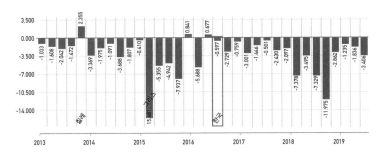

그림 19 │ 2013년 GDP 갭률: 한국 포함한 대부분의 나라가 악화

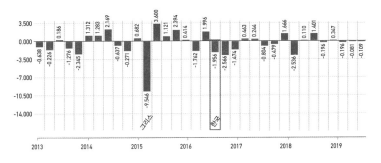

그림 20 │ 2019년 GDP 갭률: 한국 제외한 대부분의 나라가 호전

더 안 좋았다. 수출로 먹고사는 나라가 수출에 문제가 생겼다면 이런저런 변명거리를 찾기 전에 심각하게 받아들여야 한다. 하지만 한국은 무역수지 흑자 역대 최장기 기록을 전면에 내세우며 심각성을 애써 외면했다.

〈그림 21〉에서 확인할 수 있듯이 무역수지 흑자가 역대 최장기 기록을 갈아치우고 있는 것은 맞다. 문제는 양과 질에서 모두 서서히 후퇴 중이라는 것이다. 2019년 10월 기준으로, 한국 수출은

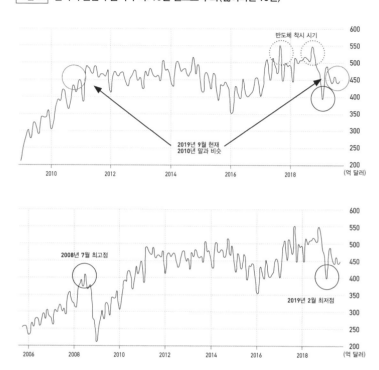

[그림 21] **한국의 연간 수출액 추이: 10년 전으로 후퇴(잃어버린 10년)**

반도체 착시 시기

2019년 9월 현재
2010년 말과 비슷

2010   2012   2014   2016   2018   (억 달러)

2008년 7월 최고점

2019년 2월 최저점

2006   2008   2010   2012   2014   2016   2018   (억 달러)

10개월 연속 마이너스 성장률을 기록했고 규모도 계속 하락 중
이었다. 반도체 착시 시기였던 2017~2018년을 제외한다면 문제
는 더욱 심각했다. 2019년 9월의 수치는 2010년 말과 비슷하고,
2019년 최저치는 2008년 7월 최고치와 비슷하다.

수치상으로는 비슷해서 심각하지 않게 보인다. 아니다. 2010
년 한국의 GDP가 1조 940억 달러에서 2018년에 1조 7,200억 달러로 증가한 것을 감안하면 실질 수출 규모는 하락했다고 평가해야 한다. 필자가 평가하기로 한국 수출은 10년 전으로 후퇴한 상태다. '잃어버린 10년'은 한국 수출에서 이미 시작된 셈이다. 코로나19를 거치면 어떻게 될까?

코로나19 이후에 주요 국가들은 자국 경제의 회복, 글로벌 리세션에서 살아남기 위한 몸부림 등을 하면서 보호무역주의를 강화할 것이다. 글로벌 시장에서 한국 제품이 장악했던 시장을 야금야금 빼앗았던 중국 기업의 진격은 더욱 거세질 것이다. 코로나19 충격으로 최소 2년 최대 3~4년간 세계 시장 자체가 위축될 것이다. 한국 수출은 최소 3~4년 계속 이전과 같은 상황에서 벗어나기 힘들 것이다.

한국 내수마저 무너지고 있으니 수입이 수출보다 빠르게 줄어들면서 무역수지 흑자 기록 연장은 당분간 가능하다. 하지만 양과 질에서 후퇴를 거듭하면서 '한국 수출의 잃어버린 20년'이 만들어질 가능성이 높다. 결국 어느 순간에 갑자기 무역수지 적자라는 청천벽력이 시장을 강타할 것이다. 그와 동시에 국가 신용도, 기업 신용도가 하락하면서 한국 투자시장의 매력도 동시에 추락할 것이다.

필자가 예언가는 아니기 때문에 정확한 미래는 알 수 없다. 경제성장률은 정부, 기업, 가계 등의 경제 주체가 어떻게 움직이느냐에 따라서 방향이 달라지기 때문에 예언은 고사하고 논리적 예측조차 어려운 영역이다. 그래서 한국 경제성장률 추이 예측보다는 코로나19 이전까지 한국 정부, 기업, 가계의 움직임과 대응 방법을 분석해서 몇 가지 가능성을 제시해본다.

우선 코로나19 충격을 반영하면 2020년 경제성장률은 2019년보다 낮을 것이 분명하다. 2019년보다 높다 하더라도 선방했다고 평가하면 안 된다. 더 큰 문제라고 평가해야 한다. 막대한 부채와 비효율적이고 소모적인 재정 투여를 엄청나게 했다는 증거이기 때문이다. 지금까지 살펴본 것처럼, 한국의 경제 상황 악화는 일시적 사건이 아니다. 오랫동안 서서히 병이 누적된 상태다. 단기간 회복 가능성은 확률적으로 낮다.

〈그림 22〉를 보면 2016년부터 최근까지 한국의 분기별 경제성장률은 (반도체 착시 시기를 제외하면) 절반 정도 시기에 0.5% 미만이었다. 2020년은 최소 1분기, 최대 2분기 정도 마이너스를 기록할 가능성이 높다. 코로나19 2차 대유행기에 내수와 수출 피해마저 심각하다면 1분기를 제외하고 2~4분기까지 전부 제로 혹은 마이너스를 기록할 수도 있다.

1995년부터 코로나19 발발 직전까지 장기적 한국 경제성장률 변화 추이도 살펴보자(그림 23). 한국 경제성장률 5% 붕괴 시점은 2011년이다. 3% 붕괴는 2018년, 2% 붕괴는 2019년이다. 문제가 보이는가? 아주 빠른 추락 기간이 문제다. 한 나라의 경제 규모가 커지면, 성장률은 '당연히' 하락한다. 여기까지는 정상이다.

그림 22 | 한국의 분기별 경제성장률

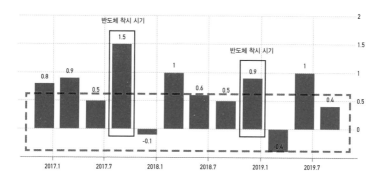

그림 23 한국과 미국, 일본, 독일의 경제성장률 하락 시점 비교

• 한국

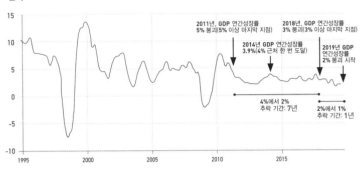

• 미국

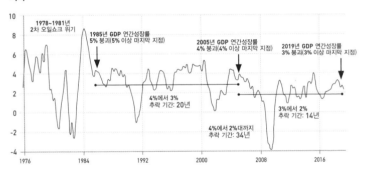

• 일본

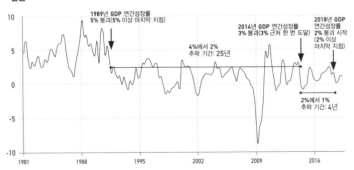

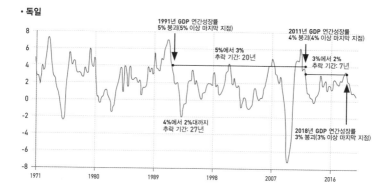

• 독일

1991년 GDP 연간성장률
5% 붕괴(5% 이상 마지막 지점)

2011년 GDP 연간성장률
4% 붕괴(4% 이상 마지막 지점)

5%에서 3%
추락 기간: 20년

3%에서 2%
추락 기간: 7년

4%에서 2%대까지
추락 기간: 27년

2018년 GDP 연간성장률
3% 붕괴(3% 이상 마지막 지점)

필자가 주목하는 점은 성장률 하락이 아니다. 진짜 문제는 성장률 하락 '속도'다. 필자가 한국의 경제성장률 하락 속도를 미국, 일본, 독일과 비교한 내용을 보자. 한마디로 한국 경제성장률 하락 속도는 아주 심각하다. 미국 경제성장률이 5% 붕괴 시점부터 2% 붕괴까지 걸린 시간은 34년이었다. 독일은 27년, 일본은 25년이다. 한국은 단 7년이다. 심지어 1%대로 추락하는 데 일본은 4년 걸렸는데 한국은 단 1년이다. 미국과 독일은 여전히 2%대 경제성장률을 유지 중이다.

"코로나19 이후, 한국의 경제성장률 추이는 어떻게 될까?"라는 질문에 정확한 수치를 예언처럼 장담할 수 있는 사람은 이 세상에 없다. 필자도 마찬가지다. 하지만 분명한 사실은 있다. 이미 정해진 미래가 있다.

2020년 한 해는 코로나19로 2019년보다 좋지 않을 것이다. 2021~2022년도 글로벌 리세션과 보호무역주의 강화라는 거대한 폭풍이 이미 정체를 드러냈다. 한국의 금융위기나 중국의 금융위기는 가능성이 높아졌다.

한국 경제가 추락하는 추세는 하루이틀에 일어난 일이 아니다. 길게는 2012년부터 시작되어 병세가 천천히, 그러나 상당히 깊어졌다. 부동산 가격은 중산층 대부분이 감당하기 힘든 가격까지 상승했다. 가계 부채는 건국 이래 최고치를 매년 갱신 중이다. 정부가 재정을 투여해서 경제성장률 일부를 감당하고 있는데 그 효과성도 서서히 줄어들고 있다.

한국은행이 통화량을 이런저런 이유로 늘리고 있지만, 내수 소비는 더디다. 막대하게 풀린 유동성은 산업이나 가계로 흘러 들어가지 않고 자산 버블만 키우고 있다. 이런 상황에서 매년 수십만 명씩 은퇴자들이 쏟아져 나오고 있다. 출산율은 OECD 최하위를 벗어나지 못하고 있다.

기업 사냥꾼을
조심하라

전 세계 경제와 금융이 흔들릴 때 기업 사냥꾼의 움직임은 빨라진다. 코로나19 위기도 그들에게는 천금 같은 기회다. 코로나19 피해가 전방위로 진행되면서 셰일기업, 정보통신회사, 물류, 의료, 금융 등 먹잇감을 가리지 않고 덤벼든다. 국가 단위로 기업 사냥꾼 노릇을 하는 나라가 있다. 중국이다.

2008년 글로벌 금융위기 때에도 차이나머니는 유럽과 미국에서 자금난으로 무너진 기업들을 순식간에 먹어 치웠다. 회사를 통째로 인수합병하기도 했고, 막대한 자금력으로 주식시장에서 폭락하는 주식을 쓸어 담으며 대주주 지위를 획득했다. 경제 셧다운으로 매출과 순이익의 하락을 반복할 2020~2021년은 중국 자본에게 인수합병과 주식 매입의 적기다. 겉으로는 민간기업 간

인수합병이지만 실제는 중국 국가 단위의 기업 사냥이다. 이들이 노리는 먹잇감에서 한국 기업도 예외가 아니다.

미국과 유럽은 중국의 이런 움직임에 바짝 긴장 중이다. 2008년에 기업 사냥의 표적이 되면서 자동차를 비롯해서 기간 산업과 미래 산업의 알짜를 중국에게 넘겨준 실패를 다시 하지 않겠다는 모습이다. 미국은 트럼프 행정부에 들어서면서 중국과 본격적인 패권전쟁을 벌이고 있어서 중국 자본의 미국 기업의 인수합병을 국가 차원에서 봉쇄 중이다.

2020년 3월, 유럽연합 집행위원회도 회원국에 중국을 비롯한 외국의 기업 사냥꾼에게서 국가 방위와 산업의 전략 자산과 핵심 기술을 보호하는 강력한 조치와 규제안 마련을 당부했다. 이에 이탈리아, 스페인, 독일 등 주요 국가들은 자국과 유로존 이해에 상반되는 거래를 차단하기 위한 강력한 조치를 속속 내놓는 중이다.

유럽이 이런 봉쇄 작전을 구사하면 중국이 눈을 돌릴 곳은 한국과 인도 등을 비롯한 아시아다. 2020년 4월 7일, 〈블룸버그통신〉은 중국 국유 투자회사 CNIC코퍼레이션이 인도에서 신재생 에너지 2위 기업인 그린코그룹의 지분 인수를 저울질하고 있다고 보도했다.[51] 그러자 2020년 4월 18일 인도 상무부는 중국 기업들을 겨냥해서 해외 기업들의 인도 기업 인수합병을 통제하는 새로운 규정을 만들었다. 이런 움직임에 호주도 동참했다.[52]

코로나19 이후, 한국도 조심해야 한다. 한국 제조업은 오래전부터 경쟁력을 서서히 상실하기 시작했다. 상당 분야는 이미 중국에 시장을 거의 다 빼앗겼고, 남은 분야도 시간 문제다. 이런 상황에서 코로나19로 한국 기업이 받은 충격이 크다. 자금난은 물론이고 수출 급감과 무역전쟁의 여파에 시달리고 있다. 시장에 위기가 발생하면 구조조정이 일어나는 것은 당연하다. 기업이 위기를 스스로 헤쳐나가는 것이 기본이다.

하지만 코로나19처럼 위기가 옥석을 가리지 않고 전방위로 발생할 때는 정부가 나서서 중국을 비롯한 외국의 기업 사냥꾼에게서 국가 방위와 핵심 산업의 전략 자산과 기술을 보호하는 강력한 조치와 규제안 마련도 서둘러야 한다.

한국의 경우는 기술의 상당수가 대기업이 아니라 협력업체나 중소기업에 있다. 이들은 경제위기 지원 우선순위에서 밀린다. 대기업보다 버티는 여력은 적다. 대기업이 3개월을 버틸 현금이 없는 상태다. 대기업은 현금이 부족하면 부동산 등 자산을 팔거나 부가가치가 적거나 그룹의 미래 방향과 맞지 않는 계열사를 매각하는 방식으로 버틸 수 있다. 하지만 작은 기업들은 셧다운 3개월이면 파산이다. 팔 수 있는 자산도 없다. 회사 그 자체가 자신이기 때문에 생존하기 위해서는 회사 지분이나 기술을 매각해야 한다.

유럽도 대형기업이나 미래 산업의 핵심 자산은 국가 단위에서 봉쇄할 수 있겠지만, 규모가 작은 민간 제조업, 호텔, 항공사를 비롯해서 코로나19로 큰 충격을 받은 유수의 스포츠팀들은 외국 자본의 기업 사냥을 막기에는 역부족이다.

상하이에 본사를 둔 중국 최대 민간 투자회사 푸싱그룹은 프랑스 보석 브랜드 줄라 지분 55.4%를 3천만 달러(약 366억 원)에 인수했다. 이런 식으로 야금야금 빼앗기면 미래에 국가의 부가가치를 만들어낼 풀뿌리가 사라진다. 중국 자본만 코로나19 이후를 노리는 것이 아니다. 국제사회에서 큰 손으로 통하는 사우디아라비아 등 중국이나 러시아 등 석유 부국도 기업 사냥꾼으로 돌변한다.

코로나19의 대규모 감염 진원지로 크루즈 선박이 주목받았다. 대중이 피하고 언론이 공격하는 사이에 사우디아라비아 국부펀드PIF는 세계 최대 크루즈 기업 카니발의 주식을 대량 매수하면서 회사 경영에 참여할 절호의 기회를 잡고 있다.[53] 석유나 천연가스로 먹고 살던 중동이나 러시아 등은 화석연료 시대가 얼마 남지 않았음을 알고 다양한 방법으로 미래를 준비 중이다. 사막에 스키장을 만들고 바이오 의료 등 미래 산업을 육성하기도 하지만 모든 것을 스스로 만들 수 없다.

가장 빠른 방법은 글로벌 경제위기가 발발할 때 흔들리는 기업을 사냥하는 것이다. 이들의 관심망에 한국 기업도 예외는 아니다. 아니, 아주 좋은 먹잇감이다. 코로나19로 지금 당장의 경제만 충격을 받은 것이 아니다. 발등에 떨어진 불에 관심을 모두 쏟는 동안 미래도 빼앗길 수 있다.

2020년 1월 29일, 소니 퍼듀 미 농무장관이 콘퍼런스콜에서 "신종 코로나 사태가 경제 전반에 어느 정도 영향을 미칠 것이 명백하다" "이것이 중국의 올해 구매 목표를 저해하지 않기 바란다"는 말을 꺼냈다. 중국 우한에서 코로나19 감염자가 급격하게 증가하기 시작한(1월 23일) 지 일주일 만에 나온 발언이다. 다시 일주일이 지난 2020년 2월 6일, 스티븐 므누신 미국 재무장관이 폭스 비즈니스 네트워크에 출연해 "현재의 정보에 기초할 때 나는 그들(중국)이 약속을 이행하는 데 어떤 문제가 있을 것으로 생각하지 않는다"라는 말을 던졌다. 중국이 1단계 무역 합의를 코로나19 사태와 관계없이 계획대로 이행하라는 간접 경고였다.

미국이 코로나19 발발 초기부터 중국의 무역 합의 이행에 집요한 관심을 보이는 이유는 간단하다. 2020년 11월 3일에 치러지는 미국 대선에서 트럼프 재선 성공 여부를 좌우하는 핵심 사안 중 하나이기 때문이다.

필자는 코로나19가 발발한 초기에 쓴 보고서에서 한국 기업이 대비해야 할 코로나19 이후 핵심 이슈로 미·중 무역전쟁 재발 가능성을 가장 먼저 꼽았다. 코로나19 사태가 장기화되어 중국 내 경제가 큰 충격을 받으면 미·중 간에 무역 합의가 지켜질 가능성은 아주 낮아질 것이라고 예측했다.

2020년 전반기는 각국이 막대한 돈을 풀어 위기를 탈출하는 데 전념하지만 6월 이후부터는 1차 대유행으로 피해를 입은 자국 기업이 매출을 회복시켜 경제 전반을 일으켜 세우는 정책 구사를 해야 하는 시기다. 2020년 후반은 다른 나라를 생각할 겨를이 전혀 없다. 설상가상으로 코로나19 2차 대유행이 예견되고 있다면 조바심은 더욱 커진다. 자국 기업의 수출, 자국 내 기업의 내수시장 지키기가 우선이다.

중국은 미·중 무역협상 1차 타결안에서 2020~2021년 2년 동안 농산물과 공산품, 서비스, 에너지 등의 분야에서 (2017년 대비) 2천억 달러(231조 7천억 원) 규모의 미국산 제품 추가 구매를 약속했다. 코로나19가 2020년 시작과 끝을 모두 강타할 가능성이 높은 지금, 중국이 미국에게 약속한 수입 물량을 지키는 것이 불가능하다.

하지만 코로나19 위기에 대한 대응이 늦었다는 책임론에 휩싸인 트럼프 대통령에게는 중국의 약속 이행이 팜 벨트, 러스트 벨트, 에너지 벨트를 비롯해서 항공산업이 핵심인 플로리다의 표밭을 지키는 데 필수다.

월가에서는 트럼프 대통령이 "중국에게 당했다"라는 루머도 떠돈다. 트럼프 대통령의 전략은 단 2가지다. 하나는 여름부터 중국을 강하게 압박하면서 약속한 물량을 받아내서 자신의 표밭에 선물해야 한다. 다른 하나는 중국이 약속을 지키지 못하면 성난 민심을 달랠 명분과 적이 필요하다. 명분은 미국의 자존심이고, 적은 중국이다. 코로나19라는 위기를 전 세계에 퍼뜨린 주범으로 중국, 약속을 지키지 않은 사기꾼 중국이라는 적이 필요하다. 이런 악랄한 중국을 강하게 몰아붙이는 미국의 자존심이라도 보여주어야 한다. 중국을 강하게 밀어붙이는 리더십이라도 보여야 보수층의 표심 이탈을 막을 판이다. 트럼프의 스타일로 미루어 말만 강하게 하는 데서 끝나지 않을 것이다.

2가지 전략 중 어떤 것을 선택하더라도 공통으로 사용할 전가의 보도를 꺼낼 것이다. 이 무기를 꺼내서 마구 휘둘러 대면 중국만 다치지 않는다. 한국도 칼날을 피하기 힘들다. 바로 관세다. 환율이다.

트럼프가 칼을 뽑으면 중국도 크게 반발할 것이다. 2019년 한 발 뒤로 물러설 때와 2020년 상황은 많이 달라졌다. 자국 내 기업들의 상황은 나빠졌고 코로나19로 민심도 술렁인다. 시진핑이 트럼프의 압력과 협박에 섣부르게 물러서기 힘들다. 물러설수록 중국민의 분노만 커진다. 시진핑도 민심을 달래기 위해서는 외부 적이 필요하다. 마침 트럼프도 코로나19 책임론과 무너진 경제로 인해 재선 가능성이 불확실한 상황에 몰리고 있기 때문에 중국이 강력하게 반발하면서 시간을 끌 가능성이 높다.

결국 관세 전쟁, 환율 전쟁을 수반하는 미·중 무역전쟁이라는 지옥문이 다시 열린다. 2019년 미·중 무역전쟁이 최고조에 달했을 때 해외 언론조차도 가장 큰 피해국으로 한국을 지목했다.

2020년 후반, 제2차 코로나19 대유행기가 기다린다. 치료제 개발에 성공해도 코로나19가 완전 종식될 때(2021년 후반~2022년 초반)까지 불안은 지속될 가능성이 높다. 전 지구촌이 활동과 멈춤을 반복할 가능성이 높다. 선진국을 제외한 대부분의 나라가 치료제와 백신 없이 앞으로 2년을 견뎌야 한다. 글로벌 무역 시스템이 완전히 정상화되려면 최소 2년 이상이 걸릴 것이다.

〈그림 24〉는 코로나19 확산으로 무역 및 경제 충격을 받을 핵심 지역과 규모다. 수출 네트워크에 긴밀하게 연결된 수많은 국가 중 몇몇은 치료제와 백신을 확보해 피해를 줄일 수 있지만 다른 나라들은 그렇지 않다. 아무리 수출 규모가 작은 나라들이라고 무시하면 안 된다. 전 세계 무역이 하나로 묶여 있기 때문이다.

그림 24 코로나19 확산으로 무역 및 경제 충격을 받을 핵심 지역과 규모

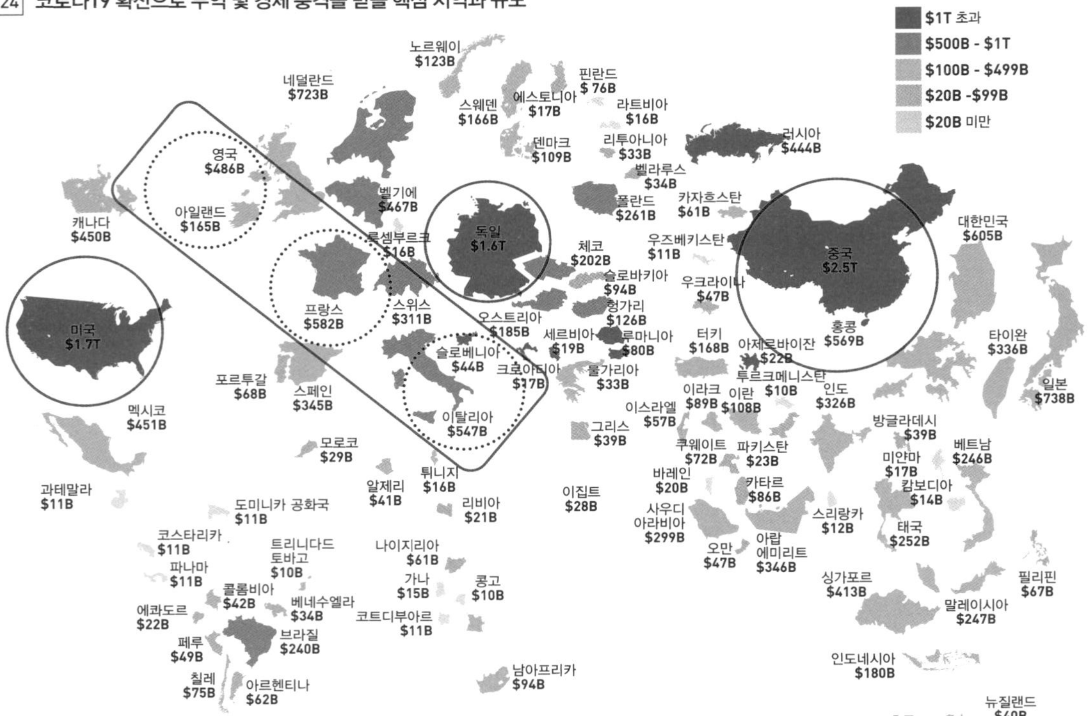

범례:
- $1T 초과
- $500B - $1T
- $100B - $499B
- $20B - $99B
- $20B 미만

지역별 규모:

- 중국 $2.5T
- 홍콩 $569B
- 대한민국 $605B
- 일본 $738B
- 타이완 $336B
- 러시아 $444B
- 카자흐스탄 $34B
- 벨라루스 $33B
- 리투아니아 $16B
- 폴란드 $261B
- 핀란드 $76B
- 에스토니아 $17B
- 덴마크 $109B
- 스웨덴 $166B
- 노르웨이 $123B
- 체코 $202B
- 슬로바키아 $94B
- 우크라이나 $47B
- 우즈베키스탄 $11B
- 아제르바이잔 $22B
- 투르크메니스탄 $10B
- 인도 $326B
- 스리랑카 $12B
- 방글라데시 $39B
- 미얀마 $17B
- 캄보디아 $14B
- 베트남 $246B
- 태국 $252B
- 필리핀 $67B
- 말레이시아 $247B
- 싱가포르 $413B
- 인도네시아 $180B
- 뉴질랜드 $40B
- 호주 $257B
- 터키 $168B
- 헝가리 $126B
- 루마니아 $80B
- 세르비아 $19B
- 불가리아 $33B
- 그리스 $39B
- 이라크 $89B
- 이란 $108B
- 쿠웨이트 $72B
- 바레인 $20B
- 카타르 $86B
- 파키스탄 $23B
- 아랍에미리트 $346B
- 오만 $47B
- 사우디아라비아 $299B
- 이스라엘 $57B
- 이집트 $28B
- 남아프리카 $94B
- 독일 $1.6T
- 오스트리아 $185B
- 슬로베니아 $44B
- 크로아티아 $17B
- 이탈리아 $547B
- 스위스 $311B
- 벨기에 $467B
- 룩셈부르크 $16B
- 프랑스 $582B
- 스페인 $345B
- 네덜란드 $723B
- 영국 $486B
- 아일랜드 $165B
- 캐나다 $450B
- 미국 $1.7T
- 멕시코 $451B
- 과테말라 $11B
- 포르투갈 $68B
- 모로코 $29B
- 알제리 $41B
- 튀니지 $16B
- 리비아 $21B
- 나이지리아 $61B
- 가나 $15B
- 콩고 $10B
- 코트디부아르 $11B
- 코스타리카 $11B
- 파나마 $11B
- 도미니카 공화국 $11B
- 트리니다드 토바고 $10B
- 콜롬비아 $42B
- 베네수엘라 $34B
- 에콰도르 $22B
- 브라질 $240B
- 페루 $49B
- 칠레 $75B
- 아르헨티나 $62B

그림 25 **국가별 관광객 소비 규모: 대부분 지역이 코로나19 타격을 입음**

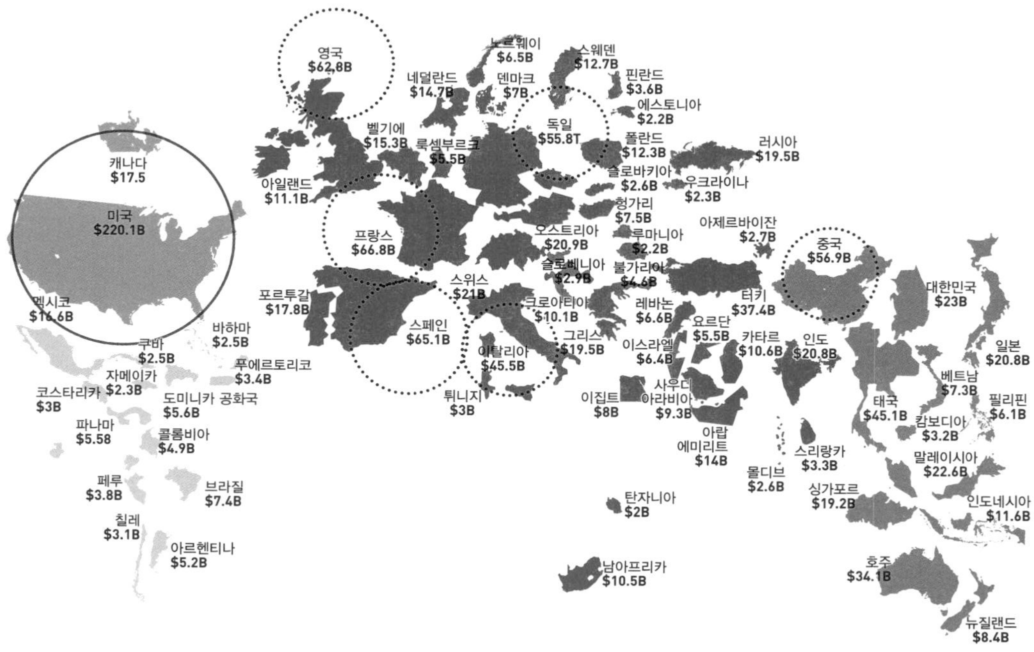

캐나다 $17.5
미국 $220.1B
멕시코 $16.6B
쿠바 $2.5B
바하마 $2.5B
자메이카 $2.3B
푸에르토리코 $3.4B
코스타리카 $3B
도미니카 공화국 $5.6B
파나마 $5.58
콜롬비아 $4.9B
페루 $3.8B
브라질 $7.4B
칠레 $3.1B
아르헨티나 $5.2B
영국 $62.8B
아일랜드 $11.1B
네덜란드 $14.7B
벨기에 $15.3B
룩셈부르크 $5.5B
노르웨이 $6.5B
덴마크 $7B
스웨덴 $12.7B
핀란드 $3.6B
에스토니아 $2.2B
독일 $55.8T
폴란드 $12.3B
러시아 $19.5B
슬로바키아 $2.6B
우크라이나 $2.3B
헝가리 $7.5B
프랑스 $66.8B
오스트리아 $20.9B
루마니아 $2.2B
아제르바이잔 $2.7B
슬로베니아 $2.9B
불가리아 $4.6B
포르투갈 $17.8B
스위스 $21B
크로아티아 $10.1B
스페인 $65.1B
이탈리아 $45.5B
그리스 $19.5B
튀니지 $3B
터키 $37.4B
레바논 $6.6B
요르단 $5.5B
이스라엘 $6.4B
카타르 $10.6B
이집트 $8B
사우디 아라비아 $9.3B
아랍 에미리트 $14B
탄자니아 $2B
남아프리카 $10.5B
중국 $56.9B
대한민국 $23B
인도 $20.8B
일본 $20.8B
베트남 $7.3B
태국 $45.1B
캄보디아 $3.2B
필리핀 $6.1B
스리랑카 $3.3B
몰디브 $2.6B
말레이시아 $22.6B
싱가포르 $19.2B
인도네시아 $11.6B
호주 $34.1B
뉴질랜드 $8.4B

한쪽이 마비되면 전체가 비정상적으로 움직일 수밖에 없다.

〈그림 25〉는 국가별 관광객 소비 규모를 보여준다. 수출은 미국, 중국, 독일, 영국, 프랑스, 이탈리아, 네덜란드, 한국, 일본 등 몇몇 나라가 주도한다. 하지만 관광은 더 많은 나라들이 클러스터를 이루어 시장을 형성한다. 수출이 적은 나라는 관광이 핵심이다. 관광은 해당 국가의 내수시장에 큰 영향을 미친다. 치료제나 백신을 확보한 나라에서도 관광은 제품 생산과 수출보다 회복에 시간이 오래 걸릴 것이다.

2~3년 동안 글로벌 대침체는 이미 정해진 미래다. 여기에 미·중 무역전쟁이라는 지옥문이 다시 열리면 글로벌 무역시장에 관세, 환율, 통화전쟁이 휘몰아친다. 현재는 위기의 문이 열린 것에 불과하다.

본격적인 위기는 2020년 하반기부터 시작될 것이다. 특히 한국 경제와 한국 기업에는 코로나19 2차 대유행기, 미·중 무역전쟁, 글로벌 대침체라는 3가지 악재가 동시에 터질 수 있다. 중소기업과 자영업자들의 집단적 붕괴와 지난 몇 년간 독야청청했던 수도권 및 일부 투기 지역의 부동산 가격 하락도 2020년 하반기부터 시작될 가능성이 높다. 퍼펙트 스톰이다.

코로나19 1차 유행기에 한국을 비롯해서 각국이 내놓은 다양한 구제안은 임시 처방, 응급 처지에 불과하다. 위기가 반복되고 장기화되면 그 효과조차 반감된다.

국제무역통상연구원이 OCED 회원국의 2018년 자료를 분석한 내용을 보면, 한국의 국제분업 참여비율은 55%로 미국 44%, 일본 45%, 독일 51%보다 높다. 미·중 무역전쟁, 코로나19로 글로벌 공급망 충격이 벌어지면 큰 피해를 입는 이유다. 미·중 간 강경한 재격돌은 미국과 한국을 비롯한 전 세계 주요 국가의 주식시장과 외환시장, 채권시장 등 투자와 금융 전반에도 영향을 미친다. 한국 주식시장에서 외국인 지분은 절대적이다. 미·중 무역전쟁이 벌어지면 전 세계가 공포에 떨면서 피해 가능성이 높은 나라의 국채는 내다팔고 미국 국채를 산다.

외환시장이 크게 흔들리면 원달러 환율은 하락한다. 한국 기업의 경쟁력이 예전과 다르기 때문에 원달러 환율이 올라도 수출이 늘지 않는다. 더군다나 무역전쟁은 국경을 걸어 잠그는 보호무역 정책이다. 수출길이 막히고 수입 물가만 상승한다. 환차손 위험도 증가한다.

코로나19 1차 유행기 충격만으로도 대기업이 3개월을 버틸 수 있느냐 마느냐가 논쟁의 중심을 차지했다. 코로나19 2차 대유행으로 이런 수준의 경제 충격이 미·중 무역전쟁이 벌어지는 시점과 겹쳐서 한 번 더 일어난다. 미국과 중국이 치고받고 싸우면서 막히면 수출 다변화를 통해 다른 국가로 전환을 해야 한다.

하지만 코로나19로 유럽을 비롯한 모든 나라가 소비 침체를 겪는다. 필자가 앞에서 예측했듯이, 2차 유행기가 되면 백신이나 치료제를 준비하지 못한 국가들은 국경을 전면 봉쇄하고 강력한 셧다운 정책을 구사할 것이다. 남미와 동유럽, 동남아시아 등이다.

이들 국가는 한국 기업의 수출 지역이자 동시에 생산기지가 밀집해 있는 곳이다. 수출은 고사하고 이들 공장이 다시 한번 멈추게 될 가능성이 더 높다.

만약 필자의 이런 시나리오가 현실이 되면, 현재 1차 대유행에서 한국 기업들이 받은 충격과 비교가 되지 않는 엄청나고 아찔한 상황이 펼쳐질 수 있다. 이 시기에는 중소기업이나 자영업자들은 물론이고 상당수 대기업조차도 심각한 상황에 직면하게 될 가능성이 높다.

한국 정부나 한국 기업을 우방이라고 봐줄 트럼프가 아니다. 재선 앞에서는 한국 정부와 기업도 압력을 가해야 할 대상이다. 트럼프 지지도가 코로나19로 잠시 최고로 올랐지만 사망자가 늘어나자 늦장 대응 책임론이 뜨겁다. 시간이 갈수록 초조해질 수밖에 없다. "연결된 시대에 고립주의는 미국을 망친다"라는 말은 트럼프에게 통하지 않는다. "모두가 죽게 생겼으니, 함께 살기 위해서는 손을 맞잡고 고통을 나눠야 한다"라는 말도 통하지 않는다. 트럼프가 대선에서 이기려면 '너는 죽어도, 나는 살아야 한다'는 선택이 우선이다.

트럼프와 바이든의 대결로 2020년 미국 대선 본선이 결정되었다. 중립을 지키던 오바마 전 대통령이 바이든 지지를 호소했다.

흑인표가 흔들린다. 2016년 패배의 敎訓을 갖고 있는 샌더스가 자기를 지지하던 민주당 표의 이탈이 재현되는 것을 막기 위해 재빠르게 바이든과 손을 잡는 모습을 연출했다. 일부에서는 코로나19라는 악재로 트럼프가 재선에 실패할 가능성이 높아졌다는 예측이 나온다. 만약 트럼프가 재선에 실패하면 상황이 조금이나마 나아질까? 이 질문에 대한 미래 가능성에 답하기 전에 트럼프 대통령의 재선 전략과 성공 가능성을 분석해보자.

코로나19가 발발하기 전, 미국 무디스 애널리틱스는 트럼프 대통령이 소비자 지갑만 고려할 경우 선거인단 중 351명, 주식시장만 고려하면 289명, 실업률만 적용하면 332명을 확보할 것으로 예측했다. 미국 대선은 전체 선거인단 538명 중 270석 이상을 확보하면 당선된다. 무디스는 이들 3가지 요인과 평균 투표율을 종합하여 트럼프 대통령이 총 324석을 얻어 민주당 후보의 214석을 앞지를 것으로 전망했다. 참고로, 무디스의 선거 예측은 1980년대에 시작된 이후로 지난 2016년 대선을 제외하고 적중했다.

코로나19가 발발한 후에는 어떻게 될까? 트럼프 대통령이 코로나19에 대한 대응을 시작한 후 3월 말경에 지지도가 잠시 최고치까지 상승했지만 늦장 대응이라는 비판이 언론에 쏟아지면서 다시 하락 중이다. 그렇다고 재선 실패로 직결될 정도로 심각한 하락도 아니다. 여전히 그의 지지층은 견고하다. 〈그림 26〉은 네이트 실버의 예측치다.

결국 관건은 코로나19 이후에 미국 경제 회복에 달려 있다. 트

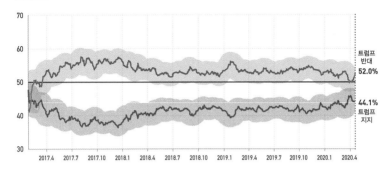

그림 26 트럼프 지지도 예측

럼프의 재선 승리 전략은 간단하다. 2016년 자신을 찍어준 지지
층을 그대로 투표장으로 끌어내서 한 번 더 뭉치게 하는 것이다.
이를 위해 필요한 것은 2가지다. '지지층에게 유리한' 경제성과
(경제성장률 반등, 주식 가치 회복, 고용 회복 혹은 실업자 구제책)와 '지지
층이 원하는' 강한 미국이라는 자존심 회복의 가시적 성과다. 트
럼프를 지지하는 핵심층은 52개주 중에서 경제 순위가 중하위권
인 지역이 대부분이다. 〈그림 27〉에서 동그라미 표시를 한 주들
이 2016년에 트럼프를 선택한 곳들이다.

　이런 주들 중에서 일명 스윙보트 역할을 했던 주들은 농업, 철
강, 자동차 등 지역 산업이 쇠퇴하고 연봉이 하락하는 지역들이
었다. 이들 지역이 2020년 대선에서도 트럼프의 재선 성공을 좌
우할 곳들이다. 코로나19 1차 대유행이 정점에 이를 때 트럼프
대통령은 셧다운된 경제를 되살리기 위해서 이동 제한을 하루라
도 빨리 풀고 싶어 안달했다. 왜였을까?

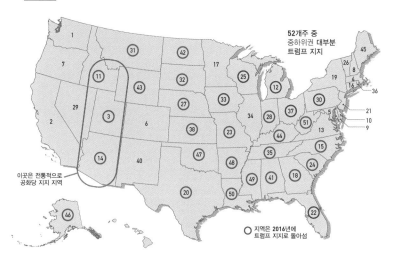

미국 주별 경제순위와 2016년 트럼프 승리 지역 분석

52개주 중
중하위권 대부분
트럼프 지지

이곳은 전통적으로
공화당 지지 지역

지역은 2016년에
트럼프 지지로 돌아섬

〈그림 28〉을 보자. 코로나19의 의료적 최대 피해지역은 주로 민주당 텃밭이다. 반면 트럼프가 다시 한번 지지를 얻어내야 할 팜 벨트, 러스트 벨트, 셰일 벨트, 항공산업이 핵심 산업 중 하나인 플로리다는 코로나19 감염으로 인한 의료적 피해보다는 경제마비로 인한 대규모 실직과 매출 하락과 관광 수입 급감이 더 컸다.

필자는 2020년 후반부터 미국과 중국의 무역전쟁 긴장감이 다시 높아질 가능성을 예측했다. 코로나19가 미국을 강타하는 동안에도 트럼프가 경제 셧다운을 최대한 빨리 풀고자 하는 발언이나 행동 속에서도 미·중 무역전쟁 재발이라는 불길한 예감이 짙어졌다. 팜 벨트, 러스트 벨트, 셰일 벨트, 항공산업이 핵심 산업 중

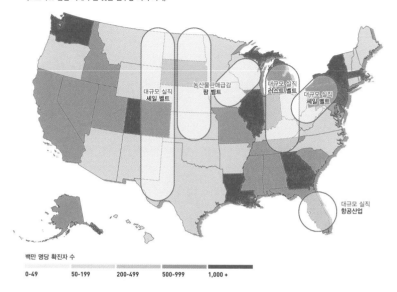

그림 28 | **트럼프 2020 재선 가능성: 코로나19 변수**

2차 년 대선에서 트럼프 승리 좌우할 지역은 **코로나19 감염 피해보다 경제 피해가 더 큼**
(코로나19 감염 피해가 큰 곳은 민주당 지지 지역)

대규모 실직
셰일 벨트

농산물판매급감
팜 벨트

대규모 실직
러스트 벨트

대규모 실직
셰일 벨트

대규모 실직
항공산업

백만 명당 확진자 수

| 0-49 | 50-199 | 200-499 | 500-999 | 1,000 + |

하나인 플로리다의 지지를 얻기 위해서라면 무엇이든 할 수 있
다. 트럼프의 속내는 트럼프가 2020년 대선에서 승리할 수 있는
경우의 수를 분석해보면 더욱 정확하게 간파할 수 있다.

시나리오 1(그림 29)은 2020년 대선에서 트럼프가 2018년 중간
선거에서 빼앗겼던 애리조나주, 위험신호가 나왔던 아이오와주
를 잃을 경우 시나리오다. 결과는 트럼프 재선 성공이다.

시나리오 2(그림 30)는 2020년 대선에서 트럼프가 2019년 지방
선거에서 빼앗겼던 켄터키주를 추가로 잃을 경우다. 결과는 트럼

그림 29 **트럼프 2020 재선 가능성: 시나리오 1**

2020년 대선에서 트럼프가 2곳을 잃을 경우: 트럼프 승리
❶2018년 중간선거에서 빼앗겼던 애리조나 ❷위험신호가 나왔던 아이오와

| 민주당 | 249 | ▼ | 289 | 공화당 |
| | | ▲ | | |

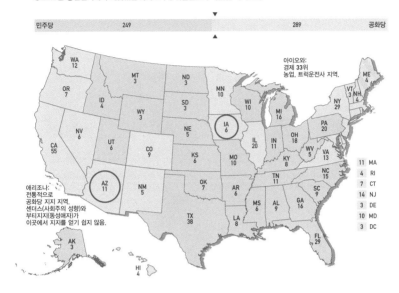

아이오와:
경제 33위
농업, 트럭운전사 지역.

애리조나:
전통적으로
공화당 지지 지역.
센더스(사회주의 성향)와
부티지지(동성애자)가
이곳에서 지지를 얻기 쉽지 않음.

11 MA
4 RI
7 CT
14 NJ
3 DE
10 MD
3 DC

그림 30 **트럼프 2020 재선 가능성: 시나리오 2**

2020년 대선에서 트럼프가 3곳을 잃을 경우: 트럼프 승리
❶2018년 중간선거에서 빼앗겼던 애리조나 ❷위험신호가 나왔던 아이오와
❸2019년 중간선거에서 빼앗겼던 캔터키(공화당이 지방선거에서 추가로 버지니아, 뉴저지는 2016년에도 민주당 승리)

| 민주당 | 257 | ▼ | 281 | 공화당 |
| | | ▲ | | |

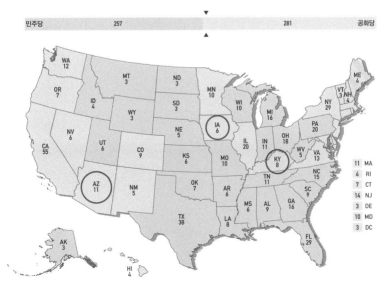

11 MA
4 RI
7 CT
14 NJ
3 DE
10 MD
3 DC

그림 31 **트럼프 2020 재선 가능성: 시나리오 3**

2020년 대선에서 트럼프가 팜 벨트를 잃을 경우: 트럼프 패배
애리조나, 아이오와, 캔터키를 빼앗긴 상태에서 팜 벨트 일부를 잃는 경우(자동차, 철강, 세일 벨트 중복 제외)

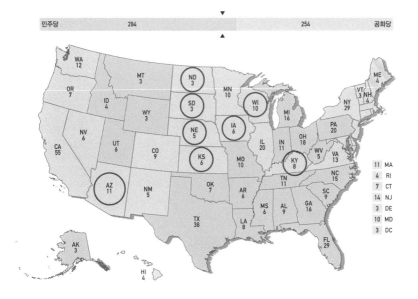

민주당 284 254 공화당

그림 32 **트럼프 2020 재선 가능성: 시나리오 4**

2020년 대선에서 트럼프가 팜 벨트를 잃을 경우: 트럼프 승리 조건은?
애리조나, 캔터키를 되찾고 자동차와 철강 벨트, 플로리다를 지켜야 한다

민주당 265 273 공화당

민주당이 트럼프 대통령처럼 '포퓰리스트' 성향을 갖추면 팜 벨트나 러스트 벨트에서 선전할 수 있다.
트럼프는 팜 벨트와 러스트 벨트 중에서 한 영역은 완전한 승리를 거두어야 한다.

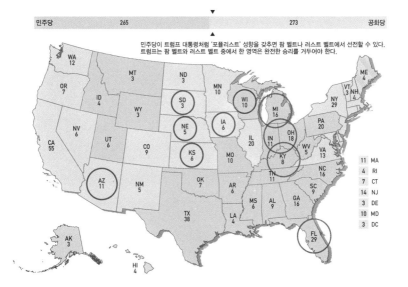

그림 33 **트럼프 2020 재선 가능성: 시나리오 5**

2020년 대선에서 트럼프가 아래 3곳을 잃을 경우: 트럼프 패배
중간선거에서 빼앗겼던 애리조나, 위험신호가 나왔던 아이오와, 최대 격전지 플로리다

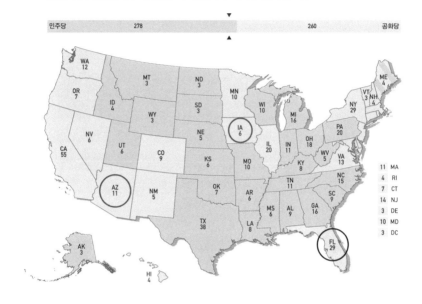

그림 34 **트럼프 2020 재선 가능성: 샌더스 변수**

2020년 민주당 경선에서 샌더스 지지 지역은 중 일부는 미국 고립주의에 찬성하는 민심
(샌더스 일부 지지층이 중도 성향 바이든에게 등을 돌릴 가능성도 충분하다)

프 재선 성공이다.

　시나리오 3(그림 31)은 2020년 대선에서 트럼프가 위 3곳(애리조나, 아이오와, 켄터키)를 빼앗긴 상태에서 팜 벨트의 일부를 잃는 경우다. 팜 벨트는 자동차, 철강, 셰일 벨트와 일부 지역이 중복된다. 트럼프가 중복되는 주들은 지킨다는 가정이다. 이럴 경우 트럼프는 재선에 실패한다. 일부 전문가는 민주당 바이든 후보가 트럼프 대통령처럼 '포퓰리스트' 성향을 갖추면, 팜 벨트나 러스트 벨트에서 선전할 수 있다고 본다. 트럼프는 팜 벨트와 러스트 벨트 둘 중 하나에서는 완전한 승리를 거두어야 재선에 성공할 가능성을 높일 수 있다. 트럼프 입장에서는 팜 벨트보다는 러스트 벨트가 선거인단 수가 많다.

　시나리오 4(그림 32)는 중국이 미국에게 한 약속을 지키지 않아서 팜 벨트 지역 농민이 트럼프 지지를 철회하는 경우다. 만약 트럼프가 팜 벨트 전부를 잃는다면 어떻게 될까? 애리조나, 캔터키를 되찾고, 자동차와 철강 벨트, 플로리다를 지켜야 한다.

　마지막 시나리오(그림 33)는 트럼프가 애리조나와 아이오와를 잃은 상황에서 최대 격전지로 꼽히는 플로리다를 잃는 경우다. 결과는 재선 실패다.

　이런 여러 시나리오와 코로나19로 인한 경제 충격과 중국이 미국과 약속을 지키지 못한다는 변수를 연결해보자(그림 34). 트럼프의 선거에 중요한 변수가 하나 더 있다. 샌더스 지지층이다.

　샌더스 지지 지역의 일부는 미국 고립주의에 찬성하는 민심을 보인다. 트럼프와 코드가 겹친다. 코로나19로 인한 경제 마비로 대규모 실직, 농산물 판매 급감 등으로 고통을 받는 지역 상당수가 버니 샌더스를 지지했었다. 트럼프가 재선에서 승리하려면 2016년처럼 샌더스 지지층 일부가 민주당을 이탈하게 해야 한다. 이들 중 일부가 트럼프 손을 들어주면 최상이다.

이런 모든 것을 종합하면 트럼프 대통령의 선거 전략은 명확해진다. 플로리다에서는 무조건 승리해야 한다. 항공산업과 관광산업이 큰 비중을 차지하는 플로리다 표심을 붙잡으려면 보잉사를 돕고, 항공사들을 구제금융해서 파산을 막고, 이동 제한을 하루빨리 풀어 여행을 활성화해야 한다.

2016년 트럼프를 지지했던 애리조나와 아이오와도 되찾아야 한다. 미·중 무역전쟁 봉인을 열고 중국을 강력하게 압박해서 팜벨트 일부라도 방어해야 한다. 팜 벨트를 전부 잃는다면, 자동차, 철강, 에너지 벨트는 지켜내야 한다. 이를 위해서는 자동차 판매를 촉진할 각종 소비 혜택 등을 시행해야 한다. 사우디와 러시아의 오일 전쟁에 맞서서, 미국 내 셰일 벨트와 에너지 산업을 철통같이 보호해야 한다. 유가를 안정시켜야 한다.

코로나19 이후 시작될 대규모 인프라 투자를 이들 지역에 집중시켜야 한다. 코로나19로 잠시 주춤했던 제조업 리쇼어링도 박차를 가해야 한다. 더 많은 글로벌 기업들이 미국에 공장을 짓고, 연구소를 짓고, 투자를 하도록 압력을 가해야 한다. 추가 감세 정책을 비롯해서 국경을 막고 이민자의 문턱을 높이는 각종 포퓰리즘 정책을 쏟아내야 한다. 코로나19로 미국 경제가 심한 타격을 받은 상황이기에 수단과 방법을 가리지 말고 신속하고 강하게 이런 정책을 밀어붙여야 한다.

미국의 기온을 참고하면 코로나19의 미국 내 2차 대유행기는 10월 말~11월 초다. 11월 3일이 운명의 대선일이다. 오묘한 일정이다. 코로나19 2차 대유행이 미국 대선일을 연기시킬 가능성은 적어 보이고 트럼프 재선을 가로막는 중요한 변수가 되기도 힘들 듯하다.

코로나19 1차 대유행 늦장 대응 책임론은 트럼프의 강력한 입심으로도 충분히 막을 수 있다. '코로나19에 대한 중국과 WHO의 책임론'을 계속 거론하고, 미·중 무역전쟁을 재개하여 언론과 국민의 시선을 외부로 돌리며 전선을 흔들 수 있다. 코로나19 1차 대유행 시기에도 트럼프, 백악관, 〈폭스뉴스〉와 〈워싱턴포스트〉 등이 연합해서 중국 책임론을 끈질기게 제기했다.

코로나19 바이러스가 중국 우한 시장에서 가까운 한 바이러스 연구실에서 유래했다는 것이 핵심이다. 중국 최초 환자도 해당 연구소의 연구원이라는 구체적인 의심까지 거론했다. 트럼프의 성향과 선거 전략을 감안할 때 대선 전까지 이런 주장을 반복할 가능성이 높다.

트럼프가 코로나19 대응에 늦기는 했다. 하지만 상상을 초월하는 막대한 돈을 퍼부으며 뒷수습도 다른 국가보다 신속하게 단행했다. 지지층이 거의 흔들리지 않는 이유다. 코로나19 기간 내에 치러진 한국 총선 결과를 보라. 코로나19 대응에 대한 후한 평가가 선거 결과를 좌우했다.

재난이 발생하면 야당이 할 수 있는 일이 별로 없다. 모든 결정을 행정부가 진두지휘한다. 행정부의 구제안과 경제 정책을 국회가 반대하고 막기는 힘들다. 국민의 원성을 산다. 미국도 마찬가지다. 트럼프 대통령이 6월에서 10월까지 미국 경제 재건 정책을 강하게 밀어붙이면 모든 공이 트럼프에게 돌아간다.

코로나19 셧다운으로 경제 지표들이 역사상 최고치로 주저앉았기 때문에 막대한 자금을 퍼부으면 기저효과, 유동성의 힘 등에 의한 기술적 반등이 일어나면 순식간에 지표상 수치가 플러스로 바뀐다. 트럼프는 미국 경제를 재건하려면 고립주의를 강화해야 한다고 외칠 것이다. 멕시코와 맞닿은 미국 남부 국경을 더 높게 쌓는 이슈도 다시 꺼내들 것이다. 샌더스 지지층 일부는 미국 고립주의에 찬성한다. 의외로 트럼프 정책에 일맥상통한다.

"만약, 트럼프가 재선에 실패하면 한국 경제나 기업의 상황이 조금이나마 나아질까?"라는 질문을 던졌다. 트럼프의 머릿속과 예상되는 선거 판도를 들여다보았으니 이 질문에 대한 답을 해보자. 여전히 트럼프의 재선 성공 가능성은 높다. 코로나19 이후 미국 경제를 재건하는 것이 최우선 과제로 떠오르는 상황은 트럼프에게 상당히 유리하다. 선거판이 트럼프에게 유리하게 돌아간다고 중국이 트럼프의 협박과 공격에 쉽게 무릎 꿇기도 어렵다.

만약 중국과 시진핑이 트럼프 재선 실패에 배팅해 미국에 강경하게 대응하는 위험한 선택을 하면 선거가 끝난 후 미·중 무역전쟁은 무섭게 확전된다. 재선 승리라는 큰 산을 넘어서 더 이상 두려울 게 없어진 트럼프가 기세를 몰아 지식재산권, 보조금, 국영기업, 사이버보안 등 미·중 무역전쟁의 핵심 사안을 일괄타결하는 것으로 전략을 수정하고 전례 없는 강도로 중국을 몰아붙일 가능성이 높아진다.

중국을 압박하는 데는 미국 정치권이 모두 한마음이다. 월가와 군수산업 등은 반대할 이유가 없다. 중국과 전쟁만 하지 않으면 미·중 간의 대립과 긴장감 상승은 미국 군수산업에 호재다. 중국에 금융위기가 발생하면 월가는 큰돈을 번다.

2008년 금융위기의 헬리콥터 머니, 2019년 코로나로 달러 바주카포를 쏘면서 무제한 돈을 퍼부은 미국이다. 오래전부터 누적된 막대한 재정 적자, 슈퍼 부양책, 2020년 재선 승리를 위해 쏟아낸 포퓰리즘 정책 뒷수습을 하려면, 트럼프 2기 행정부 내내 대규모 국채 발행을 해야 한다. 금값은 치솟고 달러 가치 폭락 우려가 스멀스멀 흘러나온다.

달러 가치 폭락을 막는 가장 확실한 방법은 글로벌 경제위기다. 세계 경제가 어려워질수록, 중국 경제가 어려워질수록 '믿을 것은 미국'이라는 말이 나온다. 2008년 대형사고를 친 것은 미국이었다. 자산 대폭락의 진원지가 미국이었다. 하지만 미국 국채는 발행하는 족족 시장에서 소화되었고 달러 가치는 상승했다. 글로벌 대폭락장에서 다른 나라들은 주식시장이 70~75% 대폭락할 때 미국 주식시장은 사고의 진원지임에도 50% 폭락으로 선전했다. 대폭락 후 가장 큰 규모로 상승한 곳도 미국이다.

　미국 정치권과 대중이 가장 큰 경쟁자로 생각하는 중국을 무릎 꿇리는 일은 트럼프가 탐낼 만한 엄청난 업적이다. 미국 역사에 길이 남을 만한 업적이다. 트럼프가 마음먹고 미·중 무역전쟁, 환율전쟁, 통화전쟁 등을 전방위로 확전하고 강도를 높여가면 전 세계가 긴장한다. 중국을 견제하는 영국과 유럽이 미국과 공동 전선을 형성하고, 중국이 물러서지 않고 강경하게 반발하면 투자자들이 동요한다. 달러 자본 탈출이 일어나면서 중국 외환보유고가 줄기 시작하면 중국이 크게 흔들린다.

　중국이 미국 국채를 내다판다는 협박은 먹히지 않을 것이다. 중국 경제가 견실한 상황에서도 미국 국채를 대량으로 내다파는 것은 모험이다. 중국이 미국 국채를 내다파는 순간 국채 가격이 하락하면서 아직 내다팔지 못한 미국 국채의 자산가격이 폭락한다. 만약 중국이 내다파는 국채 물량을 일본을 비롯한 미국의 우방들이 매입하고 연준과 월가가 출혈을 감수하고 전량 매입해버리면 중국은 허무해진다. 미국 국채를 전량 매각하기도 전에 외환위기에 빠질 수 있다. 코로나19로 2020년 한 해 동안 큰 충격을 2번 받은 상태에서 미·중 무역전쟁이 최고 수위로 치달으면서 중국 기업 수출이 곤두박질치고 외환보유고 규모마저 위험 수위에 이르면 중국 내 금융 시스템이 붕괴된다.

　트럼프에게 미국 경기침체, 주식시장 대폭락은 선거 전에만 거리끼는 것이다. 선거에서 승리하고 나면 트럼프의 발목을 잡을 사안이 아니다. 4년을 더 미국을 통치할 기회를 얻은 트럼프에게 초반 1~2년 미국 경제나 주식시장이 흔들리고 주저앉는 것은 걱정거리가 아니다. 차라리 초반 1~2년 휘청거리다가 후반 3~4년에 반전시키는 것이 정치적으로 더 유리하다. 초반 1~2년은 코로나19라는 변명거리가 있다. 차라리, 경제성장률이 하락하고 있을 때 미·중 무역전쟁을 끝내자는 마음을 먹을 수도 있다. 아주 상식적인 생각이다. 중국에 금융위기가 발생하더라도, 미국은 단기적 충격으로 끝날 가능성이 높다. 여차하면 달러를 더 풀면 된다. 중국이 무너지는 순간에는 달러 가치는 절대로 떨어지지 않을 것이기 때문이다.

트럼프 재선 성공 이후에 이런 일이 벌어지면 한국 경제와 한국 기업은 어떤 상황에 처하게 될까? 현실이 될 가능성이 낮다고 치부할 수 있다. 괜찮다. 하지만 지난 수십 년을 살면서 우리는 '설마' 하는 일을 한두 번 겪은 것이 아니다. 설마 하는 일은 생각보다 자주 일어난다. 그리고 필자가 지금 간략하게 소개한 '뜻밖의 시나리오'는 일어나면 순식간에 죽고 사는 것이 걸린 문제로 바뀐다. 특히 코로나19 대충격 이후에는 더욱 그렇다.

글로벌 경제위기가 올 때마다 초반에는 미국의 위상이 크게 흔들렸다. 하지만 얼마되지 않아 미국만 한 나라가 없다는 쪽으로 상황은 역전되었다. 2020년, 세계에서 가장 잘사는 나라, 최강 대국이라고 위세를 뽐내던 미국이 코로라19 최대 피해국 중 하나가 되었다. WHO 지원금을 한칼에 끊어버린 트럼프의 고립주의와 막무가내 정치는 전 세계에서 손가락질을 받는다. 미국이 국제사회에서 리더십을 잃고 있다는 평가다.

코로나19에 대한 위기 극복 수준으로 국가의 평가와 위상이 달라질 수 있다고 한다. 틀린 말은 아니다. 한국의 위상이 달라져서 엄청난 기회가 올 것이라고 예측도 있다. 반대로 미국의 위상은 추락해서 '탈미국'이 가속화될 것이라는 예측도 있다. 국제 질서 재편이 불가피하다는 전망이 힘을 얻고 있다. 불가능한 미래는 아니다. 하지만 현실적인 미래는 아니다.

국제 관계는 단순하지 않다. 국제사회가 탈미국을 하려면 대안이 있어야 한다. 미국을 대신할 나라가 있어야 한다. 일부는 중국을 꼽는다. 하지만 이번 코로나19로 위상이 추락한 나라에는 중국도 포함된다. 코로나19 진원국이 되면서 곱지 않은 시선을 받았고 코로나19 발병 초반에 불투명한 정보와 진실 은폐, 통계 조작으로 "역시 중국의 보도와 통계는 신뢰도가 떨어진다"라는 평가를 재확인했다.

코로나19 위기를 극복하는 과정에서 자발적이고 민주적인 시민 역량이 강화되기보다는 IT 기술을 비롯한 공권력을 동원해서 언론 자유를 통제하고 전체주의적 감시 사회 면모를 드러냈다. 중국을 중심으로 연합을 형성했던 나라들도 처지가 곤란해졌다.

예를 들어, 코로나19 발발 이전에 아시아, 동유럽, 아프리카 등 78개국이 총 3,800억 달러 정도의 엄청난 돈을 중국에서 빌려 일대일로에 참여했다. 이들 국가 대부분이 코로나19 충격에서 자유롭지 않다. 코로나19 충격이 장기화되어 글로벌 경기침체가 길어지면 이들 국가의 재정 상태는 악화된다. 일부는 금융위기나 외환위기에 빠질 가능성도 높아진다. 독일 싱크탱크 키엘세계경제연구소는 중국의 독특한 대출 관행을 기반으로 한 일대일로 정책에 연관된 수많은 개도국이 심각한 위험에 놓여 있다고 경고했다.[54]

중국은 겉으로는 세계화와 개방을 외치지만 그 말을 곧이곧대로 믿는 사람은 많지 않다. 한국은 사드 보복을 2년 넘게 당했다. 중국 내에서는 민족주의가 드세지고 있다. 인권 문제나 부패 지수도 미국과 비교가 되지 않는다. 미국을 버리고 중국에게 세계를 이끌 리더십 지위를 넘겨주기에는 불안하다. 필자는 코로나19로 인해 탈미국보다는 탈중국 현상이 먼저 시작될 가능성이 높다고 예측한다.

코로나19 이전부터 트럼프의 고립주의 혹은 미국 우선주의 노선으로 미국의 명성과 가치에 큰 흠집이 난 것은 분명하다. 동맹국까지도 이익을 따라 몰아붙이는 트럼프 스타일은 수십 년 동안 미국과 손을 잡았던 나라들에 큰 실망감을 안겨주었다. 이런 행위가 지속되면 세계는 언젠가 미국을 떠날 것이다. 미국을 등질 것이다. 미국을 수많은 나라들 중의 한 나라 정도로 볼 날이 올 것이다. 하지만 지금은 아니다.

"욕하면서 닮는다"는 말이 있다. 세계는 트럼프의 고립주의를 비난하면서 서서히 닮아가고도 있다. 코로나19가 생존을 위협하는 긴급하고 이례적 사건이다. 하지만 코로나19를 극복하는 과정에서 대부분의 나라가 고립주의를 선택했다. 명분은 이해가 간다. 생명 보호다. 생존이다.

하지만 고립주의의 핵심 이유가 생존이라는 것을 생각한다면 씁쓸한 현실이다. 고립주의가 이미 전 세계로 번진 팬데믹인지도 모르겠다. 겉으로 보이는 세계는 이미 하나로 연결되어버렸기 때문에 협력과 공존을 말할 수밖에 없다.

국가 간, 기업 간 경쟁력 격차가 심해지고 있기 때문에, 모든 것이 복잡하게 연결되어 있더라도 독자생존이라는 유혹을 견디기 힘들어지고 있다. 트럼프식 고립주의를 비난하지만 영국은 막대한 비용과 사회적 갈등을 감수하고 독자생존을 위해 유럽 공동체를 탈퇴했다. 코로나19로 경제적 충격을 심하게 받은 프랑스·이탈리아·스페인 등 9개 EU 회원국이 코로나19 대응을 위해 채권 발행을 긴급히 요청했다. 하지만 독일을 비롯한 네덜란드와 오스트리아 등 일부 국가는 그리스나 이탈리아 등 부채비율이 높은 회원국과 함께 채권을 발행하면 자국의 재정 건전성이 훼손된다는 이유로 반대했다.

유로존 내에서 고립주의식 선택을 한 일부 국가를 향해 영국 〈가디언〉은 "유럽이 정말 '하나 된all-for-one' 정신이 필요할 때 많은 국가는 '자국만 위한only-for-me' 대응을 하고 있다"라는 EU 집행위원장의 말을 빌려 조롱했다.[55] 우연한 사건이 아니다.

앞으로 코로나19가 만들어낸 경제 충격에서 벗어나는 기간 동안에는 자국 경제 우선주의가 힘을 얻을 가능성이 높다. 물론 상황이 급하기 때문이라고 이해해줄 수도 있지만, 그렇게 보면 미국이나 별 차이가 없다. 트럼프 행정부가 미국 우선주의를 내세운 이유도 러스트 벨트, 팜 벨트 등을 중심으로 한 경제적으로 소외된 국민의 불만과 깊이 연관되어 있기 때문이다.

미국이 영원히 고립주의를 기치에 들고 핏대를 높일 가능성도 높지 않다. 트럼프가 재선에 성공해도 4년이면 임기가 끝난다. 그

다음 대통령이 전 세계를 향해 트럼프식 미국 정책과 전략을 사과하고 이전의 미국으로 돌아간다는 선언을 하면 상황은 달라진다. 미국을 향해 손가락질을 하고 실망감을 쏟아낸 것이 언제였냐는 듯 얼굴을 바꾸고 미국의 손을 잡으러 달려들 것이다.

이런 모습이 실제 세상이다. 국제사회라고 다르지 않다. 높은 도덕적 가치를 고수하면 존경받는다. 하지만 자본주의 시대, 도처에 경쟁과 도전이 난무한 시대에는 국가의 물리적 힘이 중요하다. 생존이 우선이기 때문이다. 경제적 지원을 받고, 더 많은 수출을 받아줄 수 있고, 군사적으로 지켜줄 수 있는 나라와 손을 잡아야 한다. 국제사회에서 곤란한 문제를 중재하고 정리해줄 나라와 손을 잡아야 한다. 단기간에 미국 경제가 파탄나지 않는 한, 세계가 미국을 버리기 힘든 이유다. 대공황이나 2008년 금융위기를 거론할 정도로 코로나19로 심각한 경제 충격을 받은 지금은 더욱 그렇다. 코로나19가 만든 경제위기를 가장 먼저 탈출할 나라도 미국이다. 위기에서 빨리 빠져나올수록 기회가 크다.

2008년 금융위기 때에도 마찬가지였다. 초반에 중국이 큰소리를 쳤고, 유럽이 미국을 조롱했다. 하지만 중국은 부채를 2배로 늘리면서 겨우 버텼고, 유럽은 얼마 못 가서 금융위기를 당하면서 주저앉았다. 결국 미국이 최종 승자가 되었다. 코로나19로 중국은 세계 공장의 위신을 잃었다. 유로존은 이해관계가 엇갈리고 정치적 구심점이 흔들리면서 구제금융 타이밍을 놓쳤다. 이번에도 미국이 최종 승자가 될 것이다.

코로나19로 전 세계가 느낀 것이 하나 있다. 코로나19 사태로 중국산 부품 공급이 끊기면서 중국에 대한 높은 의존성이 위기 발발 시에 얼마나 위험한지 깨닫게 했다. 중국의 셧다운은 한국을 비롯해서 미국과 유럽연합 내 기업과 경제 전반에 큰 손해를 입혔다. 기업 수준의 위협을 넘어 국가 경제 전반의 위기로 확대될 수 있다는 우려를 하게 만들었다.

선진국 언론에서도 글로벌 밸류체인(가치사슬)의 탈중국화 가능성을 단골 이슈로 다뤘다. 하지만 일부에서는 탈중국이 마음처럼 쉽겠느냐는 반론도 있다. 맞다. 만약 이런 일이 단 한 번으로 끝난다면, 꺼림직한 마음과 우려가 있지만 중국을 한 번 더 믿어보자는 마음이 생길 것이다. 하지만 코로나19는 또 다른 것을 하나 깨닫게 했다. 전염병의 반복이다.

전염병이 몇 년 주기로 반복된다고 가정하면 말이 달라진다. 중국에 집중하는 전략은 위험이 매우 높다. 코로나19 이후, 전염병 반복은 기업의 상시적 위기 목록에 올라갈 것이다. 기업은 해법을 찾아야 한다. 이를 해결하는 방법으로 환경보호 가치가 힘을 얻을 것이다. 환경보호 캠페인이 좋은 마케팅 수단도 될 것이다. 착한 기업의 핵심 조건 중 하나가 될 것이다. 환경보호는 근본적이지만 장기적 해법이다.

단기적이고 실용적인 해법도 필요하다. 무엇일까? 위험 분산이다. 기업 입장에서는 '생산 위험의 분산'이 최고 화두다. 생산 위험 분산의 현실적 해법은 생산 기지의 다변화다. 글로벌 밸류체인에서 중국 비중을 낮추고 기타 나라들의 비중을 높이면서 체인이 끊기는 위험을 분산하는 것이 현실적이다.

글로벌 밸류체인 재조정을 하는 과정에서 이번 코로나19 대응력이 우수했던 몇몇 나라는 조건만 맞는다면 우선순위 국가가 될 가능성도 있다. 하지만 글로벌 밸류체인 재조정만으로는 급작스러운 셧다운을 대비하는 데 부족하다. 생산시설의 리쇼어링도 한 방법이다. 아니면 2가지를 적절하게 혼합하는 전략이다. 글로벌 밸류체인의 다변화와 로컬 밸류체인의 회복을 통한 '복합 밸류체인'이다. 모두 탈중국화를 기본으로 한다.

코로나19 이전부터 글로벌 제조업체 사이에서는 중국의 매력도가 낮아지고 중국을 경계하는 분위기는 커지고 있었다. 중국의 최대 장점이었던 낮은 인건비 매력이 사라졌고, 외국 기업 유치를 위해 베풀어준 정부 지원책도 줄었고, 중국 기업들의 경쟁력은 상승했고, 중국 소비자와 정부의 애국 소비와 보호무역주의 장벽이 사라지지 않고 있기 때문이다. 중국의 기술 탈취가 전방위로 진행되면서 중국에 생산기지를 둔 기업들은 기회보다 위기 요소가 점점 커져갔다. 탈중국을 심각하게 고민하게 만들었다. 일부 기업은 중국에서 쫓겨나거나 스스로 생산기지를 중국 밖으로 옮기기 시작했다. 코로나19는 이런 움직임을 가속화할 것이다.

코로나19가 미·중 전쟁을 재고조하는 동력이 된다면 탈중국화는 더욱 확실한 미래가 된다. 미·중 양국이 경제 제재와 수출 통제, 불매운동을 반복적으로 벌인다면 글로벌 기업들이 체감하는 피해는 아주 커진다. 미·중 무역전쟁 혹은 패권전쟁이 1~2년 안에 끝날 문제가 아니기 때문에 중국에 오래 머물수록 피해는 커진다.

탈중국화는 중국 자체의 매력이 하락이나 미·중 무역전쟁 재발만이 요인은 아니다. 4차 산업혁명이 가속화되면서 스마트 팩토리, 무인화 공장, 5G와 가상현실 등 신기술을 활용한 언택트 노동환경 혹은 재택근무 효과성 증대, 기업 부채 증가 속도 재상승으로 비용 축소 압력 증가, 온라인 속도 및 인터페이스 효율성 증가로 전 세계 인재 온라인 연결성 증가, 인공지능과 빅데이터와 자율 로봇이나 3D 프린터 등을 사용한 새로운 생산 방식의 출현 가능성 등이 높아지는 것도 중요한 이유다.

코로나19 사태는 이런 새로운 생산 방식의 강제적 경험을 늘렸고 필요성도 높였다. 접속 불량이나 해킹 등 예상치 못한 부작용을 경험하기도 했지만 기업 입장에서는 사무실 임대비용 등 다양한 비용 감소 가능성도 보았다. 기업 입장에서 생산성도 중요하지만 비용 감소도 멋진 매력이다. 이런 상황에서 선진국들은 코로라19로 심하게 훼손된 내수 경제를 회복시키기 위해 자국 기업들의 유턴 혹은 외국 기업들의 자국 내 유치를 독려하는 다양하고 파격적인 정책을 쏟아낼 것이다. 이런 모든 변화는 기업에 중국에서 자국으로 핵심 생산시설을 되돌리는 리쇼어링 욕구를 높일 것이다.

탈중국화, 글로벌 밸류체인 재조정, 리쇼어링 욕구 증가 추세 아래서 자연스럽게 부상하는 흐름은 제조업 및 기업 유치 경쟁이다. 트럼프 대통령은 집권 초기부터 자국 기업의 본국 회귀 정책을 강력하게 밀어붙였다. 동시에 한국을 비롯해서 다른 나라 기업들도 미국 내에 공장을 짓고 연구소를 세워 고용을 창출하라며 채찍과 당근을 제시했다.

제조업 리쇼어링 정책은 트럼프 대통령의 제1공약이고, 세계 제일의 패권 강화를 위한 핵심 요소다. 당연히 2020년 11월 대선 전까지 트럼프의 제조업 회귀 정책은 더욱 강화될 것이다. 만약 트럼프 대통령이 재선에 성공하면 미국의 '대놓고 압박하는' 리쇼어링 정책은 4년간 더 지속될 것이다.

코로나19 이후, 트럼프식 당근과 채찍 병행 전략을 따라하는 나라가 늘어날 수 있다. 중국 정부도 탈중국 현상을 그냥 보고만 있지 않을 것이다. 회유와 압력을 번갈아 구사하면서 중국을 탈출하려는 기업을 붙잡고, 미래 산업을 중심으로 해외 기업 유치를 적극 추진할 가능성이 높다. 자국 우선주의 성향을 밑바탕에 깔고 보수 우익 노선을 걷고 있는 일본 정부도 이에 합류할 가능성이 크다.

일본 정부는 생산거점을 중국에서 자국으로 되돌리는 기업들에게 이전 비용의 2/3를 보조하는 정책을 꺼내들었다. 코로나19로 중국산 부품 수급에 문제가 생기면서, 일본 제조업들이 큰 피해를 본 경험을 반복하지 않으려는 장기적 전략의 시작이다. 초고령사회로 가면서 경제가 심각하게 주저앉는 상황을 반전시키기 위해 노력하고 있는 일본은 코로나19 위기를 제2차 세계대전 이후 최대 경제위기로 규정했다. 경제를 안보 차원에 접근하는 일본은 고부가가치 제품, 소재, 마스크 등 의약품 생산 기업을 우선 대상으로 선정하고 리쇼어링 지원 정책을 잇달아 발표했다.[56]

리쇼어링 없는 한국

탈중국 바람은 한국 기업들 내에서도 비슷하게 일어날 것이다. 하지만 탈중국이 곧 한국으로 회귀는 아니다. 필자의 예측으로는 코로나19 이후 한국 기업의 해외로 공장 이전 속도가 더 빨라질 것이다. 공장이나 부서, 혹은 회사 전체가 해외로 이전하는 것을 오프쇼어링off-shoring 혹은 국내에서는 '공동화' 현상이라고 부른다. 공장이나 회사가 해외로 빠져나간 자리가 텅 비면서 지역 경제가 무너지는 일이 벌어지기 때문이다.

필자는《앞으로 5년, 한국의 미래 시나리오》라는 예측서에서 한국 기업에게 밀려오는 거대한 몇 가지 위기들을 예측했다. 위기 핵심은 글로벌 시장에서 경쟁 구도의 변화다. 필자는 기업에서 강의를 할 때마다 앞으로 30년 한국과 중국의 새로운 관계를 이렇게 묘사했다. "지난 30년, 중국 성장의 최고 수혜국은 한국이었다. 하지만 앞으로 30년은 중국 성장의 최대 피해국은 한국이 될 것이다."

한국은 미국, 일본, 유럽 등을 추격하는 위치에서 중국과 인도에게 추격당하는 신세로 바뀌었다. 코로나19 이후에는 베트남 등 동남아 국가 기업에게도 추격을 당하는 신세가 될 것이다. 미국이나 유럽 선진국에서는 도움받는 자에서 견제받는 자로 경쟁 구도가 바뀌고 있다. 코로나19는 이런 변화가 돌이킬 수 없는 미래가 되게 만들 것이다. 2020년 한 해 코로나19로 중국, 미국, 일본, 유럽 등은 심각한 피해를 입을 것이다. 자국 우선주의, 독자생존, 리쇼어링 경쟁 등의 추세는 당분간 거스르기 힘든 추세다.

코로나19로 한국 기업의 피해도 크다. 한국 기업 입장에서는 고민을 할 것이다. 어떤 방식으로 피해를 만회할 것이며, 어떤 전략으로 중국의 추격, 미국과 일본과 유럽의 견제에서 벗어날 것인가? 필자는 앞에서 탈중국화, 글로벌 밸류체인 재조정, 리쇼어링을 언급했다. 한국 기업은 3가지 중 어떤 것을 선택할까? 3가지를 어느 비율로 조정할까?

필자가 한국의 경제, 산업, 사회, 정치 시스템이 성장의 한계에 이미 도달했다고 진단한 지 6~7년이 훌쩍 지났다. 필자는 현재 시스템을 그대로 유지하면서도 1인당 GDP 2만 5천~3만 달러까지는 성장할 수 있지만 거기가 끝이 될 수 있다고 경고했다.

2007년, 미국의 골드만삭스는 한국을 향한 장미빛 미래를 예측했다. 2050년경이 되면 한국의 1인당 GDP가 8만 1천 달러가 될 것이라는 내용이었다. 물론 통일을 전제로 한 예측이다. 코로나19 이전, 장기 저성장의 기운이 전국을 감싸고 있었지만 언론과 방송에는 여전히 한국의 미래가 밝다는 외국 전문가들의 립서비스가 간간히 나왔다. 코로나19 대응을 잘한 덕분에 국가 신뢰도가 높아지면서 한국 기업에게 큰 기회가 올 것이라는 예측도 나온다. 이런 찬사나 예측이 현실이 되느냐 립서비스로만 끝나느냐는 우리 손에 달려 있다.

분명한 것이 있다. 열심히 노력하면 1970년대부터 1990년대까지의 옛 성장 신화를 재현할 수 있다는 생각은 시대착오적이다. 코로나19가 종식되면 수출이 되살아나면서 한국 기업과 국가의 번영이 영원히 지속될 것이라는 주장은 근거 없는 낙관론이다. 위기감을 떨어뜨려서 변화의 시기를 놓치게 하는 착각이다. 덧붙여 코로나19 이후 탈중국과 글로벌 밸류체인의 재조정이 시작되면서 해외에 나가 있던 수많은 회사와 공장이 스스로 알아서 한국으로 되돌아올 것이라는 생각도 환상이다.

코로나19 이후, 한국은 다르다. 추가 위기가 한국 기업에게 몰려올 것이다. 필자가 앞에서 분석했듯이, 이미 한국은 소수 대기업을 제외하고는 7~8년 전부터 정체기에 진입했다. 그동안 잘 버텼던 소수의 대기업도 코로나19로 치명타를 입었다. 코로나19 전염병은 지나간다. 하지만 막대한 빚으로 생명을 유지했던 좀비 기업의 절반 이상이 파산하는 일은 계속될 것이다.

앨릭스파트너스가 한국은행이 발표한 자료를 분석한 결과, 한국 내 좀비 기업(한계 기업) 비율은 2014년 4분기(10~12월) 11%에서 2016년 2분기(4~6월)에는 15%로 상승했다. 코로나19로 비율은 더욱 상승했을 것이다. 한국의 좀비 기업 비율은 다른 나라들보다 유독 높다. 2016년 기준, 유럽과 아프리카 지역의 좀비 기업 비율은 7%, 미국은 5%, 일본이 2%다.[57] 한국이 이들보다 높은 이유는 무엇일까? 일본은 '잃어버린 20년'이라는 장기간 저성장을 거치면서 좀비 기업의 80~90%가 파산해 정리되었다. 미국과 유럽도 마찬가지다. 2008년 금융위기 이후 10여 년간 좀비 기업의 60~70%가 정리되었다. 아프리카는 경제성장이 막 시작되었기 때문에 좀비 기업의 비율이 점점 늘어나는 단계다.

좀비 기업이 되는 근본 이유는 경쟁력 하락이다. 경쟁력이 하락해 매출과 영업이익은 하락을 거듭하는데 부채는 계속 늘고 있기 때문에 시장에서 퇴출당하는 것은 시간문제다. 코로나19로 이런 기업들의 부채는 더욱 늘었다. 글로벌 리세션 기간이 길어지거나 한국에 금융위기가 발발하고 금리가 다시 상승하는 시기가 오면 대부분 파산할 것이다.

한국은 리쇼어링을 생각할 겨를조차 없는 상태다. 오히려 이런 위험에 처한 기업들이 생명을 조금이나마 연장하려면 인건비가 높은 한국을 빠져나가야 한다.

1997년 외환위기가 한국을 강타했다. 그 이후 신발 가죽, 목재 가구, 조립 금속, 섬유 의복, 전기 전자, 비금속 광물, 수송 기계,

1차 금속 등 다양한 업종이 한국을 떠나서 중국과 동남아로 공장을 이전했다. 공장을 옮기지 않은 기업들은 한국 내에서 추가로 생산시설을 늘리지 않는 방식을 취했다. 태생적으로 국내 서비스업이 주무대가 되는 몇몇 업종을 제외하고 대부분의 업종에서 해외 투자만 늘렸다. 이 모든 행동이 직간접 공동화다. 오프쇼어링이다.

코로나19 이후, 미국은 중국에서 본국으로 이전하는 기업에게는 비용 100%를 지원하겠다는 새로운 정책을 꺼내들었다. 일본은 중소기업이 돌아오면 공장 이전 비용은 2/3를 지원하고, 대기업은 절반 정도를 지원한다. 특히 중국에서 되돌아오는 기업을 위해 2,435억 엔의 특별 자금을 할당했다.[58] 이런 움직임에 독일을 비롯한 유럽 국가들도 동조할 분위기다. 한마디로 코로나19 이후 리쇼어링 경쟁 국면이다. 코로나19 이후 한국 정부는 중국에서 철수하려는 기업에 어떤 지원책을 꺼내들까?

코로나19 이전, 한국은 국내로 되돌아오는 대기업에게 보조금을 지급하지 않았다. 나머지 기업들도 복귀사업장의 입지 지역에 따라 보조금 지원 비율도 달랐다. 최저임금 인상, 근로시간 단축, 노동 유연성 하락 등은 리쇼어링을 막는 거대한 장벽으로 우뚝 서 있었다. 한국으로 되돌아온 기업들이 공장을 재가공하는 데 평균 2~3년이라는 긴 시간이 소요되었다. 정부가 유턴하는 기업들에게 다양한 혜택을 마련했지만 조건이 까다롭고 절차가 복잡했다. 코로나19 이후, 한국 내에서 이런 상황이 달라질까?

달러 폭망설은
사실일까?

코로나19 1차 유행기에 전 세계가 퍼부은 돈은 2008년 글로벌 금융위기 수준을 넘었다. 이런 분위기를 주도하는 나라는 미국이다. 2020년 3월 23일, 연준은 제로금리 정책, 국채와 주택저당증권MBS 무제한 매입 등 양적완화QE 재개, 신용도 높은 회사채 매입(최초), 통화스와프 추가 체결, 기업어음CP 매입기구 설치, 프라이머리 딜러(국고채 전문딜러) 신용공여제 재도입, 머니마켓 뮤추얼펀드 유동성 장치 가동, 개인과 중소기업 자산을 담보로 발행된 ABS(유동화증권)를 매입할 자산담보부증권 대출 기구 재설치 등 2008년 글로벌 금융위기 극복 비상조치를 넘어선 조치를 취했다.

그럼에도 불구하고 시장이 진정되지 않자 무제한 채권 매입 카드까지 던졌다. 기업의 주식을 직접 사 주는 것을 제외하고 파산 직전에 몰린 회사의 쓰레기 채권(정크 본드)까지 사준다는 초유의 정책을 발표했다. 연준의 발표에 따르면, 2020년 3월 3일 긴급 기준금리 인하 발표 때부터 4월 13일까지 40일 동안 푼 돈은 2조 1,263억 달러다. 그만큼 연준의 자산은 증가해서 같은 시기에 6조 3,670억 달러까지 증가했다.

트럼프 행정부도 2조 2천억 달러 규모의 슈퍼 부양책을 시행했고 2조 달러 인프라 부흥 정책안도 제안한 상태다. 2020년 4월 17일 기준, 코로나19로 미국 GDP는 3조 7천억 달러 손실액을 입었다. 연준과 행정부가 앞으로 쏟아붓기로 한 돈까지 포함하면 총 12조 달러가 시중에 풀린다. 2008년 글로벌 금융위기에 연준이 쏟아부은 돈의 3배 가까이 된다.

엄청난 달러가 시장에 쏟아지자 일부에서는 달러 폭망설이 흘러나온다. 달러 가치의 대하락 가능성이다. 달러가 곧 휴지조각이 되니 금이나 비트코인을 사라는 조언이 난무한다. 결론을 먼저 말하면 당분간 달러가 폭망하는 일은 없다. 달러가 폭망하더라도 금은 몰라도 비트코인은 대안이 아니다. 〈그림 35〉는 1970년부터 현재까지의 달러 가치 변화 추이다. 현재 달러 가치는 역사적으로 안정적인 수준에 머물고 있다.

제2차 세계대전 이후 달러가 제1기축통화 지위를 확보한 이래 현재까지 달러 폭망설로 불리는 달러화 위기는 1970년대 말~1980년 초, 1990년대 중반, 2000년대 후반 등 3번 정도 있었다. 원인은 2가지다. 달러 통화량 증가와 미국 경제성장률 대하락이다.

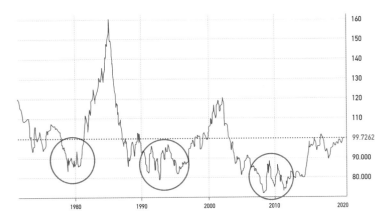

그림 35 │ 달러 지수 변화 추이

제2차 세계대전 이후 달러가 제1기축 통화 지위를 확보한 이래 현재까지 달러 폭망설로 불리는 달러화 위기는 **1970**년대 말~**1980**년 초, **1990**년대 중반, **2000**년대 후반 등 **3**번 정도 있었다.

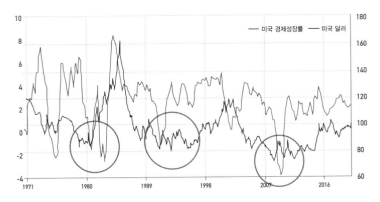

그림 36 │ 달러 지수와 미국 경제성장률

2020년 코로나19에서도 달러 폭망설이 재등장했다. 지난 3번의 달러 폭망설이 나왔을 때에도 달러는 휴지조각이 되지 않았

그림 37 | 달러 지수와 미국 기준금리

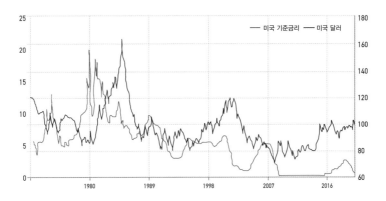

다. 미국도 망하지 않았다. 이유는 무엇일까? 2가지다.

첫째, 미국 경제가 대충격을 받아 경제성장률이 하락하면 다른 나라들도 마찬가지다. 심지어 미국보다 더 하락한다.

둘째, 미국 연준은 달러 가치가 대폭락해서 통화 가치 수호에 문제가 발생하면 전가의 보도를 꺼내든다. 바로 기준금리 인상이다. 미국이 기준금리를 인상하면 미국 밖에서 떠도는 달러가 빠르게 미국 내로 흡수된다. 미국 밖에는 달러가 줄어든다. 제1기축통화인 달러가 말라버리면 외환시장에 거대한 태풍이 일어난다. 신흥국을 비롯해서 유럽 등 주요 국가들의 통화가치는 하락한다. 달러와 연동되어 움직이기 때문이다. 해외에서 빌린 돈에 대한 이자와 원금을 달러로 갚아야 하고 해외에서 수출하는 에너지를 비롯해서 다양한 원자재와 상품 수입 대금 지불을 달러로 해야 한다.

이런 이유로 연준이 기준금리를 인상하면 언제 폭망설이 돌았느냐는 듯 달러 가치는 순식간에 상승한다. 2020년 코로나19 이후에도 마찬가지일 것이다. 시간이 갈수록 달러 가치의 평균점이 낮아지는 것은 분명하다. 코로나19 이후 달러 가치의 평균점은 좀더 낮아질 것이다. 하지만 당장 달러 폭망, 미국 파산은 없다.

나쁜
인플레이션이
찾아온다

달러는 폭망하지 않고 미국도 파산하지 않지만 무제한 달러 살포는 부작용을 낳을 것이다. 경기침체기에 막대한 양의 돈을 살포하면 나쁜 인플레이션이라는 부작용이 생긴다. 경기침체로 소비가 줄면, (상품을 사려는 사람이 줄어들기 때문에) 상품의 가치도 하락한다. 그래서 지표상 근원 인플레이션 등은 낮은 수준에서 맴돈다.

이런 상황에서 경제를 살리려고 인위적으로 엄청난 양의 돈을 풀면 부동산이나 주식 등 자산시장에서 버블이 발생한다. 경기가 좋지 않아서 실업률도 올라가고 매출도 줄어들면서 개인 월급과 기업 이익은 줄어드는데, 반드시 필요한 부동산 가격, 임대료 등 비용만 상승한다. 돈을 먼저 빌리거나 자산가격 상승 기회를 먼저 잡은 사람들의 부가 커지면서 부의 불균형 분배 비율도 높아진다.

경기가 바닥을 치고 서서히 회복되는 상황이 되어도 부작용은 계속된다. 경기침체기가 장기화되면 농수산물부터 공산품까지 투자가 줄어 생산량이 크게 감소한다. 경기가 회복되면 수요는 빠르게 증가하지만 상품 생산량이 증가하는 속도는 상대적으로 더디다. 상품 공급량은 부족하고 사고자 하는 사람들의 수요량은 증가하면 물가(물건 가격, 인플레이션율)가 상승한다. 일자리가 늘어나고 월급이 오르니 소비자들은 물가가 서서히 증가하면 감당할 만하다고 생각한다.

하지만 여전히 상당수 근로자가 소득 불안정 상황에 머물러 있기 때문에 생존에 필요한 제품 가격이 서서히 상승해도 체감하는 고통은 크다. 심지어, 이전에 중앙은행이 최악의 경기침체를 막기 위해 막대하게 풀어놓은 돈이 이 무렵에 은행 대출과 카드 사용이라는 방식 등으로 시중에 풀리기 시작한다. 돈이 돌아다니는 양과 속도가 빨라지면 돈 가치는 하락한다. 일자리를 얻고 월급이 조금 상승되는 듯 보이지만 돈 가치가 더 빨리 하락하면 실제 소득은 하락한다. 부자들은 그 정도의 돈 가치 하락이 상관없지만 서민들은 다르다. 이 모든 것이 나쁜 인플레이션이다. 2008년 글로벌 금융위기 이후 이런 식의 나쁜 인플레이션이 서민과 중산층을 괴롭혔다.

코로나19 이후에도 이런 모든 상황이 그대로 재현될 것이다. 코로나19는 셧다운이라는 초유의 사태를 만들었다. 판로도 막히고 수확할 인력을 구하지도 못해서 농작물을 갈아엎는 사태가 세계 곳곳에서 벌어졌다.

우간다, 소말리아, 케냐 등에서는 메뚜기 떼까지 몰아닥치면서 농작물을 싹쓸이하고 있다. 아프리카를 초토화시킨 메뚜기 떼가 중국으로 이동하고 있다. 일부에서는 에그플레이션을 걱정한다. 식량 공급망 붕괴까지는 일어나지 않겠지만 쌀을 비롯해서 곡물, 채소, 과일 값 등이 일시적으로 오를 가능성도 있다.

설상가상으로 미·중 무역전쟁이 재발하면 환율이 올라가며 수입 물가도 올라간다. 관세 전쟁에 불이 붙으면 수입 물가 상승을 더욱 부추긴다. 나쁜 원인들로 수입 물가가 올라가면 서민 고통은 가중되고 중소기업의 영업이익은 감소시키는 나쁜 인플레이션을 부추긴다. 가난한 나라일수록 이런 고통은 더 커진다.

그나마 글로벌 소비 하락과 오일전쟁으로 국제 유가가 단기적으로는 낮은 수준에서 유지할 가능성이 높기 때문에 최악은 면할 듯하다. 하지만 소비가 서서히 상승하면 국제 유가도 바닥을 벗어나서 어느 정도 상승할 것이다. 그러면 에너지 비용마저 상승하면서 서민과 중산층의 부담은 늘어날 것이다.

달러 폭망설보다 현실적인 것이 있다. 신흥국 제2차 금융위기다. 정확히 말하면, 2009년 이후 시작되었던 신흥국 내 부채 디레버리징으로 인한 연쇄적 금융위기 및 외환위기가 마무리되는 시나리오다. 필자는 2009년 글로벌 금융위기 이후에 신흥국이 2단계에 걸쳐서 부채 디레버리징에 빠질 것을 예측했다.

1단계는 2008년 미국발 금융위기 이후부터 2016년 브랙시트 발발 전까지였다. 이 단계에는 중동의 신화 두바이를 시작으로 베네수엘라 등 원유나 광물 수출로 먹고살지만 글로벌 경기침체로 원자재 수입량이 줄고, 국내 정치가 불안정해서 위기 대응이 전혀 되지 않고, 오랜 포퓰리즘으로 재정이 거덜난 상태에서 막대한 부채를 감당하지 못한 나라들이 속했다.

신흥국은 둘로 나눌 수 있다. 석유나 광물 등 자원을 수출하는 국가와 중간재를 수입해서 조립해서 세계로 내보내는 제조업 1단계 국가다.

신흥국의 금융위기 2단계는 미국의 기준금리 인상 국면에서 제조업 1단계 국가들에서 일어날 가능성이었다. 이런 나라들은 장기간의 낮은 금리로 인해 기업과 가계에 부채가 크게 증가했다. 그나마 제조업을 가지고 있기 때문에 장기침체를 견뎠거나 혹은 일시적 호황을 누렸다. 하지만 경기가 좋다는 명목으로 투기 자금이 몰리면서 자산 가격은 크게 올랐다.

이런 상황에서 코로나19 충격이 시작되었다. 코로나19로 인해 연준이 기준금리 인상을 포기하고 제로금리로 전환했기 때문에 당분간 기준금리 인상으로 인한 자산버블 붕괴나 기업 파산 위기는 일어나지 않을 것이다. 그 대신 글로벌 경기침체와 코로나19의 3번의 대유행이 새로운 방아쇠로 작동한다.

코로나19 경제 충격이 커지자, 76개 정도의 빈곤 국가들이 IMF와 세계은행에 총 400억 달러 규모의 채무 구제를 요청했다.[59] IMF와 세계은행은 2021년까지 최빈국의 국가채무 상환 연기와 부채 경감 논의를 바로 시작했다. 빈국에서 일어나는 파산을 막지 못하면 신흥국 연쇄 파산으로 위기가 전이될 것을 염려해서다.

신흥국도 안심할 형편이 아니다. 코로나19로 경제가 멈추고 외국인 자금이 일거에 이탈하면서 산업이 붕괴되고 있다. 마이너스 유가라는 초유의 사태까지 벌어지면서 원유 수출에 절대 의존하는 나라들이 심각한 재정위기에 빠지고 있다. 〈캐피털이코노믹스〉에 따르면, 2020년 신흥 시장의 경제생산량은 2019년 대비 1.5% 떨어질 것으로 전망되었다. 신흥국 경제생산량이 하락하는 상황은 69년 만에 최초라고 한다.[60]

경제 규모에 비해 과중한 부채를 가지고 있어서, 미국이 기준금리를 내려도 혜택을 보지 못한다. 경제 충격으로 기준금리를 내린 상황이기 때문에 이런 나라들은 신용등급이 더 하락하고, 자금 유출과 원금상환 압박이 심해진다. 당연히 시중금리는 높아지면서 자금난은 커진다.

세계 경제가 침체에 빠졌기 때문에 수출길도 막힌다. 낮은 신용등급 탓에 이들 국가의 이자 부담은 늘어난다. 원금 만기가 돌아오면 만기 연장이 힘들어진다. 만기 연장을 하더라도 이자율이 이전보다 높아진다. 코로나19라는 전염병을 막기 위해 보건의료 지출도 늘려야 한다. 소득은 줄어드는데 지출은 늘어나는 악순환이다.

국제결제은행BIS에 따르면 2019년 1분기 기준으로 신흥국이 보유한 외화표시 부채는 8조 5천억 달러다. 2008년 금융위기 이후 2배 증가했다. 신흥국의 부채를 GDP 대비로 환산하면 165%다. 하지만 신흥국의 화폐 가치와 수출은 동반 하락하고, 물가와 실업률은 상승 중이다. 만약 신흥국 상당수가 디폴트를 선언하면 IMF가 보유하고 있는 긴급구제금융 자금 규모로는 감당이 힘들다.

이런 이유로 벌써부터 신흥국에 대한 일시적 채무 유예 조치가 필요하다는 주장이 스멀스멀 나오고 있다. 코로나19 충격이 길어지면 신흥국들이 거꾸로 자기들에게 유리한 채무조정을 받기 위해 디폴트 선언 전략으로 돌아설 가능성도 있다. 신흥국이 연쇄적으로 디폴트 선언을 하면 1980년대 남미 위기, 1990년대 아시아 위기가 재현될 수 있다. 그 당시에는 선진국의 경제 상황이 양호해서 글로벌 위기 수준으로 번지지는 않았다. 하지만 지금은 다르다.

2020년 4월 현재, 중남미에서 브라질과 함께 대표적인 신흥국인 아르헨티나는 아홉 번째 디폴트 가능성이 제기된다. 남아프리카공화국은 통화가치가 폭락 중이고 신용등급도 하향 조정되었다. 신흥국의 신용등급 하락은 통화가치 하락, 자본 유출, 금융 위기로 이어질 수 있는 악재다. 멕시코도 대공황 이후 가장 가파른 경제침체를 맞고 있다. 인도네시아, 필리핀, 인도와 브라질도 위험하다. 러시아도 호기롭게 사우디아라비아와 오일전쟁을 하려고 덤볐지만 2020년 실업률 7~8%, 경제성장률 마이너스 10% 역성장 경고장을 받았다. 2020년 신흥 시장 성장률 전망치도 마이너스로 돌아선 지 오래다.

2020년 4월 9일, 국제금융협회IIF가 발간한 '자금 흐름 보고서'에서 2020년 한 해 중국을 제외한 58개 신흥국에서 2,160억 달러 정도 자금이 유출될 것이라는 전망을 내놓았다. 2020년 3월에만 830억 달러가 신흥국을 탈출했다. 830억 유출 금액은 2008년 9월 글로벌 금융위기 발발, 2013년 5월 긴축 발작, 2015년 7월 중국발 증시쇼크가 발생했던 당시 한 달간 유출된 금액보다 4배 많다.

그만큼 외환보유고는 감소하고 신흥국이 갚아야 할 달러 표시 부채 규모 및 부담은 증가했다.[61] 문제는 코로나19가 2020년 상반기로 끝나지 않는다는 점이다. 필자가 앞에서 분석했듯이 대부분의 빈국과 신흥국은 치료제나 백신이 개발되더라도 수혜를 받을 가능성이 아주 낮다. 이럴 경우 최대 2022년까지 코로나19로 인한 의료 및 경제 충격을 고스란히 받아야 한다. 이런 충격을 연달아 받아 경제 상태가 최악으로 몰린 상황에서 미국중앙은행이 긴축을 시작하면 상당수 나라가 금융위기나 외환위기에 처한다.

한국 독자들이 신흥국의 금융위기나 외환위기를 주목해야 할 이유는 2가지다. 하나는 신흥국 시장이 침체에 빠지면 한국 기업들의 매출과 영업이익이 줄어든다. 다른 하나는 신흥국 금융위기는 '간접적으로' 한국과 중국의 금융위기 가능성을 높인다. IMF와 세계은행이 2021년까지 최빈국의 국가채무 상환 연기나 부채 경감 논의를 서두른 것은 신흥국 연쇄 파산으로 위기가 전이될 것을 막기 위해서다.

마찬가지로, 신흥국 금융위기는 한국과 중국의 금융위기 가능성을 높인다. 한국은 막대한 가계 부채, 역사상 최고점에 이른 부동산 가격 버블, 2008년 글로벌 금융위기 당시 미국을 넘어서는 좀비 기업 비율을 가지고 있다. 중국은 기업 부채가 인류 역사상 최고다. 부동산 버블도 엄청난다.

필자는 신흥국 금융위기 혹은 외환위기의 시점과 규모가 한국과 중국 금융위기 향배를 결정하는 미래 징후a future signal로 여기고 세심하게 모니터링한다. 부채가 막대한 규모에 이르더라도 스스로는 불이 붙지는 않는다. 무엇에 의해서든 불이 당겨져야 한다. 방아쇠를 당겨야 장전된 총이 발사되듯 말이다. 신흥국 금융위기는 한국 금융위기를 직접 촉발하는 방아쇠는 아니다. 간접 변수일 뿐이다.

하지만 신흥국 금융위기는 한국과 중국의 금융위기 가능성을 '간접적으로' 높인다. 혹은 신흥국 금융위기 규모가 커지고 오래 지속되면 그 자체가 한국이나 중국 금융위기의 방아쇠로 변할 수도 있다. 그래서 신흥국 금융위기 혹은 외환위기의 방아쇠로 작용하는 사건이나 힘은 우리에게도 중요하다.

BIG
CHANGE

2

중장기 질서 변화

지금부터는 코로나19 이후 3년 이상의 장기적 변화 흐름에 대해
서 예측해보자. 가장 먼저 예측할 수 있는 미래는 거대 정부의 귀
환이다. 큰 정부와 작은 정부의 논쟁은 그 역사가 길다. 여전히 둘
중 어떤 것이 맞는지 결판이 나지 않았다. 앞으로도 결론이 날 주
제는 아닌 듯싶다. 큰 정부냐 작은 정부냐는 상황에 따른 선택의
문제에 가깝기 때문이다.

혁신이 폭발하고 경제가 호황일 경우에는 시장 자율성이 높은
것이 유리하다. 반대로, 성장의 한계에 도달하고 경제가 불황에
빠져 시장이 무너지고 있을 때에는 정부의 역할이 커진다. 당연
히 거대 정부가 귀환한다. 위기에 처한 시장을 구할 주체가 정부
밖에 없기 때문이다.

현대 자본주의 역사를 정부 개입의 수준을 기준으로 아주 간단하게 짚어보면, 경제학을 태동시켰던 애덤 스미스 시절부터 1929년 미국에 경제대공황이 발발하기 전까지는 순수자본주의 시대였다. 애덤 스미스의 '보이지 않는 손'이라는 상징적인 개념을 따라 정부가 시장 개입을 최소화(작은 정부)하면, 시장이 가장 효율적으로 자원 분배 기능을 수행하게 된다는 신념이 경제를 지배했다.

이 시절부터 (기존에 국가 혹은 정부와 왕정 체제가 시장의 모든 것을 계획하거나 주도했던 경제 방식에서 벗어나) 작은 정부 대 큰 정부의 논쟁이 시작되었다.

세상 거의 모든 것은 진자추처럼 움직인다. 과거 문제를 해결하기 위해 한쪽을 강화하면, 다른 한쪽이 약해지면서 새로운 문제가 생긴다. 시장의 자율성을 강화시키자 19세기 말~20세기 초까지 독과점과 부의 불균형 분배라는 새로운 문제가 발생했다. 투기와 버블도 커졌다. 결국 이런 것들이 쌓여서 경제대공황이 세계를 강타했다.

이 시절 케인스라는 불세출의 경제학자가 나타나면서 수정자본주의를 주장했다. (자본주의 자체를 버리고 사회주의나 공산주의로 가지 않고) 기존의 자본주의 근간은 그대로 유지하지만 정부의 시장 개입을 최소화하는 정책을 수정하자는 이론이었다. 시장의 자율성이 비대해진 상황에서 만들어진 문제이니 정부가 적극적으로 개입하여 시장의 문제를 해결하자는 주장이었다. 소득 재분배, 독과점 방지, 세금 인상, 노조 설립, 사회보장 정책, 정부의 지출을 늘려 시행하는 대규모 인프라 투자 등이 제안되었다. 자연스럽게 큰 정부가 부각되었다.

1970년대에 이르러 두 차례 오일쇼크가 발생하면서 에너지 가격이 폭등했다. 생산비용이 증가하면서 기업 부분에서 총공급량이 감소해 스태그플레이션을 동반한 경기침체가 세계를 강타했다. 중앙은행이 재정과 통화 정책을 사용해서 유동성을 늘리고 정부 투자를 확대해도 해결하지 못하는 새로운 문제였다. 정부 정책은 총수요에 영향을 크게 준다.

총공급 증가는 기업과 시장 부문에 영향을 더 많이 받는다. 결국 작은 정부와 시장 자율성 확대를 부르짖는 신자유주의가 힘을 얻었다. 법인세 인하, 노조 폐지, 노동 유연성 강화, 국영기업의 민영화, 주주 권환 강화 등 정부의 개입을 줄이고 시장의 자유, 권한, 이익을 극대화하는 정책이 실시되었다.

하지만 역사는 진자추처럼 움직인다. 시장의 권한과 자율을 강화하자 부의 불균형 분배, 독과점, 대규모 부실 채권 문제 등이 다시 불거졌다. 자산시장의 버블도 커졌다. 결국 2008년 글로벌 금융위기가 발발하면서 케인스 시절 주장했던 정부와 중앙은행의 재정과 통화 정책에 대한 의존성이 커졌다. 이른바 큰 정부의 귀환이었다.

큰 정부가 귀환하여 시장의 위기를 해결해주는 만큼 시장의 자유는 축소되었고 규제와 감시는 늘어났다. 코로나19는 이런 흐름을 강화할 가능성이 크다. 코로나19는 거대 정부 귀환을 전 세계적 트렌드로 확장할 가능성이 높다. 코로나19의 직접 피해와 후유증이 커지고 회복 기간이 길어질수록 거대 정부 트렌드도 길어질 것이다.

큰 정부가 부상하면, 정부의 재정 확대나 지원만 커지지 않는다. 경제 부문 요소마다 규제와 명령이 강화된다. 일자리를 지키려는 정부의 의지가 곳곳에 반영된다. 정부가 구제금융을 실시하여 기업을 구제해주지만, 주주와 경영자의 권한과 이익에 제한을 가한다. 각종 금융 규제도 만들어진다. 민간 기업의 국영화도 일어난다.

2020년처럼 코로나19와 오일전쟁이 일어난 시기라면, 제약과 의료, 에너지 등 전략적인 산업에는 정부의 개입이 우선시된다. 국가 우선주의가 발동하고 전략적 물자나 생존에 필요한 필수품 제조는 자국 내 생산 비중을 높일 가능성이 크다. 한국의 경우 코로나19와 오일전쟁 위험은 물론이고 앞으로 재개될 미·중 무역전쟁과 글로벌 패권전쟁의 심화에 대응하기 위해 거대 정부 역할론은 더욱 커질 수 있다.

독재자가
귀환한다

거대 정부가 귀환하면 심각한 부작용 하나를 조심해야 한다. "정
부가 위기 극복의 최전선에 나서야 한다! 무엇보다 정부의 역할
이 중요하다!"라는 말 뒤에 몰래 숨어서 따라오는 위험이다.

바로 독재자의 귀환이다. 혹은 독재의 귀환이다. 거대 정부의
필요성이 증가할수록 독재자에 대한 대중의 우려는 줄어든다. 시
장이 망가지고, 실업률이 폭발하고, 물가가 서민을 괴롭히면 현재
고통은 깊어지고 미래 불안은 커진다.

현재 상태를 만든 기존 정치체제에 대한 불만은 그만큼 커진
다. 독재는 우파든 좌파든 가리지 않는다. 대중이 우파를 원하면
우파 독재가 나오고, 좌파를 원하면 좌파 독재가 출현한다. 미국
의 작가 업튼 싱클레어가 이런 말을 했다고 한다. "어떤 사람에게

무언가를 이해시키는 것은 어려운 일이다. 만약, 그 사람이 받는 봉급이 그 '이해하지 못할 것'에서 나오고 있다면 더욱 그렇다!" 경제를 살리고 일자리만 만들어낼 수 있다면, 내 월급을 지켜주기만 한다면, 좌우는 중요치 않다. 대부분의 부작용도 참아줄 수 있다는 묘한 분위기가 사회에 스며든다.

경제위기로 기존의 독재자가 물러나도 새로운 권력이 새로운 스타일의 독재를 할 가능성이 높다. 혼란이 커졌기 때문에 혼란을 잠재우고 무너진 경제를 빠른 시간에 재건하려면 아이러니하게도 초법적이거나 초의회적인 통치가 다시 필요해지기 때문이다.

대체로 독재자는 발언의 옳고 그름을 떠나 시원시원한 행보를 한다. 독재자 특유의 강한 신념은 위기 시에 대중을 사로잡는 중요한 무기다. 독재자는 자기 신념의 정당성을 위해 대중이 증오하는 적을 재빠르게 간파하여, 적과 아군의 피하를 분명하게 분리한다. 기존 정치 집단을 무력화하기 위해서는 대중을 등에 업어야 하기 때문에 포퓰리즘 성향도 강하다.

이들은 내부의 정치 세력을 비롯해서 다른 나라와 포퓰리즘 경쟁을 벌이면서 경제적 피해를 입은 대중을 유혹한다. 이런 경향은 국가 경제가 허약할수록 더 강해진다. 글로벌 위기가 닥치면, 전 세계 모든 나라가 경기침체에 빠지지만 경제적 약소국은 침체 기간이 훨씬 더 길다. 실업률도 더 높아진다. 그만큼 독재자 혹은 독재 권력의 활동 범위와 기간이 넓어진다.

독재자라고 해서 히틀러나 스탈린 혹은 북한의 김정은을 떠올리면 안 된다. 민주적 절차에 따라 권력을 획득한 권력자나 그룹도 독재적 행보를 할 수 있다. 대중의 지지를 등에 업고 기존 법률을 무시하고 헌법 권한을 넘어서는 위험한 행보를 서슴지 않거나 혹은 권위주의적 성향이나 전체주의 신념을 적극 구사하는 것이다. 법을 고쳐서라도 '합법적'으로 기업이나 국민의 자유를 침해하고 권리를 제한하는 일을 시도한다.

2020년 코로나19가 전 세계를 강타하자 헝가리 총리는 국가 비상사태를 무기한 연장했다. 총리 행정명령 권한을 사용해서 비상사태에는 기존의 법과 체제를 무시해도 된다는 법안도 통과시켰다. 이런 수준은 아니더라도 코로나19 위기 극복을 명분으로 특정 권력 그룹이나 정부가 통제를 강화하는 나라가 점점 늘고 있다.

이스라엘의 벤저민 네타냐후 총리는 테러리스트를 추적하는 데 사용하는 감시 기술을 코로나19 확진자 추적에 사용하는 법안을 의회에 제안했다. 의회는 즉각 거절했다. 네탄야후 총리는 국가 비상사태라는 명분을 내세워 긴급명령을 내리고 사용 허가를 밀어붙였다. 영국도 코로나19 확산을 막기 위해 정부가 시민을 제재할 권한을 갖는 비상 법안을 통과시켰고, 프랑스 의회도 영장 없이 개인의 집을 수색하고 강제 연금시킬 수 있는 법안을 통과시켰다. 캄보디아는 코로나19 비상 법안에 언론 규제와 무제한 감청을 허용하는 조항을 삽입했다. 필리핀 로드리고 두테르테 대통령은 긴급 연설에서 격리 조치 위반자는 총으로 사살해도 좋다

고 선포했다.[1]

이런 법안이나 행정 명령들은 정치적 목적에 따라서는 코로나
19가 종식된 이후에도 오랫동안 살아남거나 비슷한 위기가 재발
하면 언제든지 다시 소환될 가능성이 아주 높다.

중국은 코로나19의 진원국이지만 이를 가장 빨리 수습한 나라
다. 비결이 무엇일까? 중국 인민의 성숙한 시민의식도 있겠지만
전문가들은 가장 큰 요인으로 IT 기술이 결합된 전체주의식 강력
한 통제를 꼽는다.

코로나19라는 전염병은 국가 차원에서 전 국민 감시라는 그럴
듯한 명분을 만들어주었다. 국민의 안전과 알 권리도 중요하지만
개인 자유와 공공 감시에 대한 국민적 협의와 제도적 보완 없이
비상사태 혹은 사회 안전이라는 명분 하나만으로 국가 주도하에
강제적인 감시 시스템을 강화하는 행보는 아주 위험하다.

21세기 제4차 산업혁명으로 대변되는 신기술은 인류를 편리
하게 살게도 해주지만, 역사상 최초로 기술을 사용해서 전 국민
을 밀착 감시할 수 있는 기회도 제공한다. 로마의 폭군 네로 황제
를 비롯해서 북한이나 구소련 등 지금까지 그 어떤 독재 국가도
자국민 모두를 24시간 밀착 감시할 수 없었다. 하지만 앞으로는
다르다.

중국은 이미 전국에 깔린 CCTV, IoT 센서, 5G 통신, 스마트폰
과 각종 인공지능 알고리즘을 통해 14억 명에 가까운 전 인민을
24시간 밀착 감시할 수 있는 국가 감시 시스템이 가능하다는 것

을 보여주고 있다.

중국 정부는 인터넷 플랫폼 회사를 비롯해서 정보통신과 언론 및 미디어 네트워크도 완벽하게 통제하고 있다. 중국 정부는 인터넷을 통해 인민이 무엇을 말하고, 무엇을 불평하고, 무엇을 요구하는지 실시간으로 모조리 파악하면서 전 국민을 24시간 밀착 감시하고 있다.

마오쩌둥은 국민당과의 내전에서 승리하고 중화인민공화국을 창설한 후 철저한 주민 감시 시스템을 만들었다. 시진핑은 최첨단 기술을 활용해서 국가적 감시 시스템을 최고 수준에 올려놓았다. 중국의 사회관계망 서비스들은 사람들의 말을 감시하고, 문제를 일으킬 소지가 있는 사람들을 추적한다.

겉으로는 플랫폼 회사에 인신공격을 일삼거나 물의를 일으키는 사람들을 걸러내고 이용을 제한하고 감시하라는 책임을 부여했지만, 속내는 중국 공산당의 감시 시스템 역할을 하라는 것이다. 중국 회사라면 예외가 없다. 구글 등 외국 기업들도 중국에 들어와서 정부가 원할 때마다 정보를 공개하거나 중국 정부의 규칙에 맞춘다는 약속을 하지 않으면 사업을 계속할 수 없다.

500미터 내외에 있는 사람들 중에서 채무불이행자를 찾아주는 앱이 있다. 주위에 채무불이행자가 많을수록 앱에서 작동하는 레이더가 붉은색으로 바뀐다. 목록에서 한 명을 임의로 클릭하면 그 사람이 진 채무 금액을 비롯해서 거주지까지 개인정보가 앱에 표시된다.

놀라운 것은 중국 사람들이 이런 기능을 가진 앱을 좋아하고, 이 앱이 중국 IT 대기업 텐센트가 운영하는 중국 최대 SNS 위챗에서 실행되는 기능이라는 사실이다. 이런 기능은 사회신용제도라는 미명하에서 활발하게 사용된다. 중국 금융 당국은 이런 앱을 통해 채무 금액, 동선, 인터넷에 올린 글 등을 종합적으로 평가해서 신용 점수를 매긴다. 심지어 무단 횡단 횟수, 공공 장소에서의 흡연 여부, 비디오 게임 구매 정도도 알 수 있다. SNS에서 악플을 얼마나 달았는지, 가짜 뉴스를 퍼뜨렸는지, 무엇에 '좋아요'를 클릭했는지 등 사소한 것까지 모두 추적하여 신용 점수로 환산한다.

사회적 신용 점수가 높아지면 대출을 하는 데 유리하거나 각종 혜택을 받는다. 신용 점수가 하락하면 블랙 리스트에 오르고 각종 제약이 뒤따른다. 2013년 블랙 리스트 제도가 시행된 이후, 자동으로 비행기 탑승이 거부된 횟수가 600만 건, 법정을 모독한 이유로 고속열차 티켓 구매를 거부당한 횟수가 200만 건이었다. 중국에서 법정 모독은 공산당 모독과 같은 취급을 당한다.

겉으로는 탁월하고 혁신적인 신용평가 시스템이다. 하지만 이 모든 것을 정부가 속속들이 들여다보고 있으며 국민 한 사람을 24시간 감시하여 공산당 정부에 위협이 되는 인물들을 추적하고 관리하는 데 사용한다면 말이 달라진다.[2]

거대 정부의 귀환과 함께 따라오는 독재의 위험은 미국이라고 예외가 아니다. 2020년, 주요 선진국은 코로나19 위기 극복을 위해 막대한 재정을 퍼부었다. IMF의 분석에 따르면, G20이 지난 한 달 동안 쏟아부은 돈의 규모는 해당 국가 GDP의 평균 5.8%에 달했다. 2008년 금융위기 대비 2배에 가까운 규모다.[3]

이 중 미국의 규모는 평균 이상이다. 미국은 2008년 금융위기 극복을 위해 퍼부은 돈의 2~3배를 살포하는 정책을 한 달 안에 결정했다. 미국 정부가 꺼낸 2조 2천억 달러 규모의 슈퍼 부양책은 단 2주 만에 상하원을 모두 통과했다. 2008년에는 1년 넘게 걸리던 절차였다. 자본주의는 자본을 독점하는 주체에게 힘을 실어준다.

시장이 위기를 맞고 정부가 돈줄을 쥐는 상황이 벌어졌으니 앞으로 몇 년 동안은 정부가 힘을 갖는다. 권력자가 힘을 갖는다. 국가 단위에서도 이런 역학관계는 동일하다. 2008년 글로벌 위기 때처럼, 2020년 코로나 위기에서도 미국 연준은 전 세계 금융시장을 구하는 최종 대부자 역할을 담당한다. 달러 유동성 위기를 선제적으로 대응하기 위해 주요 국가들은 미국과 통화 스와프를 연장하거나 신규로 체결했다. 각국의 금융, 환율과 투자 시장에서는 달러 자금의 유출입 규모에 따라서 희비가 엇갈린다.

트럼프 대통령은 WHO의 지원금을 단칼에 끊어버렸다. WHO가 코로나19 사태에서 중국 편을 들었다는 이유다. 세계 각국을 비롯해서 빌게이츠 등 유명 인사들도 트럼프의 조치에 유감을 표했다. 트럼프는 아랑곳하지 않았고 미국 정계와 국민도 대대적인 반발을 하지 않는 모양새다.

코로나19 사태를 통해서 중국은 IT 기술을 활용한 감시와 통제 가능성과 위력을 보여주었다. 중국의 이런 성공적 전 국민 밀착 감시 사례가 코로나19 이후 수많은 나라들로 전파될까 염려된다. 권력을 오랫동안 유지하고 싶은 세력은 그 욕망만큼 국민을 감시하고 통제하고 싶어 하기 때문이다. 이런 세력에게 중국식 IT 전체주의는 아주 매력적인 유혹이다.

코로나19가 아니더라도 전염병과 대규모 자연재해는 앞으로도 반복될 것이다. 테러의 위험은 상시적이다. 이런 국가적 재난을 선제적으로 예방하거나 재난 발생 시 빠른 피해 복구에 성공하려면 강력하고 신속한 행정집행력이 있어야 한다. 위기 극복을 위해 국가가 임시로 사용하는 권한을 국민이 감시하지 않으면 자유, 인권, 민주주의 등 소중한 가치를 잃게 된다. 신자유주의처럼 시장에 무한한 자유를 주는 것도 문제가 있지만, 정부에 무한한 권력을 주는 것도 같은 수준의 위험이다. 중요한 것은 균형이다. 균형을 위해서는 국민의 성숙한 시민의식과 철저한 감시 기능이 중요하다. 코로나19 이후, 국민의 이런 모습을 요청하는 목소리도 높아졌으면 한다.

정부 주도 디지털화폐가 부상한다

Post COVID-19

코로나19는 은행 계좌가 없는 사람도 이용할 수 있는 새로운 결제 시스템의 필요성을 부각했다. 신용카드나 현금카드, 각종 디지털 결제 시스템 등은 은행 계좌를 필수로 한다. 미국 연방예금보험공사의 조사에 의하면, 2017년 기준으로 미국 전체 가구의 25% 정도가 은행에 예금을 하지 않는다.[4] 이들은 은행 계좌 자체가 없을 가능성이 높다. 전염병이 창궐하면 물리적 화폐에 대한 오염도 염려된다. 지폐나 동전이 전염병을 확산하는 요인 중 하나로 지목받기 때문이다.

미국에서는 수표도 많이 사용된다. 이번에 미국 정부가 전 국민에게 재난구제금을 지급할 때 은행 계좌가 없거나 국세청에 등록이 되어 있지 않는 사람들은 수표로 구제금을 지급받았다. 정부 입장에서는 국민 전체가 단일한 국가 플랫폼 안에서 작동하는 디지털 지갑을 갖게 하면 여러 유익이 있다. 가장 큰 것은 지하경제나 세금 포탈, 불법 자금 거래 등을 막을 수 있다.

필자는 《앞으로 3년, 대담한 투자》라는 책에서 암호화폐 혹은 디지털화폐에 대한 미래 시나리오를 다룬 적이 있다. 필자는 비트코인 붐이 일어나기 시작할 때부터 암호화폐의 미래에 대한 다양한 생각과 시나리오를 발표했다.

그때나 지금이나 필자의 예측에는 큰 변함이 없다. 비트코인을 비롯해서 기존의 암호화폐 혹은 디지털화폐는 역사 속으로 사라지고 국가가 글로벌 기업의 신용을 보장하는 디지털화폐가 종이나 동전 방식의 법정화폐와 공존하는 미래가 가장 확률적으로 높다. 코로나19는 이런 미래 흐름을 더 강화하고 빠르게 할 가능성이 높다. 필자가 이런 미래 시나리오가 가장 확률적으로 높다고 예측하는 이유는 몇 가지가 있다.

첫째, 비트코인을 포함해서 기존의 암호화폐는 법정화폐가 가져야 할 기본 3요소를 갖추지 못했고, 앞으로도 갖추기 힘들기 때문이다. 앞으로 몇 년을 더 살아남더라도 법정화폐가 될 가능성보다는 투기적 자산 형식으로만 존재할 뿐이다.

과거와 현재, 아주 먼 미래에도 법정화폐가 되려면 3가지 속성을 반드시 갖춰야 한다. 아니, 3가지 속성을 갖춘 화폐만이 국가 단위의 보장된 화폐가 될 수 있다. 바로 교환의 매개, 가치 측정 척도, 가치 저장 수단이다. 비트코인을 포함한 기존의 암호화폐의 미래도 다르지 않다.

　이 3가지의 속성을 갖추면 살아남고, 그렇지 않으면 사라진다. 현재 거래되는 수백 종 이상의 암호화폐가 3가지 속성을 모두 갖추지 못할 것이라는 것은 직감으로 알 수 있다. 그래서 대부분은 사라진다. 사라진다는 말은 가치가 제로로 떨어져서 휴지조각이 된다는 말이다. 현재 통용되고 투자 대상이 되는 거의 대부분의 암호화폐는 물건을 구매하거나 서비스를 교환하는 매개로 사용되지 않는다. 비트코인조차도, 물건이나 서비스로 교환해주는 장소는 늘어나고 있지만 교환 매개로 사용되는 횟수는 적다. 대부분 상징적이거나, 재미를 위해서거나, 채굴 비용이 높아졌기 때문에 투기적 가치를 보고 물건으로 교환해서 획득한다. 몇몇 암호화폐를 제외하고 대부분은 교환 매개로 사용되는 횟수가 제로다.

　암호화폐는 측정 척도로도 적합하지 않다. 이유는 간단하다. 자체 가격이 변동성이 심하기 때문이다. 척도尺度를 재는 수단이 되려면 변동성이 없어야 한다. 이것이 암호화폐의 딜레마다. 가격 변동성이 심하지 않으면 투기 혹은 투자적 가치가 떨어지고, 가격 변동성이 크면 측정 척도나 가치 저장 수단이 될 수 없어서 법정화폐가 될 가능성이 없어진다. 당연히, 가치 저장 수단도 될 수 없다.

　암호화폐의 단위당 가격 거품이 심해서 변동 규모는 크고 주기가 빠르다. 하루에도 천당과 지옥을 오간다. 당신이 암호화폐 100개를 주고 1억짜리 고급 승용차 한 대를 팔았는데, 다음 날 암호화폐 가치가 1/100로 폭락했다고 가정해보라. 1억 원짜리 승용차를 100만 원에 판 셈이 되어버린다. 이처럼 화폐 가치 변동이 크고 빈번하면 화폐 안정성이 떨어진다. 안정성이 떨어지면 사기 도구나 투기 대상으로밖에 사용할 수 없다.

비트코인 등 암호화폐는 마구잡이로 돈을 찍어내는 현재의 화폐 공급 시스템을 비판하면서 대안 화폐로서 세상에 등장했다. 이번 코로나19로 미국을 비롯해서 전 세계 주요 국가들이 돈을 찍어내자 비트코인에 투자하라는 목소리가 다시 높아지고 있다. 하지만 비트코인은 달러보다 더 불안하고 불평등이 심하다.

2013년경에 이미 비트코인 절반이 937명의 호주머니 속에 들어갔다. 소수의 사람 혹은 소수 국가들이 달러를 독점한다고 비난하지만 비트코인은 그 이상이다. 달러 화폐시장에서의 불균형 분배보다 더 불공평하고 독점적 화폐 소유 구조다. 워렌 버핏, 조지 소로스, 누리엘 루비니 등 저명한 투자자나 경제학자가 비트코인을 비롯한 대부분의 암호화폐 가치가 제로로 떨어질 것이라 예측하는 이유도 필자와 같다.

비트코인을 포함해서 기존의 암호화폐가 법정화폐가 되지 못할 또 다른 이유가 있다. 이치理致적 이유다. 각국의 정부가 암호화폐가 법정화폐를 대신하는 미래를 용납하지 않는다. 화폐는 국가의 근간이다. 동시에 국가의 힘이다. 법정화폐 발권력은 국가 간의 힘을 재는 척도다. 미국의 달러가 한국의 원화보다 강하고, 강하기 때문에 화폐 세뇨리지seigniorage 효과도 크다. 이런 권력과 상징성을 가진 법정화폐 자리를 그 어떤 국가가 순순히 아무런 저항도 없이 내주겠는가? 불가능하다.

법정화폐는 못 되어도 건전한 투자 자산은 될 수 있지 않을까? 그 정도의 소박한 목표라면 생존을 모색할 방법이 생길 것이다. 하지만 이 역시 조건이 하나 있다. 거래의 안전성과 사고 발생 시 최소한의 안정성 확보다. 원화나 달러를 발행하는 중앙은행, 원화를 달러로 교환하는 환전거래소는 보안 기술도 뛰어나지만 정부가 공권력을 가지고 보호한다. 암호화폐를 사고파는 거래소는 민간이 운영하고 기술적 안정성이 낮다.

암호화폐를 만들 때 사용하는 블록체인 기술은 보안성이 높다. 해킹 방어 능력이 뛰어나다. 암호화폐 자체를 왜곡할 수 없다. 그래서 해커는 블록체인 자체를 공격하지 않는다. 암호화폐 거래소나 전자 지갑을 공격한다. 암호화폐 거래소에는 거래가 편리하도록 투자자의 전자 지갑을 서버에 저장한다. 전자 지갑에는 암호화폐를 다른 사람에 보내는 데 사용하는 개인정보가 보관된다. 해커는 이것을 노린다. 피싱 사이트를 만들거나 이메일이나 보이스 피싱을 통해 사용자 ID와 패스워드를 빼내고, OTP(일회용 비밀번호 생성기)를 탈취한다. 개인 컴퓨터나 모바일 기기를 직접 해킹해서 코인 채굴기 설치를 유도하거나 암호화폐 채굴 회사의 전자 지갑을 해킹한다.

필자가 일일이 거론하지 않아도 수많은 국내외 해킹 피해 사례를 접했을 것이다. 피해 규모도 적게는 수십 억에서 많게는 수백

억이나 된다. 이런 피해를 입으면 구제받을 길이 거의 없다. 은행에 보관해놓은 돈은, 은행이 망해도 예금자보호법에 따라 최소한의 금액은 보상받을 수 있다. 국가가 보장해준다. 하지만 암호화폐는 그런 보호를 받지 못한다. 이런 문제들이 해결하지 않으면 암호화폐는 투자 자산으로도 살아남기 어렵다.

이런 문제를 해결하는 방법은 있다. 첫째, 안전한 거래소가 나타나면 된다. 암호화폐 거래소는 외화 환전(환율)시장과 같다. 이를 위해서는 현재 민간 거래소가 기술적 안정성을 확보하고 피해액 전체를 보상할 수 있는 보험에 가입하면 된다. 이런 방향으로 나간다면 상당수의 민간 거래소가 구조조정, 인수합병되어야 한다. 만약 민간 회사가 이런 역량을 갖추지 못한다면 정부나 금융당국 등 제3기관이 이를 수행하면 된다.

둘째, 화폐의 3가지 속성(교환의 매개, 가치 측정 척도, 가치 저장 수단)을 확보해야 된다. 3가지 속성을 확보해도 법정화폐가 되는 길은 (필자가 위에서 설명한 것처럼) 다른 문제다. 최소한 가격 안정성이라도 확보해야 한다. 암호화폐가 가격 안정성을 확보하려면 같은 가격을 가진 실물에 연동되거나 가장 신뢰할 만한 기관(정부나 기업)이 가치를 보장해주어야 한다.

셋째, 시장 참여자가 많아야 한다. 현실세계의 화폐도 참여자의 규모가 해당 화폐의 가치(신뢰성)를 형성한다.

필자는 이런 원리를 기반으로 미래 암호화폐 혹은 디지털화폐의 최종 모습을 3가지로 예측했다. 1국가 2통화, 1국가 1통화, 일부 시장에서 민간 통화로 사용될 가능성이다.

필자는 이 3가지의 미래가 코로나19 이후에 더욱 확실하게 드러날 것이라고 예측한다. '1국가 2통화'는 한 국가 내에서 정부가 인정하는 법정통화가 2개가 되는 시나리오다. 한국의 경우 원화가 하나의 법정통화로 계속 사용되고 정부가 인정하거나 직접 발행하는 암호화폐 하나가 추가로 신규 디지털 법정통화로 인정받는다.

국가가 나서서 암호화폐를 발행하는 이유는 무엇일까? 현재의 국제통화 시스템에서는 원화, 루피화, 페소화 등 대부분 나라의 실물 법정통화는 자국 내에서만 사용된다. 그만큼 화폐 세뇨리지 효과가 적다. 제1기축통화인 달러나 제2기축통화인 유로화는 자국 경계를 넘어 세계 시장에서 사용된다. 기축통화로 사용되지 못한 국가는 암호화폐를 이용해서 자국 내에서만 사용되는 화폐의 한계를 넘어서고 싶어할 것이다. 이것이 디지털화폐를 추가 발행하는 이유다.

다른 이유도 있다. 화폐 개혁 효과다. 어떤 나라는 지하경제를 뿌리뽑고 세금 징수를 위해 현금을 없애기를 원한다. 이 목적이 최우선인 경우에는 '1국가 1통화' 체제에서 암호화폐 하나가 유일한 법정통화로 사용되는 시나리오를 선택할 가능성이 높다.

마지막은 시장에서 '민간이 유통하는 암호화폐' 시나리오다. 국가의 정책과 별개로, 민간 시장에서 특정 실물이나 기업의 자산에 연동되어 신뢰성을 확보하여 유통되는 소수의 암호화폐만

살아남는 시나리오다. 이런 시나리오는 충분히 가능하다. 이미 민간이 발행한 준화폐적 성격을 가진 것들이 있다.

예를 들어, 회사 채권, 신용 카드, 상품권, 게임 머니, 할인 쿠폰, 은행 및 유통회사나 항공회사가 발행한 포인트 등이다. 이런 것들에 블록체인 기술을 결합해서 암호화폐로 재발행하여 자사 회원들에게 제공하여 화폐처럼 사용하게 할 것이다. 암호화폐 채굴 방식도 접목하면 글로벌 확장성도 노릴 수 있다. 필자의 예측으로는 IT, 통신, 유통, 금융투자 영역에서 빅데이터(원자재)와 인공지능 기술을 확보한 후 새로운 시장 플랫폼을 구축하고 자사의 실물이나 회사 가치에 연동된 암호화폐를 발행하는 전략을 사용할 가능성이 아주 높다.

코로나19가 발발하자 중국과 미국을 비롯한 주요 국가에서 디지털화폐에 대한 논의가 더욱 빨라졌다. 중국 정부는 대놓고 이렇게 말한다. "중앙은행 발행 디지털화폐Central Bank Digital Currency 개발이 최우선 과제다."[5] 중국의 중앙은행인 인민은행은 2014년부터 '디지털 위안화' 연구를 시작하여 기본 기능 개발을 완료했고, 2020년 안에 공식 발행을 목표로 선전, 쑤저우, 청두 등에서 시험 가동을 시작한다고 발표했다.[6]

중국이 디지털 법정화폐(디지털 위안화)를 발행하면 미국도 반드시 해야 한다. 물리적 법정화폐의 제1기축통화는 미국이 가지고 있지만, 디지털 법정화폐의 제1기축통화를 중국에게 빼앗길 수 있기 때문이다. 중국 정부의 움직임이 전 세계의 디지털 법정화폐 발행 시기를 앞당기는 촉매제 역할을 하는 셈이다.

브라질, 우르과이 등 신흥국 대부분도 디지털 법정화폐 발행 속도를 높이고 있다. 모두 비슷한 속내다. 세계 주요 국가들이 디지털 법정화폐 발행 속도를 높이자 한국은행도 계획을 앞당길 태세다.[7] 한국은행처럼 한 나라의 중앙은행이 디지털화폐를 내 놓으면 그 가치는 다르다. 기존 암호화폐들 중 하나가 아니다. 중앙은행이 디지털화폐를 발행하면 곧바로 국가 차원의 법정화폐가 된다.

겁 없이 법정화폐 지위를 넘보려 했던 페이스북은 미국 정부와 중앙은행의 반대에 부딪히자 자사 발행 암호화폐 리브라의 독자 생존을 버리고 전략을 전면 수정했다. 달러와 유로(법정화폐)에 연동하여 화폐 가치를 안정시킨 스테이블 코인을 발행해 '통화 바스켓'에 담아둔 후, 이것을 담보로 한 자체 암호화폐 '리브라 코인'을 만들어 정부의 견제를 피하는 전략이다.

필자가 지금까지 분석했던, 디지털화폐가 살아남는 전략을 대부분 수용한 모습이다. 이 전략이 정부에게 허가를 받는다면 아마존, 애플, 구글, 테슬라 등 수많은 IT 기업을 비롯해서 대형 은행과 투자회사들이 페이스북 방식을 기본 틀로 하고 자사만의 독특성을 가미한 디지털화폐 발행을 서두를 것이다. 이런 화폐들이 속속 나오면 비트코인을 비롯한 기존 암호화폐들은 경쟁력이 급격하게 떨어질 것이다.

참고로, 미래에 살아남은 암호화폐는 6가지 특징을 가질 것이다. 가상, 분권화, 오픈 소스 기반의 자생성, 익명성, 네트워크, 탈국경, 탈국가 화폐다.

'분권화'는 기존 화폐와 달리 중앙은행처럼 통제적 권력이나 통제적 금융 기관의 개입을 받지 않고 화폐 주조 및 발행, 유통, 관리 등이 서로 분리된 권한을 갖는 민간 주체들이나 혹은 참여자들 모두에 의해서 행해진다.

'오픈 소스 기반의 자생적 화폐'는 미래에 살아남아 사용되는 암호화폐는 화폐 주조 및 관리 소스들이 오픈 소스로 공개되고, 이를 기반으로 많은 사람이 자발적 참여와 관리를 하면서 신뢰성을 높인다.

'익명성'이란 현금을 사용할 때처럼 미래 화폐는 익명성 보장이 강화된다. 네트워크 화폐라는 것은 P2P peer-to-peer 기반의 수평적 네트워크에서 수학적 알고리즘을 바탕으로 화폐 주조 및 발행, 유통, 관리 등이 운영된다는 말이다. 탈국경이란 금융기관을 거치지도 않고 국가 통제도 받지 않아서 화폐를 사용하는 회원들 간에는 환율 수수료 없이 이메일이나 SNS 문자를 보내듯이 국경을 자유롭게 넘나들면서 전 세계 어느 곳에서나 통용될 수 있다는 말이다.

마지막으로 먼 미래에는 현실 국가보다 가상 공동체 중심 연합체가 자신들이 지향하는 사회 및 경제 철학에 따라 운용되는 다양한 암호화폐를 사용할 수도 있다.

대전환의
지속과 가속

코로나19로 디지털 비대면에 대한 대규모 경험이 강제적으로 일어났다. 이런 현상을 두고, 비대면 업무, 비대면 학습, 비대면 라이프 스타일 등으로 대전환이 일어날 것이라고 예측한다. 필자의 생각은 약간 다르다. 언젠가 이 세상은 비대면 중심 사회로 변화될 것이다. 하지만 지금은 아니다. 코로나19가 종식되면 우리는 대면 사회로 되돌아갈 것이다. 일부 기업이 비대면 업무 방식(재택근무)을 유지할 가능성도 있지만, 여전히 실험 차원이나 사무실 임대료를 절약하기 위한 보조적 수단에 머무를 것이다.

비대면 업무 기술이 크게 발달하기는 했지만 아직은 장점보다는 단점이 많다. 최고 장점은 무엇일까? 회사 입장에서는 사무실 비용을 줄일 수 있고, 근로자 입장에서는 출퇴근이 자유롭고 길에서 버리는 시간도 줄일 수 있다. 하지만 단점도 크다. 회사 입장에서는 대면 방식보다 업무 관리가 힘들고, 근로자 입장에서는 업무를 시작하고 끝내는 시간이 불분명해서 업무 시간이 늘어날 가능성이 있다. 재택근무라고 하지만 정작 집에서 장시간 업무를 보는 것이 힘든 환경이다.

특히, 이번에 코로나19로 인한 비대면 업무 경험은 생산성 향상이나 비용 감소를 목적으로 시작된 사건이 아니다. 매출이 줄고, 영업이 정지된 부정적 상황에서 강제적으로 시행되었다. 비대면 업무를 하는 동안 생산성 향상이나 비용 감소가 발생하지 않았다. 최소한의 업무 단절을 막기 위한 궁여지책이었다.

학교 수업도 마찬가지다. 준비가 완벽하지 않은 상태에서 강제적으로 비대면 수업을 경험했다. 여기저기서 부작용이 발생했다. 부모 입장에서는 장점보다는 '하루라도 빨리 아이들이 학교에 다시 등교했으면 좋겠다'는 생각을 강화시켰다. 학생들 입장에서도 수업료가 아깝다는 생각도 들게 했다. 일부 전문가는 어린아이의 경우 대면 관계가 부족하면 뇌 발달에도 부정적 영향을 미칠 것이라고 우려를 내비치기도 했다.

대규모 비대면 경험은 했지만 사실상 전염병 위험을 피하기 위해 강제적으로 실시된 것이었고, 대사회적 논의와 토론, 세밀한 정책 검토가 부족했기 때문에 (처음에는 호기심이 컸지만) 시간이 갈수록 반론이나 거부감이 만만치 않았다. 이런 이유로 사용자인 국민 입장에서는 '비대면' 경험이 미래 경험 일부를 미리 맛보는 유익, 원격 가상 활동의 수용성 증가라는 유익이 있었지만 일시적 현상이 될 가능성이 높다.

코로나19로 단체 모임이 금지되면서 문화 산업도 타격이 컸다. 궁여지책으로 유튜브 등을 활용해서 무료 뮤지컬, 연극, 각종 음악 공연 영상을 생중계나 녹화로 올렸다. 지역 박물관이나 문화재 생중계, 온라인 여행 동영상을 올리는 곳도 있었다. 온라인으로 작가와 만나 독서 토론도 했다. 얼떨결에 대박이 난 영상도 있다. 심지어 온라인 결혼식도 거행되었다. 종교활동 등 보수적인 영역에서도 비대면, 원격, 가상 종교 활동 수용성 증가로 종교 경험 방식 다양성이 확대되었다. 도덕적 상상력moral imagination으로 성찬식을 하고 디지털 편집 기술을 이용해서 성가대 찬양도 실험했다.

일부 경험은 코로나19 종식 이후에도 시간과 공간의 제약으로 모이기 힘든 상황을 극복하는 대안이나 새로운 전도와 선교 방식으로 활용될 가능성이 높다. 하지만 대부분의 종교인에게 '역시 종교활동은 대면이 더 나아!'라는 생각을 강화시킨 측면이 더 크다. 비대면이 늘어나면 대면의 욕구가 커지는 것이 인간의 본능이다. 종교활동은 이런 욕구가 다른 영역보다 강하다.

그렇다고 필자가 비대면 환경 속에서 얻은 각종 경험의 사회적 가치를 폄하한다고 오해하지 말라. 코로나19 사태 속에서 얻은 새로운 미래 경험은 인류에게 일, 학습, 종교활동, 생존 방식에 대한 몇 가지 새롭고 창의적인 대안을 알게 했다.

강제적이고 집단적인 비대면 경험에서 필자가 눈여겨본 미래 신호는 사용자 측면보다 공급자 측면이다. 공급자 입장에 있는 비대면 기술 개발 기업에는 전 세계를 대상으로 마케팅을 하는 큰 효과가 나타났다.

비대면 수요가 늘어나면, 해킹, 트래픽, 소통 간섭, 개인정보 유출 등 어떤 새로운 문제가 발생하는지 파악하는 기회가 되었다. 비대면 시행착오와 다양한 데이터를 수집하게 되어 기술 개발 속도도 높일 수 있게 되었다.

남들보다 앞선 기술을 보유한 기업은 코로나19 위기에서도 사용자를 확대하고 매출이 늘면서 주가도 상승했다. 일명 언택트 untact(비대면) 기업이라고 불리는 온라인 유통, 게임, 원격 의료와 교육기업, 클라우드, 화상회의, 업무 앱, 동영상 스트리밍 및 콘텐츠 공급 기업 창업자들은 억만장자로 올라섰다.

이들 기업 가치가 상승하면서 비슷한 업종 스타트업 몸값도 높아졌다. 아마존은 국제 적십자 역할까지 활동 범위를 넓혔다. 정부기관을 대신해서 마스크, 손세정제 등 의료물품 보급도 했고, 미국 전역에서 생필품 사재기가 맹위를 떨치자 인공지능 기술을 이용해서 가격이 급격하게 폭등한 물건 100만 개를 목록에서 제거하면서 공정거래위원회 역할도 했다.[8]

기술 공급자 입장에서는 비즈니스 명분도 강화되었다. 법과 제도를 바꿀 명분과 사례를 확보했다. 기존 기득권의 저항과 맞서 싸울 국민적 공감대 혹은 저항을 누그러뜨릴 절호의 기회를 얻었다.

앞으로 전염병이 반복적으로 발생할 가능성이 높은 상황에서 일시적 디지털 업무에서 상시적 디지털 업무로 대전환하는 추세를 거스르기는 힘들 것이다. 사교육 시장에서 원격 수업의 필요성도 말하기 편해졌다. 해외에서는 정밀 의료, 원격 의료와 디지털 의료 시장이 부각되고, 유통에서 온라인 플랫폼으로 전환을 서둘러야 된다는 명분도 강화시켰다. 공장이나 사무 자동화도 인건비 절감뿐만 아니라 안전한 업무 환경이라는 새로운 명분을 얻었다.

코로나19로 글로벌 밸류체인이 붕괴되면서, 탈중국, 다변화, 리쇼어링 등 다양한 변화가 모색된다. 로봇과 협동하는 공장, IoT와 인공지능으로 관리하는 미래 공장의 모습은 인간의 대면 접촉을 줄이는 방안을 모색하는 기업가의 마음에 모종의 확신도 심어주었을 것이다. 이런 명분과 신념이 차곡차곡 쌓이면 비대면이 중심이 되는 사회의 도래도 조금은 빨라질 수 있을 것이다.

일부에서는 비대면의 주류화는 아니더라도 코로나19 이후 통신과 기술의 발전이 가속화되면서 인류사의 대전환을 일으킬 것이라는 예측도 한다. 틀린 말은 아닐 듯싶다. 하지만 통신과 기술 발전이 인류사의 대전환을 일으키는 것은 코로나19 이후가 아니라 이전부터 시작되었다. 코로나19는 대전환을 시작하게 하는 사건이 아니라 이미 시작된 대전환을 지속하고 가속하는 사건이라고 평가해야 옳은 듯하다.

코로나가 불러온
새로운 미래 환상

코로나19 이전에 이미 시작된 대전환을 점검해보자. 먼저, 코로나19 이전부터 유통의 미래는 가상공간(온라인)으로 대세 전환이 시작되었다. 코로나19는 이런 대전환이 확실하다고 도장을 찍었고, 텍스트와 이미지로 된 2D 플랫폼 경쟁을 가상현실, 동영상 미디어, 5G 실시간 모바일, 인공지능 등이 복합적으로 버무려진 차세대 플랫폼 경쟁으로 앞당길 가능성이 높다.

코로나19에 거의 모든 주식이 대폭락할 때 아마존은 홀로 주가가 상승했다. 거의 모든 소매점과 오프라인 대형 매장들이 문을 닫고 매출이 제로가 될 때, 아마존은 매출이 증가하고 고용을 늘렸다.

코로나19 사태가 길어지면 모든 구매는 아마존으로 통하는 세상이 될지도 모른다 두려움마저 들었다.

사람들은 물건 자체를 구매하는 것도 좋아하지만 매장을 이리 저리 돌아다니면서 만져보고 구경하는 것도 즐긴다. 팬데믹 전염병이 다시 돌아오는 미래 어느 날, 아마존은 3차원 가상 기술을 활용해서 이런 환상을 만족시켜줄 것이다. 미래 아마존은 가상 매장과 현실 매장을 연동시킬 것이다. 가상에서 물건을 구경하고, 바이러스 감염 걱정 없이 안전하게 만져보고, 세균이 묻어 있지 않은 디지털화폐로 결제를 한다. 이렇게 주문한 물건은 아마존이 운영하는 자동 물류 센터를 나와 로봇이 내 집 앞까지 배달해준다. 내 집 가까이에 아마존 오프라인 매장이 있다면 사회적 거리 두기를 하면서 물건을 안전하게 가져올 수 있다. 무인 운영되는 아마존 편의점은 바이러스 방역을 자동으로 하며, 내가 주문한 물건을 나만 만질 수 있도록 자동으로 분류해놓았을 것이다. 매장 문 앞에 서면 최소한의 건강 체크를 하여 출입자를 규제하기 때문에 안심할 수 있다.

코로나19가 극성을 떨칠 때 수많은 소비자는 이런 상상을 했을 것이다. 그리고 이렇게 생각했을 것이다. "아마존이 다음번 전염병 발병 때는 이렇게 나의 안전을 지켜줄 거야!" 아마존은 우리의 이런 환상을 정확하게 알고 있을 것이다. 미래에는 이런 유통 채널을 확보하지 못한 기업은 소비자의 선택을 받지 못할 가능성이 높다. 이런 대전환은 코로나19 이전에 이미 시작되었고, 코로나19로 인해 더 확실한 미래가 되었다.

코로나19가 부각시킨 최대 화두는 의료와 바이오 산업의 미래다. 미래 의료를 말할 때 '4P'를 자주 거론한다. Precision(정밀), Predictive(예측), Preventive(예방), Participatory(참여)다. 4P를 현실화시키는 것은 미래 기술이다. 코로나19는 4P가 불가능한 미래가 아니라는 다양한 신호를 대중에게 주었다. 동시에 반드시 그 길로 가야 한다는 신념도 강화시켰다. 전염병을 막는 길도 정밀, 예측, 예방, 참여가 답이었다.

캐나다 인공지능 의료 플랫폼 회사 블루닷BlueDot은 인공지능 알고리즘을 활용해서 코로나19 발병을 WHO보다 빨리 감지했다. 인공지능의 예측 능력을 활용해서 중국 우한 다음으로 서울, 도쿄, 홍콩, 마카오 등 발병 위험이 높은 도시들을 찾아내기도 했다. 블루닷은 사스SARS가 발생했을 때 동료 의사들이 감염으로 사망하는 것을 목격한 의사들이 '제2의 사스' 창궐을 막기 위해 창업한 회사다.

블루닷은 데이터마이닝 알고리즘으로 행정 정보(인구수, 지리적 위치)나 사람의 실시간 이동 정보 등을 분석하고, 생물정보학 시퀀스 데이터를 분석하는 소프트웨어로 각종 바이러스 특징(유전자 분석, 감염 방식, 잠복기)을 파악해서 감염병 발병 예측 및 확산 모델을 만든다. 이를 종합해 전염병 확산 경로 연구에 집중했다. 2016년 1월, 블루닷은 국제학술지 〈셀Cell〉에 지카바이러스의 글로벌 확산을 예측하는 논문을 발표하면 주목을 끌었다.

참고로, WHO는 2016년 2~11월까지 글로벌 공중보건 비상사태 PHEIC을 선포했다.[9] 코로나19가 한국을 비롯해서 전 세계로 확산될 때에는 빅데이터를 활용해서 확진자 동선을 파악하고 추가 위험을 피할 수 있는 앱들도 속속 출현했다. 알리바바의 인공지능은 20초 만에 감염자의 흉부 CT를 판독해서 96% 확률로 코로나19 확진자를 파악했다.[10] 전 세계 전문가들이 정보를 공유하면서 치료제와 백신 개발 속도도 높이고 있다.

세계백신면역연합 GAVI의 세스 버클리 대표는 코로나19 팬데믹과의 전쟁에서 승리하려면 새로운 맨해튼 프로젝트가 필요하다고 주장했다.[11] 맨해튼 프로젝트는 제2차 세계대전 시기에 미국의 주도로 전 세계 13만 명의 과학기술자가 참여하여 원자폭탄을 개발에 성공한 사례다.

다양한 건강 관리 앱들도 주목받았다. 원격 진료의 필요성도 부각되었다. 미국처럼 민간 의료 비용이 비싼 곳에서는 디지털 기술을 활용해서 의료 서비스 비용을 낮추어야 한다는 목소리도 일어나고 있다. 스마트폰을 비롯해 각종 웨어러블 첨단 기기와 로봇 등을 사용해서 개인 건강과 안전을 관리하고자 하는 욕구와 환상도 커졌다.

중국에서는 코로나19가 확산되면서 의료 로봇 사용이 빠르게 증가했다. 청두에서는 공무원들이 '스마트 헬멧'을 착용하고 거리 순찰을 하며 보행자의 체온을 측정했다. 체온이 섭씨 37.3도 이상인 사람이 거리를 돌아다니면 알람이 울리고 중국이 자랑하는 안면인식 기술로 발열자의 신원이 즉각 파악된다. 중국은 원격 폐렴 진단, 화상 의료 상담, 로봇을 활용한 거리 및 건물 소독 등 미래 의료 기술을 코로나19 사태에 적극 도입했다.

2020년 3월 2일, 시진핑 국가 주석은 "과학기술은 인류가 전염병과 벌이는 싸움에서 가장 중요한 무기다"라고 강조했다.[12] 중국이 이런 의료 시스템을 주도하기 시작하면 미국을 비롯한 선진국들은 더이상 원격 의료, 디지털 의료, 로봇 의료 등을 미루기 힘들다. 알파고로 유명해진 구글은 단백질 접힘 문제를 해결하기 위해 개발한 '알파폴드'를 코로나19 치료법 개발에 투입하겠다고 선언했다. 인공지능이 인간을 전염병에서 구해줄 수 있다는 막연한 환상을 키우는 사건이다. 아직은 실현 불가능한 환상이지만 의료 산업에서 첨단 미래 기술의 중요성을 각인시키는 계기가 되었음은 분명하다.

코로나19 충격으로 백신과 전염병 치료제를 개발하는 디지털 플랫폼을 구축하는 것이 글로벌 기업에게 화두가 되었다. 국가 차원에서 더 이상 미룰 수 없는 핵심 과제가 되었다.

자동차 산업은 아날로그에서 디지털 중심으로, 하드웨어 중심에서 소프트웨어 중심으로, 사람이 조정을 하는 것에서 인공지능이 조정하는 것으로 대전환을 시작했다. 코로나19는 미래 자동차가 갖는 장점 중 하나를 부각시켰다. 자동차 내에서 비대면 업무와 일상 활동 가능성이다.

전염병이 전 세계를 강타하자 사람들은 불특정 다수와 접촉해야 하는 대중교통 이용을 꺼렸다. 가까운 거리는 차라리 걸어서 이동했다. 하지만 먼 거리는 어떻게 할 것인가? 불특정 다수가 공유하며 사용하는 사물에 대한 불안감도 만들어냈다. 사무실이나 주거 공간을 공유하는 것도 기피했다. 공유 차량 서비스 이용자도 급감했다. 코로나19는 자기만의 안전한 이동 공간에 대한 필요성을 부각시켰다. 매우 개인화된 이동 수단에서 연결성이 강화된 비대면 업무와 일상 활동까지 할 수 있다면 만족도는 매우 높아질 것이라는 환상을 갖게 했다. 아직은 환상에 불과해서 당장 무언가가 변하지 않는다. 하지만 이런 환상은 미래 자동차 개발 경쟁을 한층 가속화시킬 것이다.

금융업에서 일어나는 디지털 중심의 대전환도 지속된다. 코로나19로 은행 창구에서도 비대면 업무가 증가했다. 정부 지원금이나 특별 대출을 받기 위해 길게 늘어선 줄을 보면서 이렇게 생각하는 소비자들이 많았을 것이다. "지금이 어떤 시대인데, 전염병이 창궐한 상황에서도 은행 앞에서 길게 줄을 늘어서야 하고, 은행 창구 안에서도 사람과 사람이 대면하면서 금융 업무를 처리해야 하는가?" "하루빨리 은행이 혁신되었으면 좋겠네!"

기존 은행 시스템에 대한 불만이 일시적 문제가 아니라는 것을 코로나19가 다시 알려주었다. 기존 은행 시스템의 문제를 혁신하겠다는 기치를 들고 일어선 전 세계 1만 개가 넘는 핀테크 기업에 대한 기대가 더 커지고 있다.

이 외에도 스스로 관리하는 스마트 빌딩과 주택이 등장하는가 하면 오일전쟁으로 국제 유가가 0달러로 대폭락하는 전대미문의 사건을 접하면서 미래 에너지에 대한 다급함과 환상도 다시 피어 오르고 있다. 화석연료 사용으로 인한 지구환경 파괴가 코로나19 같은 신종 전염병을 반복적으로 출현시킬 것이라는 두려움이 커지는 만큼 친환경 에너지, 에너지 절약 기술 등도 다시 주목을 받을 것이다.

코로나19로 인해 강제로 자택 격리를 당하면서 자급자족의 동경과 필요성도 일어났다. 그렇다고 원시시대로 되돌아갈 수도 없고 그러고 싶지도 않다. 그렇다면 대안은 무엇인가? 디지털 자급자족이다. 도시농업, 3D 프린터를 비롯한 다양한 디지털 생산도구 등을 활용한 미래형 자급자족에 대한 환상이다. 그리고 이런 모든 환상과 대전환에 인공지능 기술은 빠지지 않고 등장한다. 코로나19 이후에 세상을 전염시킬 가장 큰 환상은 인공지능이 되지 않을까.

코로나19의 영향으로 일부 비대면 기술 기업이나 인공지능, 바이오 관련 스타트업의 몸값이 높아졌다. 4차 산업혁명이라는 포장지만 달면 주가가 뛰고 투자금이 몰려들었다. 하지만 코로나19의 경제 충격, 오일 쇼크, 막대한 부채로 인한 회사채시장의 지각 변동, 신흥국 금융위기 발발 등이 겹치면서 글로벌 리세션이 장기화되면 이들에 대한 옥석 가리기도 본격적으로 시작될 것이다. 4차 산업 관련 벤처 투자 규모는 일시적으로 크게 줄고, 미래 환상보다 현재 기업 실적이 중요한 평가 기준으로 부상하기 때문이다. 벤처 투자가 감소하는 것은 코로나19 때문만은 아니다. 벤처 투자 붐을 이끌었던 손정희 회장의 비전펀드가 잇달아 막대한 손실을 입으면서 업계 자체에서 기존 투자 방식에 대한 냉정한 평가가 시작된 것도 큰 이유다.

중국과 미국을 비롯해 전 세계 주요 국가들에서 벤처 투자액 감소 속도가 빠르다. 2002년 닷컴 버블 붕괴, 2008년 글로벌 금융위기 때 벤처 투자액은 각각 21.6%, 26.3%씩 감소했다. 업계에서는 2020년 코로나19 위기로 글로벌 벤처 투자액이 30% 정도 감소할 것이라고 전망한다. 세계에서 가장 큰 스타트업 붐이 일고 있는 중국에서는 벤처 투자액이 반토막 났다.

중국이라는 거대한 시장을 등에 업고 미국 증시에 상장해 엄청난 자금을 유치했던 기업에 대한 냉정한 평가도 시작되었다. 특히, 중국 기업의 매출 부풀리기 등 회계 자료의 불투명성 문제가 부각되고 있다. '중국판 스타벅스'로 불리던 루이싱커피는 2019년 2~4분기 매출을 22억 위안으로 부풀렸다가 주가가 80% 대폭락했고, 중국 영상 스트리밍 플랫폼 아이치이도 2019년 매출을 80억 위안으로 부풀렸으며, 중국 최대 교육회사 하오웨이라이도 매출 조작을 스스로 인정했다.[13]

한때 유니콘 기업(기업가치 평가 10억 달러 이상 비상장사)이라고 추앙받던 실리콘밸리 기업들도 옥석 가리기 대상에서 예외가 아니다. 스타트업계 해고 상황을 추적하는 사이트(Layoffs.fyi)에 따르면 코로나19 팬데믹 선언이 나온 3월 11일~4월 5일 오후 3시까지 위워크(사무실 공유), 에어비앤비(숙방 공유), 트립 액션(여행), 오픈도어(부동산), 주메(로봇피자), 썸택(전문가 매칭), 마인드바디(헬스케어), 브드(전기스쿠터 공유), 죽스(자율주행기술) 등 129개 스타트

업에서 1만 397명의 해고자가 나왔다.[14]

손정의가 이끄는 소프트뱅크그룹이 투자해서 유명해진 위성 인터넷 관련 스타트업 원웹은 코로나19 충격을 견디지 못하고 2020년 3월 27일 뉴욕 남부 법원에 파산보호 신청을 냈다.[15] 에어비앤비는 코로나19로 관광산업이 멈추면서 2020년 상반기에만 10억 달러 손실이 예측된다. 코로나19 이전부터 무늬만 기술 기업이라고 조롱받던 위워크도 뉴욕 사무실 전체가 문을 닫았다. 입주자들이 경제활동을 전혀 하지 못하면서 임차료 납입이 어려워지자 손실이 눈덩이처럼 불어나고 있다. 세계 최대 차량공유 서비스업체인 우버도 미국 주요 도시에서 수요가 60~70% 줄면서 영업 손실이 늘고 있다. 중국과 미국을 넘어 유럽이나 아시아 등 세계 곳곳에서 스타트업에 대한 투자가 줄거나 철회되고, 매출은 줄고, 마케팅도 중단되고, 신규 채용은 멈추고 감원은 늘고, IPO(기업공개)도 무산되고 있다.[16] 2000년대 초반 IT 버블 붕괴 때처럼 미래산업 관련 스타트업 1차 버블 붕괴의 시작이다.

스타트업 1차 버블 붕괴는 예고된 미래였다. 미래산업이 펼쳐지기 전에 반드시 거쳐야 할 관문이었다. 문제는 그 시점이 언제냐였다. 코로나19는 "지금이 1차 버블 붕괴 시점이다"라는 신호를 시장에 보낸 결정적 사건이 되었다. 코로나19 경제 충격이 2021년까지 길게 진행된다면 미래산업이라는 모멘텀과 무늬만 가진 스타트업은 이번 기간에 대부분 소멸할 것이다. 하지만 1차 버블 붕괴가 시작된다고 해서 미래산업이나 기술의 종말이라고 오해하지 말라.

　코로나19 덕분에 1차 버블 붕괴 시기에 기업가치를 높인 스타트업도 있다. 언택트 기술을 보유한 기업들이다. 이들을 포함해서 코로나19로 인한 대폭락장과 글로벌 리세션이라는 '죽음의 계곡death vally'에서 살아남아 경영 능력과 탄탄한 기술력을 증명하는 일부 스타트업과 구글, 테슬라, 아마존 등 이미 확실한 미래 경쟁력과 시장 우위성을 갖추고 거대 기술기업 중심으로 미래산업 경쟁 구도가 재편된다. 살아남은 자들의 성장 속도는 빨라지고 시장 점유와 확대라는 진검 승부가 시작될 것이다. 이것이 미래기술 및 신산업 개발 경쟁 2단계다. 2단계 경쟁이 진행되면 자연스럽게 이들을 중심으로 거대한 미래 시장 출현 속도도 빨라질 것이다.

투자 흐름의 대변화

필자가 이 책을 집필하는 내내 한국 주식시장에서는 연일 새로운 현상과 사건이 보도되고 있다. 전례 없는 일도 벌어지고 있다. 2020년 1월 하순 중국 우한에서 코로나19가 심상치 않다는 보도가 국내 언론에서 나오기 시작할 때부터 3월 말까지 외국인은 한국 주식시장에서 16조 원, 기관은 9조 원 정도 매도했다. 여기까지는 여느 위기 때와 비슷했다. 하지만 이번 코로나19 위기에서는 같은 기간 개인 투자자들이 23조 원 넘는 금액을 매수하며 주식시장을 받쳤다. '동학개미운동'이라 불리는 경이로운 현상이다.

"지금 아니면 못 산다"는 말은 보통 부동산 투자시장에서 나온다. 주식시장에서도 이 말이 나온다. 하루 주식거래 대금이 30조 원을 넘었고, 영혼까지 끌어모아 아파트를 사려고 몰려들었던 2030세대가 주식시장으로 '영끌' 전선을 이동했다.

증시 진입을 대기하는 자금인 투자자 예탁금도 2020년 3월 26일 기준으로 45조 원을 넘었다. 역대 최대치다. 코로나19로 한국은 행이 기준금리를 추가로 인하하고 부동산시장이 얼어붙자 수백조 원의 부동자금이 주식시장을 기웃거린다. 2~3월에 새로 개설된 계좌 수는 무려 108만 개다. 진기록이다. 실제 주식 거래가 되고 있는 활동 계좌 수도 3천만 개를 넘었다. 한국의 경제활동 인구수보다 많다. 갓난아이, 학생, 아주 연로한 어르신을 제외하고 거의 모든 국민이 주식시장에 진입했다는 말이다.

중장년 투자자도 예년보다 3~4배 급증했다. 코로나19 정국에서 주식시장 여기저기서 진기록, 신기록, 이례적 사건이 속출하고 있다. 이런 기현상은 미국에서도 나타나고 있다. 미국 개미들도 직접 혹은 펀드를 통해 주식시장 진입 비율을 갑자기 높이고 있다.

미국 경제전문지 〈블룸버그〉는 코로나19 기간에 일어나고 있는 이런 기현상을 '월가 프로들이 코로나 공포에 압도되는 동안 엄마와 아빠는 샀다 Wall street pros panic over coronavirus while mom and pop buy'는 제목으로 조명하면서 "월스트리트는 패닉에 빠져서 투매를 하고 있지만, 엄마와 아빠는 '침착하게' 사들이고 있다"라고 보도했다.

일시적인 현상일까? 아니면 투자 흐름의 대전환일까? 필자는 후자일 가능성을 조심스럽게 예측한다. 물론 개인 투자자의 상당수는 대폭락을 계기로 주식시장에 단기 투자를 목적으로 들어왔을 것이다. 하지만 필자가 이런 현상이 일시적이지 않고 중장기적 흐름이 될 가능성이 높다고 보는 데는 이유가 있다.

우선, 한국의 부동산시장이 예전만 못하다는 점이다. 2020년 총선에서 대승을 한 민주당과 현 정부가 기존 부동산 투기 억제 정책을 한동안 유지할 가능성이 높다. 코로나19 경제 마비, 오일 쇼크, 막대한 부채로 인한 회사채시장의 지각 변동, 신흥국 금융 위기 발발 등이 겹치면서 글로벌 리세션이 장기화되는 충격은 부동산시장에도 직격탄을 날린다.

최소한 코로나19가 3차 대유행까지 마무리되어야 부동산 시장에 조금이나마 숨통이 트일 것이다. 경기 심리 자체가 2021년까지 살아나기 어렵다는 말이다. 규제 완화 측면에서 한국 부동산 시장이 완화되려면 다음 대선이 끝나야 할 것이다. 만약 현 정부가 재집권에 성공하면 그 기간은 더 길어진다.

규제나 제도 완화가 문제가 아니다. 핵심은 부동산 가격이 이미 천정에 닿아서 일반 중산층이 추격매수를 강력하게 할 수준이 아니라는 것이다. 코로나19 충격과 글로벌 리세션이 2~4년 정도 지속되면 중산층의 경제력은 더 하락한다. 서울의 부동산이 50~100%씩 올라 평균 매매가격이 15~18억 원에 이르려면 중산층이 열심이 추격매수를 해주어야 한다.

중산층이 엄청난 부채를 짊어지고 부동산 가격 상승에 편입해주지 않으면 부동산시장은 부자들만의 리그가 된다. 만약 이런 상황이 지속되더라도 부동산을 대체할 마땅한 대안 투자처가 없다면 엄청난 부동자금은 계속 부동산시장을 기웃거릴 것이다. 하지만 당분간 최소 3~4년 최대 10년 정도는 미국과 중국을 비롯한 글로벌 주식시장의 투자 매력도가 아주 높다.

2020년 대폭락장에서 개미들이 예전과 전혀 다른 투자 패턴을 보인 이유가 있다. 크게 2가지다. 하나는 부동산시장조차도 이제는 자산 증식의 효력을 상실했다. 너무 올라서 추격 매수하기도 힘들고, 부동산 가격이 상승해도 이런저런 세금과 비용을 제하면 실제로 손에 남는 투자 수익이 예전만 못하다. 다른 하나는 1997년 외환위기, 2001년 IT 버블 붕괴, 2008년 글로벌 금융위기 때 주식시장 대폭락 후 대상승에 대한 학습효과다.

미국 주식시장 100년의 패턴

필자는 코로나19 이전 미국의 100년간 주식시장을 분석했다. 〈그림 38〉에 표시한 것처럼 총 6번의 대폭락과 대세 상승이 있었다. 미국 1차 대세 상승기는 최저점에서 6년 동안 3.8배 상승했다. 2차 대세 상승기는 12년 동안 3.2배, 3차 대세 상승기는 5.5년 동안 2.5배, 4차 대세 상승기는 9년 동안 3.8배, 5차 대세 상승기는 4년 동안 1.75배 상승했다. 최근에 끝난 6차 대세 상승기는 12.5년 동안 3.3배 상승했다.

코로나19가 방아쇠가 된 2020년 대폭락 후에 새롭게 시작되는 상승기는 일곱 번째 대세 상승기가 될 것이다. 지난 100년 6번의 대세 상승기 패턴으로 예측한다면, 역사적 신고점(3차 반등기)에 도달하는 시간이 4~6년 걸린 것이 세 차례, 나머지 세 차례는

9~12년 걸렸다. 최저점을 기준으로 (5차 상승기를 제외하고) 대략 2.5~3.8배 상승했다. 9~12년이나 걸린 세 번의 대세 상승기도 전반기 4~5년 만에 평균 2.5배 상승했다.

이번에도 이런 비슷한 패턴이 재현될 가능성이 가장 높다고 생각하는 것이 논리적이고 확률적인 예측이다. 즉, 이번에 일어나고 있는 주식투자로의 대세 전환은 단기적 해프닝이 될 가능성이 낮다. 최소 3~4년, 최대 10년 정도 유지될 흐름이다.

필자가 지난 100년간의 미국 주식시장의 6번의 대세 상승과 대폭락장을 분석한 바에 따르면, 대폭락 후 대세 상승장은 총 4단계로 진행된다. 시간과 상승폭의 차이는 있지만, 단계는 거의 비슷한 패턴을 보였다. 코로나19 이후에도 마찬가지다. 〈그림 39〉는 필자가 2008년 미국 금융위기 이후 대세 상승장을 예로 4가지 단계를 구분해놓은 그림이다.

1단계는 최저점에서 1차 반등을 하는 구간이다. 필자는 이것을 '1차 반등기'라고 부른다. 이 단계는 대폭락을 불러온 원인에 대한 해법이 나오면서 시장을 압도하고 있던 두려움이 극적으로 해소되어 빠르게 V자 반등을 하는 시기다. 4단계 중에서 반등 속도는 가장 빠르다. 1단계도 반등 속도를 3구간으로 나눌 수 있다.

밑바닥을 확인하는 순간 1~2일 동안 순식간에 치고 올라간다. 두 번째 구간은 확실한 대세 상승장의 시작인지, 기술적 반등 혹은 일명 죽은 고양이도 떨어뜨리면 튀어오른다는 '데드 캣 바운스Dead Cat Bounce'인지 의견이 분분하여 매수와 매도가 공방을 벌이

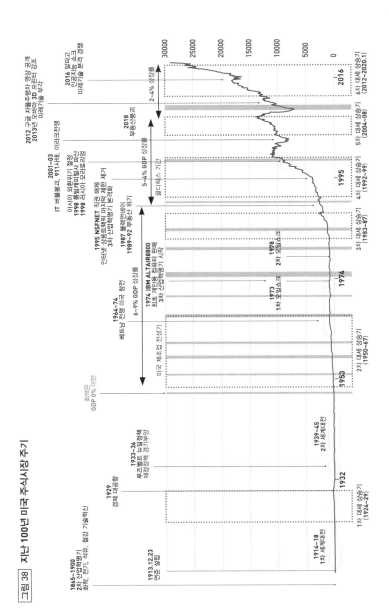

그림 38 지난 100년 미국 주식시장 추기

그림 39 | **2008년 미국 금융위기 이후 대세 상승장 패턴**

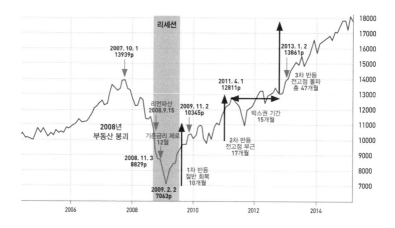

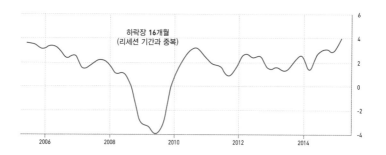

면서 서서히 상승한다. 기관이 보유한 펀드의 투자자산 리밸런싱 수요도 이 기간부터 집중되면서 주가의 추가 상승을 견인하기 시작한다.

마지막 세 번째 구간은 대부분의 사람들이 확실한 대세 상승장의 시작임을 깨닫고 추격 매수에 본격 뛰어들면서 상승하는 기간

이다. 당연히 1차 반등기 동안에도 상승과 하락의 작은 변동성을
계속 보이면서 상승한다.

공부를 하지 않는 개인 투자자는 그동안 수없는 변동성과 롤러
코스터 장세에서 시달린 조마조마한 심리적 압박에서 한시라도
빨리 벗어나기 위해 보통 1차 반등기에서 자기가 매수했던 가격
보다 10~20%만 오른 가격에 도달하면 곧바로 매도해버린다. 그
래서 대세 상승장에서 큰 수익을 올리지 못한다. 그들이 매도한
주식은 당연히 기관과 외국인 투자자들이 쓸어 담는다. 1차 반등
기는 공포감 해소와 대세 상승장 시작이라는 기대심리가 만들어
내는 반등기다. 한마디로, 심리로 만들어지는 반등기다. 1차 반등
기는 평균 대폭락 규모의 절반 정도를 회복한다.

대세 상승장에서 투자의 성공이 판가름난다

한국의 '동학개미군단'이 큰 수익을 거두려면 1차 반등기를 넘어 최소한 2차 반등기까지는 버텨야 한다. 그렇지 않으면 "죽 쒀서 개 주는 꼴"이 된다. 심리적 고생과 주식시장 대붕괴를 온몸으로 막는 혈투만 벌이고 인생 최고의 수익은 기관과 외국인에게 넘기는 꼴이 된다. 필자가 투자의 성공은 대폭락장에서 얼마에 샀느냐보다 대세 상승장에서 언제 얼마에 팔았느냐에 달렸다고 하는 이유다.

대세 상승장 2단계는 심리적 반등 이후부터 전고점 부근까지 2차 반등하는 구간이다. 1차 반등이 심리적 공포 해소 여부에 달려 있다면, 2차 반등을 주도하는 이유는 다르다. 2차 반등은 기업의 펀더멘털이 주요인이다. 한국과 미국 혹은 유럽 주식시장에서는 2차 반등기부터 주가 흐름이 달라질 수 있다. 1차 반등은 심리적 요인이 핵심이기 때문에 대부분의 나라가 비슷한 양상을 보인다. 인간의 심리가 미국이나 한국이나 유럽이나 똑같기 때문이다.

하지만 2차 반등기는 각국의 펀더멘털, 각 주식시장에서 대장주들의 글로벌 경쟁력 회복, 매출과 기업이익의 흐름과 회복 속도에 따라 각기 다른 양상이 나타난다. 어떤 나라는 더 빨리, 어떤 나라는 더 늦게, 최악의 경우 어떤 나라는 아주 늦게 2차 반등에 성공할 수 있다.

2차 반등에 성공하더라도 상승 규모도 당연히 달라질 수 있다. 이 책을 읽는 투자자라면 2차 반등기에 들어서면 국가나 기업을 비교하면서 투자 전략을 짜야 한다.

대세 상승기도 잠시 혹은 길게 쉬어가는 구간이 있다. 필자는 그 기간을 3단계로 구분했다. 3단계는 일명 '박스권 기간'이다. 3단계는 전고점 부근에서 치열한 공방을 주고받는 기간이다. 그 기간은 2단계가 지속된 시간만큼 길거나 1~2단계를 다 합친 시간만큼이 될 수도 있다.

이 단계의 시간을 결정하는 핵심 요소는 세계 경제의 분위기다. 만약 이번 대세 상승기에 글로벌 경제 회복이 빠르다면 3단계(박스권 기간)도 짧을 것이다. 하지만 필자의 예측처럼 코로나19 제2~3차 대유행기 충격이 커지거나 이 기간에 중국에서 금융위기가 발생한다면 3단계는 아주 길어질 수 있다. 중국의 금융위기 충격 정도라면 1~2단계 반등 폭을 전부 반납하고 다시 시작할 수도 있다. 투자자 입장에서는 미리 준비만 하고 있다면 그것도 그리 나쁘지는 않을 듯하다.

대세 상승기의 대미를 장식할 마지막 4단계는 전고점을 힘차게 돌파하고 역사적 신고점을 향해 무섭게 돌진하는 3차 반등기다. 대세 상승기 전체에서 가장 큰 수익률이 나오는 기간이다. 2008년 미국 주식시장의 경우는 대폭락 전의 최고점인 13930포인트를 넘어 30000선까지 상승했다. 필자가 미국의 지난 100년간의 총 6번의 대세 상승기를 분석한 결과, 대세 상승기 네단계 중에서 네 번째 단계(3차 반등기)의 상승 폭이 가장 컸다. 진짜 거대한 수익은 4단계에서 난다. 미국의 경우 최소 2배에서 최대 4배 이상 상승했다.

이런 질문을 할 수 있다. "이번 코로나19 사태처럼 특별한 상황 이후에도 같은 패턴이 반복될 것인가?" 답은 간단하다. 특별한 사건 혹은 특별한 상황에 따라 3차 반등기의 시점과 규모는 달라질 수 있다. 하지만 주식시장의 지난 역사는 말한다. 단 한 번도 '붕괴-회복-버블-신고점' 패턴에서 벗어난 적이 없다.

이번에도 논리적으로 확률적으로 같은 미래가 펼쳐질 가능성이 아주 높다. 〈그림 40〉은 지난 30년 미국 주식시장에서 붕괴-회복-버블-신고점 패턴이 반복되면서 우상향 상승하는 모습을 보여주는 그림이다.

지금까지 코로나19 이후 글로벌 주식시장에서 일어날 변화와 기회에 대한 예측을 간략하게 소개했다. 물론 코로나19 이후 미

그림 40 지난 30년 미국 주식시장의 붕괴-회복-버블-신고점 패턴

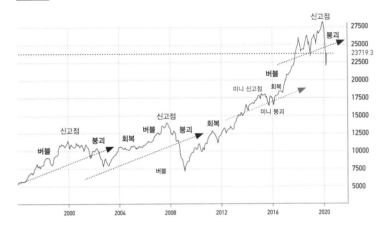

국, 한국 등의 주식시장에서 일어날 일들은 복잡하고 다양하다. 짧은 내용으로 다 설명할 수 없다. 하지만 이 책은 투자에 대한 책이 아니기에 이 정도로 마무리한다. 이번 제7차 대세 상승장에 대한 자세한 분석과 예측을 알고 싶은 독자라면 《앞으로 3년, 대담한 투자》를 참고하라. 필자가 강조하고 싶은 것은 이것이다. 현재 일고 있는 '동학개미운동'은 일시적이지 않다.

앞으로 4~5년, 길게는 10년 정도는 주식시장에 대한 투자적 관심이 상당히 지속될 가능성이 높다. 중장기적으로 투자시장 내에서 주식, 채권, 부동산 비율 변화가 일어날 것이다. 부동산시장이 2021~2022년에 회복되더라도 앞으로 10년 주식시장 수익률을 이기지 못할 것이다. 코로나19 장기화에 대응하는 과정에서 각국 정부가 대규모 채권 발행을 할 것이다. 안전자산인 미국

채를 제외하고 각국의 국채가격 매력도는 그만큼 약화될 것이다. 부채위기가 커지고 있는 나라들 채권은 크게 추락할 것이다. 이런 상황이라면 투자 흐름의 대변화는 일시적 해프닝을 넘어 당분간 계속될 트렌드다.

국제 유가,
중장기 미래 시나리오

필자는 2019년 8월 15일 통찰보고서를 통해 2020~2021년 국제 유가에 대한 시나리오를 발표했다. 시나리오의 핵심 요지는 중기적으로 국제 유가 하락에 대비하라는 조언이었다. 필자의 보고서나 나간 후 국제 유가는 10% 내외 상승 추세를 유지하다가 2020년 1월에 들어서면서 하락 추세로 전환하였고, 2020년 3월 20일 기준으로 20달러까지 폭락했다. 그리고 2020년 4월 20일 사상 초유의 가격까지 폭락했다. WTI 기준 0달러였다.

남들보다 먼저 생각하는 힘, 뉴스나 소음이 아니라 신호를 따라가는 힘은 놀랍다. 위기에 대한 선제적 준비는 물론이고, 위기를 기회로 바꾸는 창조적 발상을 하면 큰 수익으로 되돌아온다.

필자는 당시 국제 유가를 다시 하락시킬 힘을 가진 변수들을 몇 가지 설명했다. 예를 들어, 세계 경제침체 지속과 미국과 중국 2020년 경제성장률 하락 가능성 증가, 신흥국 부채 위기 재발, 유럽 경제침체기가 생각보다 더 오래 지속될 가능성 등이었다. 즉, 앞으로 국제 유가 하락 추세를 이끄는 것은 수요 측면의 감소가 핵심이었다. 이처럼 2020년 국제 유가 하락 가능성이 높았던 가운데 코로나19는 저유가 추세 속도와 가격 하락을 극단화시켰다.

코로나19 영향도 강력했지만 극단적 저유가 추세에 가속도를 붙인 요인이 하나 발생했다. 필자는 2019년 8월 15일 당시 미·중 무역전쟁이 고조되는 상황이었기 때문에 중국이 미국을 향해 꺼내는 반격 카드 중 하나가 유가 하락을 빠르게 유도할 수 있다고 경고했다. 그것은 미국과 이란이 강대강 대치를 하고 있는 상황을 이용한 위험한 전술 카드였다. 중국이 미국의 관세 공격에 대응해서 희토류 수출 제한 카드를 발동시킬 경우, 미국은 중국에 원유 수출 제한으로 맞대응할 수 있었다.

그러면 중국은 다음 대응 카드로 기존 원유 수입선을 이란산으로 돌려 이란을 우회로 돕고 국제 유가는 하락시켜 미국 셰일업체에 타격을 가하는 전술을 구사할 가능성이었다. 이럴 경우 세계경제 하락으로 인한 원유 수요 감소와 더불어 큰 폭의 국제 유가 하락이 발생하고 셰일업체 파산 가능성이 증가할 수 있었다. 비록 이 카드는 중국이 꺼내 들지 않았고, 미·중 무역전쟁은 극적으로 휴전했다. 하지만 2020년 미국 셰일업체를 공격하는 새로운 주체가 등장하면서 우려했던 일이 벌어졌다. 사우디아라비아와 러시아였다. 2020년 3월 6일, 러시아(1,130만 배럴 생산)가 사우디아라비아(1,200만 배럴 생산)의 추가 감산 요구를 거부했다. 다음 날 사우디가 100만 배럴 증산을 발표하여 오일전쟁의 서막이 올랐다.

오일전쟁은 미국 금융시장의 가장 위험한 고리인 하이일드 시장에 직격탄을 날렸다. 국제 유가는 곧바로 20달러대로 대폭락했다. 러시아와 사우디아라비아는 타협 가능성을 배제하고 20달러대 유가도 재앙이 아니라며 기싸움도 벌였다. 여기까지는 사우디아라비아와 러시아의 계산대로 되는 듯 보였다. 하지만 국제 유가 대폭락 사태는 양국의 계산을 순식간에 벗어났다.

코로나19로 전 세계가 셧다운에 빠지면서 수요가 급락했다. 20달러대 유가가 곧 끝나고 어느 정도 반등할 것이라는 두 나라의 예상과는 다르게 국제 유가는 더 하락했다. 러시아는 2018~2019년에 배럴당 42달러를 기준 삼아 긴축재정을 펼쳐서 흑자를 기록했던 경험과 170억 달러의 국부펀드를 바탕으로 사우디아라비아의 추가 감산 요구를 거절했다(그림 41).

필자가 추정하건대, 러시아는 배럴당 40~30달러 중후반 정도 가격 하락을 예상한 듯했다. 20달러대를 밑도는 초저유가 현상이 장기화되면 푸틴 대통령도 부담이 커진다. 푸틴 대통령은 2024년까지 러시아 국민의 빈곤율을 절반으로 낮추고(2019년 러시아 절대빈곤인구 14.3%) 3% 이상의 경제성장률을 기록하겠다고 공언한 상황이었다. 하지만 2019년 러시아의 경제성장률은 1.3%였고,

그림 41 오일 가격과 러시아 정부 예산 추세

• 오일 가격 추세

2018~2019 오일 가격
배럴당 60~75달러

75.000
70.000
65.000
60.000
55.000
50.000
45.000
40.000
35.000
30.000
25.000
20.3

오일전쟁 벌일 때 러시아의 예상 가격

2016 오일 가격 20달러대 폭락
OPEC과 러시아 감산 합의

Jan   2017   2018   2019   2020

오일전쟁 선포 후
대폭락

• 러시아 정부 예산 추세

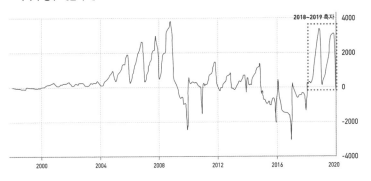

2018~2019 흑자

4000
2000
0
-2000
-4000

2000   2004   2008   2012   2016   2020

2020년은 코로나19 타격과 저유가 충격으로 루블화 가치 하락을 비롯해 마이너스 경제성장률을 기록할 가능성이 커졌다(그림 42).

막대한 국부 펀드를 자랑하는 사우디아라비아도 예상 밖의 초

그림 42 러시아 경제성장률과 루블화 가치 변화 추세

• 러시아 경제성장률 계속 하락 중

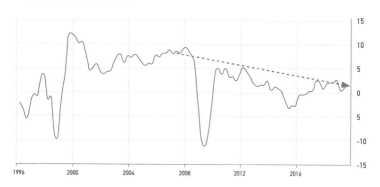

• 러시아 루블화 가치 최근 급락 중

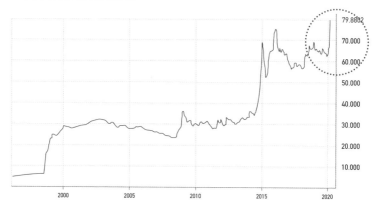

저유가 상황이 길어지면 피해가 커진다. 사우디 국영기업 아람코의 생산 원가는 2.8달러다. 하지만 물류 등 기타 비용을 더하면 최종 원가는 크게 상승한다.

그림 43 사우디 경제성장률, 주가, 정부 예산 및 수익 추세

• 사우디 경제성장률 계속 하락 중

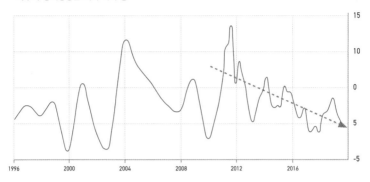

• 사우디 아람코 주가 추세

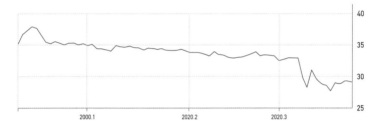

〈그림 43〉에서 보듯이, 필자는 사우디아라비아 정부가 재정수지 균형을 맞추려면 유가가 60~80달러대까지 상승해야 한다고 분석했다. 겨우 채산성만이라도 유지하려면 60달러는 되어야 한다. 유가가 36달러 미만이면 정부 지출을 줄이고 국내 투자도 축소해야 한다. 20달러대 유가는 사우디아라비아 왕세자 모하메드 빈 살만에게 큰 부담을 주는 원유 가격이었다.

• 사우디 정부 예산 추세

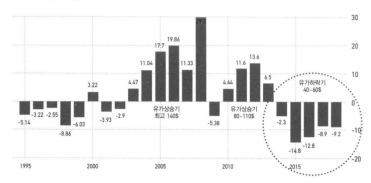

• 사우디 정부 수익 추세

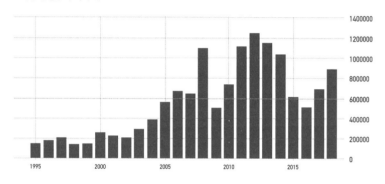

　결국 사우디아라비아와 러시아를 포함한 OPEC+은 2020년 5~6월에는 일간 970만 배럴 정도 감산하여 공급량을 조절하기로 물러섰다. 2008년 글로벌 금융위기 시절 감산 폭(6%)보다 많은 하루 25% 감산(하루 3천만 배럴) 규모였다. 하지만 4월 20일 국제 유가는 11달러 선이 무너졌다. 1999년 3월 이후 최초였다.

　미국에서는 일시적이지만 재고를 털어내기 위해 웃돈을 얹어

주면서 마이너스 가격 거래도 발생했다. 국제 유가 사상 역사적 대참사였다. 이렇게 된 이유는 간단하다. 시장이 OPEC+의 감산 규모보다 5~6월까지 글로벌 수요 감소가 더 크다는 계산을 한 것이다. 연일 발표되는 주요 국가들의 경제 지표에서 코로나19의 1차 대유행기 충격이 생각보다 크고, 여기에 각국의 비축유 저장고 여력도 거의 소진되었다.

이런 상황에서 코로나19 충격이 정점에 오르기 전에 중동에서 원유를 실어 보낸 배가 속속 미국을 비롯한 각국에 도착하기 시작했다. 결국 WTI 기준 국제원유 선물 가격이 공식적으로 0달러를 기록하는 초유의 사태가 벌어지고 말았다.

그렇다면 앞으로 국제 유가의 중장기적 시나리오는 어떻게 될까? 국제 유가가 10달러 미만에 오랫동안 머물 가능성은 적다. 하지만 2019년 세계 석유 수요 증가분의 80%를 감당했던 중국 소비가 일시적으로 반등해도 당분간 장기 대세 상승 추세로 전환하기는 어렵다. 석유 수출국이자 소비국인 미국, 영국, 노르웨이 등은 자국 석유 기업을 보호하기 위해 글로벌 감산 협의에 동참하지 않고 OPEC+ 지역에서 수입하는 물량만 줄여서 버티는 전략도 한동안 유지할 것이다. 이미 원유 가격이 상상할 수 없는 정도로 하락한 상태라서 사우디아라비아나 러시아가 감산을 전면 철회하면서 오일전쟁을 재개할 동력도 약하다.

OPEC+가 할 수 있는 거라곤 미국을 향해서 볼멘소리를 내뱉는 것뿐이다. 하지만 미국도 제 코가 석 자다. 트럼프는 재선을 위해서 에너지 벨트를 사수해야 하기 때문에 빗장을 걸어 잠그고 셰일업계를 강력하게 보호할 가능성이 높다. 미국 내 전통적 원유회사들도 유가 하락으로 피해를 당하지만 감산 동참에 소극적이다. 미국 연준과 정부가 에너지 기업을 살리는 구제책을 실시 중이어서 원유회사들 유가가 일시적으로 반등할 때까지 버틸 여력이 있다고 생각한다. 또한 정크 신용으로 추락한 셰일회사가 유가 하락을 견디지 못하고 먼저 무너지면 인수합병하기에 좋은 기회가 될 수도 있다. 미국 전통 원유회사들이 감산을 해도 OPEC+에 굴해서 하는 것이 아니다. 자연스럽게 미국 내 수요량 감소분에만 맞출 가능성이 크다.

다행히 코로나19 1차 대유행으로 전 세계가 셧다운된 상황이 5월 이후부터 서서히 풀리고, 6~9월 정도까지는 가을과 겨울로 접어드는 남반구를 제외하고 선진국들이 모여 있는 북반구는 여름철이 되면서 이동과 소비가 일시적으로 회복될 가능성이 높다. 이런 흐름을 따라 유가도 일시적으로 바닥을 탈출할 수 있다. 하지만 선진국이 몰려 있는 북반구가 가을로 접어드는 9~10월부터 코로나19 2차 대유행이 시작되면 유가는 다시 하락 추세로 전환될 가능성이 높다.

코로나19 2차 대유행에 대응하지 못하면 전 세계 경기침체가 2년보다 길어진다. OPEC+이 감산 규모를 늘리며 유가 상승 노력을 하겠지만 석유업계에 밀려든 찬바람이 사라지는 것은 오랜 시간이 필요할 듯하다.

국제 유가,
뜻밖의 미래 시나리오

국제 유가가 중장기적으로 저유가 추세를 유지할 가능성이 높지만 일시적으로 국제 유가가 크게 상승하는 뜻밖의 시나리오도 있다. 필자는 2019년 8월 15일 통찰보고서에서 국제 유가에 대한 또 다른 시나리오도 발표했다. '미국과 이란의 전쟁으로 일시적 유가 폭등' 시나리오였다. 당시 필자는 이 시나리오가 현실이 될 가능성은 아주 낮지만, 우발적 사건에 의해 점화될 가능성이 있기 때문에 '계속해서 지켜 보아야 할' 시나리오라고 제시했다.

필자가 뜻밖의 시나리오를 발표하고 난 이후, 미국과 이란은 몇 번의 공격을 주고받으면서 2020년 1월까지 국제 사회를 긴장으로 몰아넣었다. 하지만 필자의 예측대로 양국은 서로 전면전을 피했다. (참고로, 당시 국제 여론은 미국과 이란의 전쟁 가능성이 점점 높아진다고 우려를 표하고 있었다.)

　필자는 당시 발표했던 시나리오에서 미국과 이란 사이에 확률적 가능성이 가장 높은 미래는 '전쟁을 하지 않고, 중동에서 군사적 긴장감만 높이는 전략'이라고 예측했다. 필자가 이렇게 예측한 데는 분명한 이유가 있었다. 미국 입장에서는 이란과 군사 전쟁, 중국과 무역 전쟁, 북한과 핵협상을 동시에 하기 힘들었다. 벌려놓은 판이 너무 크고 복잡해서, 이란과 전쟁을 할 경우 트럼프 자신에게도 예측 불확실성이 크게 증가하고 감당할 만한 수준을 넘어서는 위기가 형성되기 때문이다.

　이란은 미국이 기존에 상대했던 중동의 적국들(이라크, 시리아, 기타 테러단체 등)과는 수준이 달랐다. 미국이 이란과 전쟁을 감행해 승리하려면 걸프만에 배치한 항공모함전단의 공중 화력으로는 역부족이었다. 이란의 항복을 받으려면, 대규모 지상군을 투입이 필수다. 이란은 64만 5천 명의 지상군(정규군인 공화국군 52만 명, 혁명수비대 12만 5천 명)을 보유하고 있다. 하지만 중동에 배치된 미국 지상군은 5만 명으로 걸프전쟁(1991년, 52만 명)과 이라크전쟁(28만 명) 승리를 위해 투입한 미국 지상군의 1/10 수준에 불과하다.

　미국이 이란과 전쟁을 하려면 미국 본토에서 대규모 지상군을 파병하고 동아시아에 배치한 병력 일부를 차출해야 한다. 전 세계 미군기지에서 군수물자를 중동으로 재배해야 한다. 이 정도의 대규모 지상군 파병은 미국 의회의 승인을 얻어야 한다.

　현재 미국 의회에서 이란과 군사전쟁을 지지하는 의원은 소수

파다. 일본이 진주만을 공격했듯이 이란이 미국을 선제 공격해야 만 의회 통과가 가능해진다. 이란과의 전쟁은 단순히 미국과 이 란의 국가 대 국가 전쟁이 아니다. 시아파 무장단체인 레바논의 헤즈볼라, 예멘의 후티 반군 등과도 게릴라전을 벌여야 한다.

전쟁이 장기화되면 북한의 추가 도발이나 중국의 남중국해 도 발, 베네수엘라 사태 악화 위험도 커지면서 상황이 심각하게 꼬 일 수도 있다. 즉, 전선이 3~4개 이상으로 늘어날 수 있다. 이란 이 해상 목표물을 타격하는 대함탄도미사일ASBM을 보유하고 있기 때문에 호르무즈해협을 통과하는 유조선을 비롯한 상선까지도 보호해야 한다. 이란은 이라크 후세인 정권과 달리 유럽 일부까 지 공격할 수 있는 장거리탄도미사일을 다수 보유하고 있다.

미국이 대이란 전쟁에서 우방의 지지를 얻기도 만만치 않다. 갈 등의 원인인 핵합의 파기를 미국이 먼저 했기 때문이다. 이란이 핵실험을 동결하고 있는 것도 미국에게 불리한 명분이다. 이라크 전쟁처럼 대량살상무기 파괴라는 명분을 만들기 어렵기 때문이 다. 결국 트럼프에게 가장 안전한 미래는 (전쟁을 벌이지 않고) 이 란을 장기간 강력하게 봉쇄하며 지지층에게 (오바마 대통령과 다른) '강한 리더십' 모양새만 보여주면 충분하다. 이란 입장에서도 전 쟁은 막다른 골목이기에 긴장 대치가 우월 전략이었다. 이런 이 유들로 미국과 이란의 전쟁 가능성을 낮게 봤다.

필자가 이런 시나리오를 다시 꺼내든 이유가 있다. 2020년 내 내 국제 유가가 20달러 밑을 정처 없이 떠도는 초저유가 사태가 지속되면서 미국 셰일회사들의 연쇄적 파산이 일어나면 트럼프가 미국과 이란의 군사적 갈등 카드를 다시 꺼내들 가능성이 있다. 필자가 앞에서도 분석했지만, 트럼프 입장에서는 2020년 대선에서 승리하기 위해서는 에너지 벨트를 사수해야 한다. 이를 위해서는 일정 수준의 유가 상승이 필수다.

코로나19 1차 대유행이 6월 정도에는 마무리되고 여름철에는 소강상태에 접어들면, 내수 소비가 리바운드 현상을 보이면서 유가가 일시적으로 바닥을 치고 올라올 가능성이 충분하다. 하지만 셰일업체를 파산 위기에서 완전히 구해낼 가격인 50달러대까지 상승하기는 힘들다. 아울러, 가을이 되면서 2차 대유행이 시작될 조짐을 보이면 국제 유가는 다시 하락할 가능성이 있다. 2차 대유행이 시작되면 겨울까지 경제 충격을 준다. 또한, 2차 대유행이 마무리되는가 싶어도 2021년 봄이 되면 3차 대유행이 발발할 가능성도 있다.

코로나19 변수 하나만으로 국제 유가는 2021년 상반기까지 저유가 추세에서 벗어나기 힘들다. 2020년 미국 대선은 11월 3일이면 결정이 나지만 시장은 그 이전에라도 이런 미래 상황을 가격에 반영할 가능성이 충분하다.

이런 초저유가 상황을 한번에 타개할 가장 확실한 카드는 중동에서의 군사적 긴장감을 극대화하는 것이다. 초저유가 상황이 오래 지속되면 석유 수출에 크게 의존하는 이란의 형편도 심각해진다.

미국의 경제 제재와 봉쇄로 적절한 시기에 코로나19 진단 및 기타 의료 물자가 공급되지 않아서 피해가 커지자 이란 내 민심이 크게 동요하고 있다. 이란 지도부 입장에서도 미국과의 군사적 대치는 어수선한 민심을 수습하는 데 유용한 카드다. 물론 2020년 대선을 앞두고 있기 때문에 트럼프가 이란과 전면전을 벌일 가능성은 낮다. 이란도 미국과 전면전을 벌이는 것은 자살행위다.

'전쟁을 하지 않고 중동에서 군사적 긴장감만 높이는 전략'은 양측이 선택할 가능성이 높은 미래이자 매우 매력적인 카드다. 트럼프 입장에서도 국제 유가를 일정 수준까지 끌어올려서 세일 업체를 구제하고 이란과 강대강 대치를 벌이면서 강한 리더십을 보여 선거 직전에 지지층 결속을 강화하는 일거양득이다. 민주당이 대전 전략으로 코로나19 사태에 대해 책임을 추궁하고 의료보험제도의 문제가 코로나19 피해를 확대시킨 원인 중 하나라고 이슈몰이를 할 경우에도 효과적인 카드다.

이란이 앙숙인 사우디아라비아의 원유 저장시설을 드론으로 재공격을 감행하고 호루무즈해협에서 미국과 이란의 해군이 전격 대치하면서 군사적 긴장감을 높여 중동 전쟁이 일촉즉발 위기로 부상하면, 미국 내 여론은 한순간에 전환된다. 당연히 그 중심에 트럼프가 부상한다.

필자가 트럼프 대통령을 프로파일링한 내용 중에서 이 시나리오와 관련된 몇 가지 눈여겨볼 스타일을 소개한다. 먼저, 트럼프는 젊은 시절부터 야망이 컸다. 경쟁심이 강하고 의욕적이며 이기려는 본능을 가졌다. 자신이 성공한 사람, 두각을 나타내는 사람으로 보이길 원했다. 보통 사람과 다른 자신감을 가졌다. 자기 영화를 만들어도 자기가 직접 주인공이 되어야 한다고 말할 정도였다. 언젠가 그것을 소유하기를 굳게 믿으면 그것을 반드시 소유할 수 있다면서 정신력을 강조했고 그렇게 사업에 성공했다. "너희는 못 하지만 나는 할 수 있다"라고 외치며, 아무도 하지 못한 일을 기어이 해내는 실행력이 뛰어난 영웅이 되기를 즐겼다.

트럼프는 호텔을 건설할 때 장애물을 만나면 폭파하고 넘어가는 스타일이었다. 초저유가로 인한 세일회사들의 연쇄 파산 위기를 극복하는 데도 일반인의 상상을 뛰어넘는 카드를 사용할 가능성이 충분하다.

둘째, 트럼프는 사업을 할 때도 쇼를 좋아했다. 트럼프는 언론도 잘 이용했다. 트럼프타워가 자신이 지은 유일한 건물이었는데, 언론으로 하여금 최고의 부동산 개발자로 부각하도록 만들었다. 트럼프는 건물을 지을 때도 스스로 아이디어를 내고 전략을 짰다. 홍보 아이디어도 직접 구상했다. 주위 사람들은 트럼프를 책사, 몽상가, 최고의 홍보맨으로 평가했다.

공도 절대 나누지 않고 혼자 독차지했다. 트럼프는 모든 일에 자기가 주인공이고 단독 영웅이어야 했다. 트럼프는 대중의 관심을 계속 끌고 싶어했다. 돈과 권력이 오기 때문이다. 트럼프는 2020년 대선 전까지 끊임없이 쇼를 펼칠 가능성이 충분하다.

셋째, 트럼프는 자신이 하는 부동산업에서 성공의 핵심이 무엇인지를 정확히 알고 있었다. 자기가 목표하는 일을 이루려면 무엇이 필요한지, 어디를 공략해야 하는지 간파하는 능력이 탁월했다. 트럼프는 경기가 나빠지면 자기가 원하는 것을 얻을 길이 열린다고도 생각했다. 경기가 곤두박질치면 대규모 개발자를 찾는다는 것을 경험으로 배웠기 때문이다. 미국과 이란의 대립으로 큰 혼란이 만들어지면 무엇이 자기에게 유리할지를 정확하게 알고 있을 가능성이 크다.

넷째, 트럼프는 자신에게 불리한 악재도 홍보와 전략적 수단으로 삼았다. 1990년에 첫 번째 부인 이바나와 이혼하고, 언론이 35억 달러라는 엄청난 빚을 들어 재정 위기를 대대적으로 거론하고, 투자자들이 소송을 하는 위기에 봉착했을 때도 발빠르게 대처했다. 트럼프그룹의 재정 문제를 지적했던 부동산 전문가 에이브러햄 월락에게 2억 5천만 달러 규모 소송을 제기하며 입을 다물게 협박하는 한편, 자기 회사에 들어오도록 회유하는 언론 플레이를 했다. 또한 나쁜 평판을 긍정적으로 이용하여 돈을 벌 궁리를 했다. 홍보의 귀재였던 트럼프는 스스로 기름을 끼얹는 전략도 구사했다. 트럼프는 이바나를 고소했고 자신에게 유리한 것을 자기에게 우호적인 언론을 이용해서 널리 퍼뜨렸다. 회사가 거의 무너져가는 상황에도, 트럼프는 시스템을 이용할 줄 알았다. 은행이 자기를 절대로 버리지 못할 것을 알았다. 이런 사건을 거치면서 어떤 나쁜 짓을 해도 빠져나갈 수 있다는 것을 배운 듯하다.

이런 것들이 협상의 기술이자 일하는 스타일에 배어 있는 트럼프라면 일반적인 정치인이라면 감히 할 수 없는 행동과 전략도

능히 구사할 가능성이 충분하다. 코로나19 1차 대유행이 잠잠해지고 난 후부터 2020년 11월 3일 대선 전까지 미국 소비가 리바운드 현상을 보이고, 주식시장도 크게 상승하고, 국제 유가도 바닥을 벗어나는 상황이라면 트럼프가 중동에서 무리한 상황을 만들 가능성은 낮다.

하지만 2020년 여름 이후 대선 본선 경쟁이 시작된 후에도 미국 경제가 빠르게 반등하지 않고, 민주당과 바이든 후보가 자신의 약점이나 코로나19와 경제 실책을 물고 늘어지면서 선거 판세가 매우 불리하게 돌아갈 경우, 트럼프가 판세를 한번에 뒤집기 위해 아주 위험한 모험의 감행을 심각하게 고민할 가능성은 충분하다. 현재로서는 미·중 무역전쟁 지옥문을 다시 여는 것과 더불어 중동에서 군사적 긴장감 재고조가 가장 유력하다.

참고로, 2020년 4월 22일(WTI 가격이 0달러까지 추락하고 난 직후), 트럼프 대통령은 걸프 해역에서 훈련 중인 미국 군함에 이란 혁명수비대 해군 소속 무장 보트 11척이 경고를 무시하고 10미터 거리까지 근접 항해한다는 보고를 받자 트위터에 "(앞으로) 바다에서 미국 군함을 성가시게 하는 이란의 모든 무장 보트를 죄다 쏴서 격침하라는 명령을 내렸다I have instructed the United States Navy to shoot down and destroy any and all Iranian gunboats if they harass our ships at sea"고 밝혔다.[17] 트럼프의 트위터가 나간 이후 (전날 43% 폭락했던) 국제 유가는 일시적으로 30% 폭등으로 돌변했다.

거대한 경제위기는 중산층을 무너뜨린다. 서민층의 고통을 가중시킨다. 코로나19도 마찬가지였다. 전염병이 남녀노소, 빈부격차, 지위고하를 가리지 않았지만, 약자와 가난한 사람들에게 주는 충격은 상대적으로 더 컸다.

가난한 사람들이 먼저 일자리를 잃었다. 약한 사람들이 위험에 더 노출되었다. 마스크를 구하지 못한 노인은 무료 급식도 받지 못했다. 유럽에서는 코로나19에 걸린 노인 상당수가 방치되었다. 어떤 정치인은 노인이 희생해야 한다고 대놓고 말했다. 미국에서도 흑인 사망률이 더 높았다. 미국의 일리노이주 시카고, 위스콘신주 밀워키, 루이지애나주 등에선 사망자의 70%가 아프리카계였다.[18]

부자들은 고가의 마스크를 구비하고 개별 응급실을 차지하거나 외딴 곳에 위치한 별장이나 개인 소유 섬으로 피신했다. 경제위기 때마다 부자는 더욱 부자가 되었고 가난한 사람은 더욱 가난해졌다. 코로나19 이후 가장 확실한 미래는 부의 양극화가 더욱 심해지는 미래다. 2020년 4월 22일, 노벨경제학상 수상자 조지프 스티글리츠 컬럼비아대 경제학과 교수는 영국 〈가디언〉과의 인터뷰에서 코로나19 사태 이후 미국 내 부의 불평등 격차가 티핑 포인트(도약점)에 도달할 것이라고 예측했다.[19] 격차 속도가 더 빨라진다는 의미다.

경제위기가 오래가고 충격받는 범위가 넓어지면 중산층도 타격을 받는다. 조지프 스티글리츠 교수는 이번 팬데믹이 끝나기도 전에 중산층의 가장 하위단에 있는 이들은 실업, 임금 삭감 등으로 빈곤층으로 추락할 것이라고 예측했다. 국제구호단체 옥스팜은 전 세계에서 5억 명이 빈곤층으로 떨어질 것이라고 추정했다.

1918~1919년 스페인독감 이후 처음으로 경제 셧다운에 들어가면서 미국에서는 한 달 만에 2천만 개 넘는 일자리가 사라졌다. 2008년 글로벌 금융위기 이후 10년 동안 복구한 일자리들이 단한 달 만에 사라졌다. 국제노동기구ILO 사무총장 가이 라이더는 2020년 2분기에만 전 세계에서 1억 9,500만 명분 정규직 자리가 사라질 것이라고 추정했다.

코로나19 2차 대유행기까지 지나고 나면 한국도 일자리 충격이 1997년과 2008년 위기 때보다 더 심해질 것이다. 수많은 자영업자가 파산하고 중소기업 상당수가 문을 닫을 수 있다. 살아남아도 대규모 구조조정을 해야 한다. 이 시기에 일자리나 가게를 잃은 중산층은 회복하는 데 시간이 오래 걸릴 것이다.

일부에서는 재택근무가 특권이라는 소리도 나온다. 그나마 다니는 직장이 이번 위기를 안전하게 넘어갈 정도로 튼튼하기 때문에 재택근무라도 한다는 말이다. 전염병 위기 속에서 일자리를 지키는 사람들은 대부분 화이트칼라, 고소득 근로자, IT 전문기술자 등이다.

2020년 3월, 미국 진보싱크탱크인 경제정책연구소의 분석에서도 2017~2018년 기준으로 임금 상위 25% 안에 드는 근로자 중에서 61%는 원격 업무가 가능했지만, 임금 하위 25% 안에 있는 근로자는 겨우 9.2%만 원격 업무가 가능했다.[20]

코로나19가 완전 종식되어도 돌아갈 일터가 없는 사람이 많을 것이고, 코로나19 이전보다 더 나은 일자리 혹은 그만 한 일자리를 다시 찾지 못한 사람도 많을 것이다. 1997년 외환위기 때 받은 충격과 상처도 10~20년이나 지속되었다. 이번 충격도 앞으로 10~20년간 한국 사회에 깊은 상처와 후유증을 남길 가능성이 높다.

서민과 중산층 붕괴 현상이 반복되면 부의 불균형 분배도 커진다. 부의 불균형 분배가 국가 단위로 확장되면 자국 우선주의를 연장시키는 힘으로 작동한다. 국내에서는 이런 부작용이 네트워크의 자기 집단 강화 속성을 타고 대립하는 양측의 진영 논리를 강화한다. 이런 분위기에서 정치가 포퓰리즘을 구사하면 사회 혼란은 극대화된다. 일부에서는 포퓰리즘이 득세하면 세계화가 약화된다고 우려한다.

맞다. 하지만 포퓰리즘 득세로 우려해야 할 것은 국내에서 벌어지는 극단적 사회 갈등이다. 갈등하는 양극단 중에 한쪽이 일방적인 세력을 얻게 되면 포퓰리즘은 전체주의라는 무서운 결과로 비화된다. 전체주의가 주류가 되면 진영 갈등은 사라지지만 혐오와 감시가 고개를 든다. 비주류, 외국인 노동자, 난민, 사회적 약자에 대한 혐오와 감시는 코로나19 전염병보다 더 무서운 사회적 전염병이다. 이런 문제를 해결하거나 방지하는 유일한 길은 성숙한 시민의식과 민주주의다.

인간은 생존을 위해 폭력을 선택하기도 하고 타협을 선택하기도 한다. 생물학적으로, 경제적으로 생존에 위협을 준 코로나19 이후 인류는 무엇을 선택할까?

코로나19 이후, 이성적 반성과 생각할 여유를 갖는 계기가 마련된다면 폭력보다 타협과 협력을 택할 것이다. 하지만 이런 환경에 놓일 사람은 적을 것이다. 코로나19가 종식되어도 경제적 생존 위협은 더 크고 긴박해질 것이기 때문이다. 이성적 반성과 성찰할 시간을 가지려면 경제적 안정도 필요하지만 공동체의 합의도 필요하다. 서로 마주 앉아서 차분히 이야기를 해야 하기 때문이다.

서로 무언가를 양보해야 합의에 도달할 수 있다. 공동체의 합의는 아주 어렵고 시간과 에너지와 자원 소모가 크고 고난도의 작업이다. 이를 감내하기로 헌신하는 사람은 생각보다 적을 것이다. 소수만 이런 일에 뛰어들 것이다. 정반대의 행동을 하는 소수도 생겨날 것이다. 또 다른 1%의 소수는 잘못된 정치나 이념 프레임에 사로잡혀 생각하는 과정을 포기하도록 강요받거나 혹은 스스로 포기하고 생존을 위해 폭력(차별, 혐오, 증오, 테러)을 선택할 수 있다. 왜곡된 이념이나 가짜 뉴스 등 무엇인가에 의해 혹은 나쁜 정치적 의도를 가진 누군가에 의해 조정받는 이들은 폭력적인 성향과 행동이 현재 문제를 해결하는 유일한 길이라는 착각에 빠지게 될 것이다.

코로나19 이후 한국과 국제 사회는 어떻게 될까? 무엇을 선택할까? 이번 코로나19와 글로벌 리세션 위기가 한국을 비롯해서 국제 사회에 더 독한 양극화, 진영 갈등, 혐오 사회를 만들 가능성을 높이지 않을까 우려가 크다. 어떤 정치인은 정치적 이익을 위해 이런 현상을 부추길 가능성도 있다. 국민의 불만을 세력 대결, 진영 논리로 바꿔서 타협은 없고 강력한 충돌만 일어나는 사회적 내전으로 뒤바꿔놓자는 비열한 생각을 품을 수 있다. 벌써부터 식량 주권에 대한 이야기가 나온다. 식량 주권은 중요하다. 생존 문제다.

하지만 모든 영역에서 글로벌 분업화가 되어 있는 지금, 이런 말이 나오는 것은 위험한 신호다. 국제 사회의 협력과 공존이 사라지는 시기에 주로 등장하는 신호이기 때문이다. 자원 확보를 위한 민족주의도 대두되고 있다. 코로나19를 겪으면서 국가 간에 마스크와 의료장비를 두고 벌이는 치졸한 각축전을 보면서 세계가 질서를 벗어나 혼란과 무법천지가 되어가는 것은 아닌가 우려된다.

코로나19 2~3차 유행기에는 치료제와 백신을 두고 국가 간 경쟁과 치졸한 싸움이 일어날 수 있다. 연합국가를 지향하고 경제적 공동체를 만들었던 유럽연합에서도 자국의 이익과 손해를 따져가며 코로나19와 경제위기를 대응하는 모습에서 글로벌 거버넌스의 불편한 민낯을 드러냈다. 이러다가 유럽연합이 해체된다는 위기감도 터져나오고 있다.[21]

수많은 사람의 생명을 앗아가고 전 지구적인 공포를 만들고 있는 코로나19에 대한 대응을 진두지휘해야 할 WHO는 기금을 많이 내는 국가의 눈치를 보다가 위험을 스스로 키웠다. 위기가 커지는 동안 미국에서는 아시아계를 대상으로 한 증오범죄가 계속 발생했다. 세계 지도자들이 코로나19에 대한 책임을 서로에게 전가하고 있고, 그러는 가운데 각국의 국민은 비주류, 외국인 노동자, 난민, 사회적 약자 중에서 증오와 혐오의 대상을 찾고 있다.

더 독한 양극화, 진영 갈등, 혐오 사회가 오랫동안 지속되면 그다음은 국민의 봉기다. 국민의 힘으로 정권을 교체할 수 있는 선거제도가 있는 나라에서는 평화롭게 권력 지형이 바뀌지만, 그렇지 않은 나라에서는 혁명이 일어날 것이다.

코로나19 1차 유행만으로 수많은 사람이 목숨을 잃었다. 반복적 셧다운과 오일쇼크로 글로벌 경기침체는 장기화될 가능성이 높다. 그 과정에서 가난한 나라는 더욱 가난해지고 수많은 신흥국이 금융위기를 겪을 것이다. 금리는 치솟고, 물가는 상승하고, 실업률은 역사상 최고치를 갱신할 가능성이 높다.

코로나19 2차 유행기에는 백신과 치료제를 확보한 일부 선진국을 제외하고 거의 모든 나라에서 1차 유행기보다 더 많은 감염자와 사망자를 낼 것이다. 국민의 두려움과 피로감은 극에 달할 것이다. 독재 국가나 부패한 정부들은 언론을 통제하고 사람들의 시위를 무력으로 진압하려 할 것이다. 하지만 고통과 불만이 극에 달하고 먹고사는 일로 생존에 위협을 느끼는 국민을 이길 정치 세력은 그 어디에도 없다. 역사가 증명한 사실이다.

앞으로 다가오는 코로나19 2~3차 대유행기를 거치면서 식량 부족 해결, 의료진과 병상의 확보, 진단 장비나 마스크 등 의료 물품의 분배 등은 현 정부의 실력을 가늠하는 잣대가 될 것이다. 실패하면 정부 무용론이 봇물처럼 터져나올 것이다.

2021년까지 이어질 코로나19 정국에 잘 대응하는 정부는 극히 일부일 가능성이 높다. 잘 대응한 정부는 정권 연장에 성공하겠지만 그렇지 못한 정부는 코로나19 책임론, 리세션 충격, 높은 실업률과 기존에 쌓였던 거대한 불만과 분노에 직면할 것이다. 코로나19 1차 유행기 대응의 성공과 실패만으로 현재 지도자들의 지지율이 요동치고 있다.

한때 정치생명 위기까지 몰려 임기 후 쓸쓸한 퇴장이 예고되었던 독일의 메르켈 총리의 지지율은 급등세로 돌아섰다. 한국과 덴마크 현 정부 지지율도 고공 상승했다. 반대로 트럼프와 아베는 지지율은 하락 중이다. 장기 집권이 당연시되던 일본의 아베 총리는 코로나19 대응 실패와 잇따른 구설수로 처갓집인 자민당 내에서 퇴진설이 나오고 있다.

코로나19 진원지인 중국도 후유증이 크다. 중국 정부는 코로나19

발발 시에 정보를 은폐하고 진실을 알리려는 의사와 지식인들의 입을 강제로 막았다가 자국민과 전 세계에 비난을 받았다. 강력한 통제와 사회 감시망을 사용해서 감염자와 사망자 수를 줄이는 데 성공했지만 중국 내부에서 2억 명이 넘는 농민공이 직장을 잃을 것이라는 우려가 나오면서 공산당이 긴장하고 있다.[22]

2020년 중국 경제성장률은 역대 최저치를 기록할 것이 거의 확실해졌다. 그동안 각종 사회적 불만과 정치인들의 부패 문제, 인권과 민주주의의 요구를 돈으로 막아왔던 중국이다. 사회안정을 위해 지출하는 예산이 국방비 규모를 넘은 지 오래다.[23] 경제 위기는 중국 공산당의 무장 해제를 의미한다. 복잡계 이론으로 중국의 정해진 미래 중 하나를 예측할 수 있다. 중국에서 혁명이 일어날 가능성은 예측 가능한 미래다.

심하게 말하면, 정해진 미래다. 중국도 계속 끓고 있기 때문이다. 액체인 물이 임계 온도에 도달하기 전까지는 여전히 물이지만, 임계 온도에 도달하면 순식간에 상전이가 일어난다. 액체에서 기체로 변화된다. 사회적 측면에서 혁명의 발화는 군중의 힘(규모와 협동)이 특정한 임계치에 도달하는 것이다. 언제 혁명(상전이)이 일어날지(시점)는 불확실성이다. 혁명의 결과(상전이 결과)가 민주화가 될지 더 강력한 전제국가화가 될지도 불확실성이다.

중국 외부에서는 코로나19 1차 유행기에만 G7 회원국이 입은 경제적 손실이 3조 9,600억 달러라고 하면서 중국이 배상을 해야 한다는 말도 나온다.[24] 미국에서는 중국 정부에 대해 소송도 시작했다. 하지만 중국 정부는 눈 하나 깜짝하지 않는다. 자국민이 국가를 대상으로 코로나19 배상 소송을 벌어지 않아도 그들의 불만은 무섭다. 사회학적으로 볼 때 계속 들끓으며 온도가 올라가고 있는 군중의 힘을 혁명(상전이)을 촉발시키는 특정 임계치에 도달하게 만드는 것은 메시지(정보)다. 중국 정부가 언론과 미디어, SNS를 감시, 통제, 차단하는 이유다.

인터넷 시대가 되면서 국민 저널리즘이 위력을 키우고 있다. 이번에도 국민 저널리즘의 위력은 상당했다. 유튜브나 SNS를 통해 가짜 뉴스만 많이 생산된 것이 아니다. 국민 전문가 활동도 활발했다. 개인 SNS 정보의 연결, 확대, 재생산이라는 힘이 생존이라는 경험을 매개로 기존 미디어를 능가하는 전문성과 신속성, 정부를 움직이는 정치적 힘으로 재탄생했다.

이런 움직임은 중국에서도 있었다. 텔레그램에 정부 비판방을 개설하고 공산당 정부의 코로나19 대응책을 평가하고 저항의식을 나누는 젊은이들이 늘어났다. 지방 곳곳에서 시위가 일어났다. 하지만 중국 공산당은 공권력과 인공지능을 비롯한 첨단 기술을 결합하여 강력한 통제와 단속으로 국민 저널리즘과 시위를 차단하고 진압했다. 중국 정부가 보여준 IT 전체주의의 위력을 어떤 이는 새로운 국민 감시 시스템이라고 매력을 느낄 수 있지만, 중국 정부가 얼마나 혁명을 무서워하는지, 언젠가는 혁명이 일어날 것이란 사실을 인정하고 있느냐를 반증해주기도 했다. 혁명의 타깃이 현재 권력을 잡고 있는 공산당이라는 것을 스스로도 정확하게 알고 있다는 반증이다.

　이번 코로나19는 앞으로 중국이 언젠가 겪게 될 미래의 혁명을 앞당기는 사건이다. 임계 시점으로 한 발 더 중국 사회를 몰고가는 힘 중의 하나다. 코로나19로 인해 중국 농민공, 서민, 중산층이 경제적 충격을 심하게 받았다. 그만큼 민중은 끓어오른다. 금융위기가 발발하면 더욱 끓어오를 것이다. 그만큼 중국 정치와 사회의 상전이 가능성과 시점은 커지고 앞당겨진다.

　코로나19 1차 대유행 감염자 확산이 주춤하자 사회적 거리두기를 계속해야 한다는 전문가들과 당장 일터로 나가서 경제를 정상화시키자는 정치인들 간의 신경전이 날카롭다. 국민 간에 의견도 둘로 갈라진다. 미국에서는 당장 일터로 나가게 해달라는 시위가 시작되었다. 브라질에서는 "당장 일터로 나가라"라고 말하는 대통령에 대한 국민 분노가 커지고 있다. 생물학적 위기와 경제적 위기 중에서 무엇이 더 큰 위기인지 구별이 쉽지 않다. 하지만 양쪽 모두 정치인에 대한 분노가 큰 것은 비슷하다.

　코로나19 2차 대유행기에는 이런 현상이 더 확대될 수 있다. 2021년부터 몇 년 동안은 '갈아보자' '바꿔보자' '이대로는 못 살겠다' 등의 분위기를 타고 자국 경제 회복, 생존 보장 등을 기치로 내건, 국민의 분노를 간파하거나 혹은 대변하는 새로운 지도자가 출현하면 정치 권력 교체가 일어날 가능성이 높아질 것이다. 독재 국가, 가난한 국가, 민주 국가, 부유한 국가를 가리지 않고 이런 흐름과 질서 변화가 오랫동안 지속될 가능성이 크다.

2번의
경제위기를
준비하라

Post
COVID-19

필자는 오래전부터 3가지의 대규모 경제위기 가능성을 예측하고 경고했었다. 미국 주식시장 대폭락, 한국의 부동산 버블 붕괴와 금융위기, 중국의 상업 영역발 금융위기였다. 3가지 중 첫 번째는 2020년 코로나19 전염병이 방아쇠를 당겨서 현실이 되었다. 하지만 나머지 2가지 경제위기는 아직 시작되지 않고 남아 있다.

필자는 2019년 말에 한국 경제가 금융위기 발발로 가는 첫 문턱을 넘었다고 평가했다. 초저금리 상황이 길어지면서 필자의 예측보다 늦어지고 있지만 한국과 중국의 금융위기 발발도 머지않은 미래에 현실이 될 가능성이 높아지고 있다. 필자가 경고했던 3가지 위기는 근본적으로 원인이 같다. 막대한 부채다.

미국 주식시장 대폭락은 에너지 기업들을 포함한 하이일드 채권의 부실과 기타 회사채시장 및 이를 기반으로 한 파생상품 시장 등을 강타하는 미국 기업들의 막대한 부채가 근본 원인이다. 코로나19는 방아쇠 역할을 했다.

2008년 글로벌 금융위기는 골디락스라고 불리던 이전 몇 년 동안 초저금리를 기반으로 막대한 부채를 발행해서 소비를 늘리고, 부동산과 주식에 투자하면서 쌓인 버블이 붕괴된 사건이었다.

위기가 터지자, 미국은 부채로 만들어진 위기를 해결하는 해법으로 또 다른 부채 카드를 꺼내 들었다. 2008년 이전에는 부동산에 가장 많은 부채가 쏠렸다면, 2008년 이후에는 기업 영역에서 가장 빠르고 큰 부채가 쌓였다. 그리고 12년이 지난 후 위기는 다시 찾아왔다. 코로나19 전염병이 이번 위기의 원인이라고 오해하면 안 된다. 부채 문제가 없다면 코로나19는 일시적 충격으로 끝날 것이다. 하지만 막대한 부채 문제가 실물과 금융권의 위기를 극대화시켰기 때문에 전 세계는 코로나19가 주는 충격이 끝나도 깊은 침체에 빠질 것이다.

한국의 금융위기를 불러올 근본적 구조도 같다. 근본 요인은 막대한 가계 부채와 부동산 버블, 그리고 상장기업의 15~17% 정도 되는 한계 기업(좀비 기업)의 부채다. 중국의 제1차 금융위기는 (1997년 한국처럼) 상업 영역의 막대한 부채와 부동산 1차 버블이 금융권 전반으로 연결되어 있는 상황이다. 막대한 부채는 반드시 금융 문제를 일으킨다.

시점만 불확실성이다. 늦게 터질수록 더 크게 터지는 것이 진리다. 한국의 기업경쟁력은 날로 하락 중이다. 내수 소비시장은 글로벌 경기침체, 고용시장 약화, 막대한 가계 부채, 인구구조 변화 등으로 서서히 무너지고 있다. 2019년 한 해, 상장사 35%가 이자도 못 갚을 수준이었다.[25] 2020년에는 이자를 못 갚는 기업 수가 더 늘어날 것이다. 코로나19로 경제가 마비되면서 2020년 3월 한 달 만에 가계와 자영업자 대출이 10조 원 증가했다. 위기의 근원이 될 가계 부채가 심각한 상황인데 부채를 더 늘려 버티고 있다. 자영업자들은 "이런 생존 공포는 난생 처음"이라고 절규 중이다.[26]

부동산 가격도 흔들릴 조짐을 보인다. 총선에서 승리한 정부가 부동산 관련 세금 축소를 위해 법인을 설립하는 편법 부동산 구매를 집중 단속하기 시작했다. 꼬마 빌딩을 비롯해서 상업용 부동산에서 일어났던 투기 수요에 대한 제동 걸기다. 앞으로 상업용 부동산 가격 상승도 주춤할 가능성이 높다. 고가 아파트는 가격이 하락하기 시작했다. 부산 해운대의 한 고가 아파트 단지에서는 6개월 만에 38억에서 25억으로, 13억 원 하락한 급매물이 등장했다. 지난 몇 달 동안 지방 주요 도시에서 급상승했던 아파트를 중심으로 가격 하락이 시작되었다.[27] 수도권에서도 투기 바람으로 상승했던 지역들은 아파트 가격이 하락하고 있다. 잠실의 한 아파트 단지는 호가가 3~4억 정도 하락했다.

코로나19 사태가 장기화되고 정부의 규제가 완화되지 않는다면 지난 몇 달 혹은 몇 년 동안 투기 바람으로 치솟았던 금액 정도는 전부 다 토해내야 할 가능성도 있다. 갭 투자자나 감당하기 힘든 부채를 레버리지로 부동산 버블 상투를 잡았던 이들의 큰 피해가 예상된다.

여기에 반복되는 경기침체로 매출이 급감하면서 부동산 임대인도 흔들린다. 임대인이 흔들리면 건물주도 흔들린다. 건물주가 흔들리면 은행이 흔들린다. 상업용 부동산이 흔들리면 30조 원에 육박하는 부동산 PF 대출 부실 가능성이 부각된다. 증권사들의 해외 부동산 투자펀드는 54조 원이나 된다.[28]

2030세대는 부동산에 물려 있다. 3050세대는 자녀와 부모 부양에 은퇴 준비를 못 하고 있다. 6070세대는 파산 절벽에 내몰리고 있다. 이미 전 세대가 총체적 난국에 빠져 있다.

코로나19가 2021년까지 충격을 계속 준다면 어떻게 될까? 이런 수준에 이른 한국 경제 상황을 구하려면 정부가 얼마나 많은 돈을 풀어야 할까? 아니, 돈을 푼다고 해결할 수 있을까? 2019년 기준으로 중앙과 지방정부의 부채가 700조 원을 넘었다. 공무원과 군인에게 지급하기로 약속한 연금까지 합하면 1,700조 원이다. 가계와 기업에게 원금과 이자 상환을 유예한 기간이 끝나는 6개월 뒤부터 한국에 진짜 위기가 들이닥칠 것이라는 소문이 나돌고 있다.

문제는 6개월 뒤에 한국이나 글로벌 경제 상황이 나아질 가능성이 적다는 것이다. 코로나19 2차 대유행이 세계를 강타하고 있을 때이기 때문이다. 그때가 되면 정부는 다시 6개월 유예 결정을 내려야 할 것이다. 아니면 도미노 파산이 현실이 될 수 있다.

한국 경제와 관련해서 긍정적으로 평가받고 있는 것이 2가지 있기는 하다. 삼성전자의 메모리 반도체 실적과 국가 신용평가 등급이다. 삼성전자 실적은 다른 기업이나 국면 경제에 큰 도움이 되지 않고, 국가 신용평가 등급은 위기가 실체를 드러낼 때야 비로소 후행해서 평가되니 심리적 위안거리만 된다.

2020년 말에는 영국의 노딜 브렉시트 위험도 재부각된다.[29] EU는 영국과 EU 간에 새로운 자유무역협정FTA이 채결되기 전에는 영국이 유럽 시장에 수출을 하려면 종전 EU 규정을 준수하라고 압박하고 있다. 당연히 영국은 강력 반발한다. 브렉시트 이후에도 EU 규정을 지킬 것이라면, EU에서 탈퇴할 이유가 없다는 주장이다. 단일 시장에 잔류하는 것과 다를 바 없기 때문이다. 영국은 전환 기간 안에 EU와 FTA 타결이 이루어지지 않더라도 EU 관세동맹에서 무조건 탈퇴하겠다고 벼른다. 만약 양측 주장이 타협안을 못 찾아서 2020년 말까지 FTA 타결에 성공하지 못하면, 영국과 EU 간의 무역은 WTO 체제 규정을 적용받는다.

그럴 경우 영국이 EU산 제품을 수입할 때 앞으로는 관세를 물어야 한다. 자동차의 경우 10%가 WTO 최혜국대우MFN 세율이다. 자연스럽게 영국에서 판매되는 유럽산 자동차는 가격이 올라간다. 양측 모두 부담이다. 교역량이 줄고 경제성장률이 하락할 것이 뻔하다. 2018년 말 영국은행이 자체 분석한 바에 따르면, 노딜 브렉시트가 발생할 경우 EU와의 교역량이 전체 수출입의 절반 정도(수출 45.3%, 수입 52.6%)에 달하는 영국은 GDP가 8% 정도 하락할 것으로 예측되었다. 가뜩이나 코로나19로 영국과 유로존 모두 2020년 경제성장률 하락이 불을 보듯 뻔한데 노딜 브렉시트가 현실이 되면 추가 하락이 불가피하다. 세계 경제와 주식시장은 한 번 더 놀라게 된다. 유럽 경제 회복도 그만큼 늦어진다.

참고로, 이탈리아는 코로나19 경제 충격과 더불어 국제 시장에서 자금조달 비용이 증가하면서 재정위기에 다시 처할 가능성이 높아지고 있다. 이탈리아가 무너지면 유럽 전역으로 위기가 확산된다. 프랑스, 스페인, 포르투갈, 벨기에 등 다수의 유로존 국가 은행들은 이탈리아 국채를 상당량 보유 중이기 때문이다. 일부에서는 유로존 은행권에서 신용 손실 가능 금액이 최대 3천억 달러에 이를 것이라는 전망도 한다.[30]

2020년 후반 혹은 (트럼프가 재선에 성공한다면) 2021년 이후에도 이어질 미·중 무역전쟁 재발도 한국을 기다리고 있다. 이번 코로나19 충격 이후 가계의 상환 능력이 하락하든, 부동산 가격이 한계점에 도달해서 시장의 법칙에 따라 스스로 하락하든, 중국의 금융위기가 발발하면서 도미노로 한꺼번에 무너지든, 한국의 가계 영역과 좀비 기업발 2차 금융위기 발발은 예고된 미래다.

이미 엎질러진 물이기 때문에 주워 담을 수 없다. 경제 혹은 금융 위기 때 미국이든 한국이든 중앙은행의 발권력을 동원해 공급한 막대한 유동성은 생산적인 곳에 투입되지 않는다. 그렇게 흘려 보낸 돈들은 국가의 미래 경쟁력을 높이는 데 사용되지 않는다. 좀비 기업이나 가계의 수명을 늘려주거나 최악의 상황을 막는 데 사용될 뿐이다. 돈만 풀고 근본적 수술을 하지 않는다면 인공호흡기로 좀더 버티는 것에 지나지 않는다. 만약 현 정부가 부동산 버블 붕괴를 막기 위해 대출 규제 완화와 종부세 완화 등 부동산 규제 완화로 정책을 전환하면 지옥문을 스스로 여는 일이 될 것이다.

미국도 2008년과 2020년 2번이나 피하지 못한 문제를 한국이나 중국은 피할 수 있다고 말한다. 부채 문제를 잘 다뤄서 경제위기 없이 연착시킬 수 있다고 말한다. 둘 중 하다. 미국보다 경제 운영 능력이 좋거나 운이 좋아서 늦어지고 있는 것이다. 경제 운영 능력이 뛰어난 것 같지는 않다. 그렇다면 운이다. 무엇이 한국과 중국을 이렇게 운 좋게 만들었을까?

원인을 찾는 것은 쉽다. 건국 이래 최저에 머무르고 있는 기준금리다. 당신이 1조 원을 은행에서 빌려보라. 그런데 이자가 0%다. 제로금리가 바뀌지 않는 한 원금 만기 연장만 성공하면 절대로 파산하지 않는다. 만기 연장이 안 되는 상황을 맞거나 기준금리가 오른다면 상황은 급변한다. 만기 연장이 안 되는 상황은 무엇일까? 당신의 수입이 끊기는 순간이다. 신용등급이 하락하는 상황이다. 코로나19 이후 한동안 기준금리를 더 내리면 내렸지 재인상하기는 쉽지 않을 것이다. 하지만 수입이 끊기고 신용등급이 하락하는 상황은 일어날 수 있다. 그때가 잠재된 금융위기의 봉인이 풀리고 폭탄이 터지는 순간이 될 것이다. 물론 그 순간이 올 때까지 한국은 더 많은 부채를 쌓아 위기를 벗어나려고 할 것이다. 그래서 늦게 터지지만, 나중에 터지면 예상보다 더 큰 폭풍이 강타할 것이다. 늦어질수록 회복 기간도 길어질 것이다.

중국이 터지는 상황이면 전 세계가 이번 위기처럼 대지진이 일어날 것이다. 한국은 이중 충격을 받을 것이다. 중국은 1997년 한국의 외환위기 당시처럼 상업 영역, 금융권에 막대한 부채와 부실이 쌓여가고 있다. 더불어, 부의 불균형 분배가 급속도로 커지면서 열심히 노력하여 얻는 노동소득보다 부동산을 구매해서 빠르게 부를 쌓는 자산효과 붐이 중국 전체를 강타하면서 제1차 부동산 버블 붕괴도 앞두고 있다.

사회주의 정치체제의 특성상 시장을 직접 통제하는 비율이 높아서 위기를 오랫동안 미룰 수 있지만, 반대로 그만큼 부채를 더욱 크게 쌓게 만들고 위기를 키우고 있다. 우리 모두가 보고 있듯이 중국은 이번 코로나19 위기도 막대한 부채를 찍어내서 넘어가고 있다. 그 결과는 분명하다. 더 많은 부채. 그리고 머지않아 부채 위기를 촉발시키는 생각지도 못한 사건이 터지거나, 아니면 연준을 비롯한 선진국의 중앙은행들이 어쩔 수 없이 기준금리 재인상을 시작하면 부채 위기는 다시 찾아올 것이다.

버블의 중요한 특징이 하나 있다. "버블은 반드시 붕괴된다. 예외가 없다." 중국도 예외가 아니다. 우리와 다른 정치체제와 덩치 차이가 있기 때문에, 그리고 운 좋게도 조금 더 버티고 있을 뿐이다. 중국의 부채는 전 세계에서 가장 많다. 인류 역사상 가장 많다. 이번에 더 늘어날 것이다. 중국은 금융위기를 통해 부채 디레버리징을 하지 않으면 경제성장률이 더 빨리 하락할 것이다. 장기 저성장에 빠질 수 있다. 막대한 부채를 등에 짊어지고도 터지지 않는 것은 기적도 아니고, 새로운 모델이나 탁월한 경제 운영 능력도 아니다. 운이 좋을 뿐이다. 덩치가 커서 혹은 물린 돈이 많아서 투자자들이 환상을 가지고 있을 뿐이다. 운이 다하면 중국도 부채 디레버리징을 해야 한다. 산업, 부동산, 금융권에서 대규모 구조조정을 실시해야 한다.

이번 코로나19 사태에서 보았듯이, 중국이 세계경제와 무역, 제조업 사슬에서 차지하는 비중은 엄청나다. 10년 전과 비교되지 않는다. 그렇기 때문에 중국에서 금융위기가 발생하면 미국을 비롯해서 전 세계 투자시장에 대충격이 발생할 것이다. 대부분의 나라에서 주식시장 대폭락이 발생할 것이다.

하지만 중국은 한국의 군사독재 시절보다 더 강력한 관치금융을 실시하는 나라이기 때문에 금융위기가 발발하면 아주 빠르게 구조조정을 실시하고 회복할 것이다. 중국이 금융위기를 당해 부채 디레버리징을 하지 않으면 장기 저성장에 빠지겠지만 아프고 힘들더라도 금융위기를 거치면 새로운 시스템을 갖추고 더 큰 도약을 할 동력을 얻게 된다. 한국이 외환위기를 거치면서 더 큰 성장을 했듯이 말이다. (물론 부의 불균형 분배는 커지고, 사회 전반에 걸쳐서 옛 관습이나 기득권이 무너지고 새로운 패러다임이 형성될 것이다.) 이런 미래를 미리 생각해보고, 자기 나름에 맞게 잘 준비하고 있으면 위기를 기회로 바꿀 수 있다.

필자는 2016년 출간한 《2030 대담한 도전》의 3부에서 21세기 인류 문명의 한계를 결정할 요인 10가지를 거론했다.

1. 인구 폭발

2. 지구 온난화

3. 물 전쟁

4. 식량 문제 해결을 위한 유전자 조작의 부작용

5. 변종 바이러스 위기(생물학적 시한폭탄)

6. 환경 파괴로 인한 생태 자살

7. 반복되는 경제위기

8. 종교전쟁(신新십자군전쟁)

코로나19 전염병은 다섯 번째에 해당한다. 코로나19 이후 인류는 비슷한 혹은 더 강력한 변종 바이러스 전염병을 걱정할 것이다. 코로나19처럼 팬데믹을 일으키는 전염병이 우리를 다시 찾아오는 미래는 정해진 미래다. 전문가들은 인간의 무수한 생명을 앗아갈 침묵의 암살자 변종 바이러스는 11~39년 간격으로 찾아온다고 말한다. 2008년 신종인플루엔자가 발생했으니, 2020년 코로나19는 12년 만에 다시 찾아온 전염병이다. 하지만 더 크고 무서운 것들이 많다.

지구온난화도 심각한 문제다. 지구온난화 문제, 환경파괴 문제가 해결되지 않는 한 코로나19보다 더 무서운 전염병이 반복되는 것을 막을 수 없다. 지구온난화는 전염병보다 더 많은 사망자를 낼 물 전쟁의 근본 원인도 된다. 필자는 핵무기로 인류가 몰살될 가능성이 높은 제3차 세계대전이 일어난다면 물 전쟁이 발단이 될 것이라고 예측했다. 바이오 나노기술과 인공지능 등 미래기술은 인간의 삶을 풍요롭게도 하지만 인간의 존재 자체를 파괴할 위험 요소도 포함하고 있다. 하나하나가 미리 대비하지 않으면 인류를 멸종시킬 수도 있는 무서운 문제들이다. 《2030 대담한 도전》에서 필자는 10가지 문제를 하나씩 분석하고 예측하면서 이렇게 말했다.

그림 44 인류의 생존을 위협하는 문제들

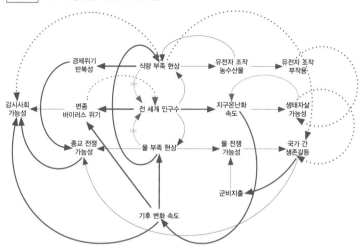

위의 10가지 문제들은 서로 동떨어진 문제가 아니라 서로 연관되어 있다. 어떤 것들은 균형 피드백이 작동하면서 부작용을 상쇄시킨다. 하지만 대부분은 서로 강화 피드백 작용을 하면서 위기를 심화시킬 것이다.

하지만 이런 말도 덧붙였다.

인류는 생존을 위협하는 문제들에 대한 '도전과 응전'을 통해 문명을 발전시켜왔다. 생존을 위협하는 추위, 가뭄, 자연재해, 두려운 적, 전염병 등에 도전하고 응전하는 과정에서 신기술과 신사고를 개발하면서 문명을 발전시켰다. 당면한 긴급한 위기를 해결하는 과정에서 새로운 기회를 만들었다. 개인, 기업, 더 나아가 인류 전체가 겪을 수 있는 현재나 미래의 위기, 문제들을 두려워하지만 말라. 회피하지도 말라. 위기를 외면하면 더 성장할 수 있는 기회도 동시에 사라진다. 위기에 선제적으로 대응하고, 동시에 위기와 문제 속에 있는 위대한 창조와 혁신의 기회를 잡아야 한다.

코로나의
교훈

어떤 이는 지금을 변덕스럽고Volatile, 불확실하고Uncertain, 복잡하고 Complex, 모호한Ambiguous 시대라고도 말한다. 적절한 표현인 듯싶다. 이런 시대에 거대한 위기에 선제적으로 대응하고, 동시에 위기와 문제 속에 있는 위대한 창조와 혁신의 기회를 잡으려면 어떻게 해야 할까? 코로나19에서 배운 몇 가지 교훈에서 그 방법을 찾아보자. 교훈은 6가지다.

첫째, 위기는 누구도 피해 가지 않는다.

둘째, 위기를 극복하려면 투명성이 중요하다.

셋째, 위기는 초기 대응이 가장 중요하다.

넷째, 위기는 전방위 대응이 그다음으로 중요하다.

다섯째, 위기는 빨리 극복하면 기회로 바뀐다.

여섯째, 위기 속 기회에도 위기는 숨어 있다.

코로나19 위기는 부자든 빈자든 강대국이든 약소국이든 모두에게 예외 없이 닥쳤다. 거대한 위기는 사람을 가리지 않는다. 앞으로 일어날 다음 위기들도 마찬가지다. 누구도 피할 수 없다. '나는 예외다, 우리나라는 다르다'는 말이 통하지 않는다. 모두에게 동일하게 찾아오는 위기다. 하지만 예측, 준비, 대응력에 따라서 피해 규모가 달라진다. 예측, 준비, 대응력을 높이려면 어떻게 해야 할까?

가장 중요한 것이 투명성이다. 미래는 예언할 수 없지만 논리적이고 확률적인 예측으로 준비할 수 있다. 미래를 예측할 수 있는 이유는 미래가 그냥 오지 않기 때문이다. 위기든 기회든 미래는 신호를 주고 온다. 신호를 잘 파악하려면 정보에 대한 투명성이 있어야 한다. 신호 정보를 찾는 사람이나 그 신호를 전달받는 사람 모두 투명성을 가져야 한다. 남의 눈치를 보거나 자기의 신념이나 정치적 이득에 따라서 왜곡하면 안 된다. 내가 왜곡한다고 해도, 부정하고 외면한다고 해서 위기가 사라지지는 않는다. 오히려 재난을 맞는다.

코로나19 사태에서 중국의 우한, 이탈리아, 일본 등의 사례를 보라. 감추다가 혹은 무시하다가 위기를 키웠고 재난이 되고 말았다. 중국은 우한에서 의사 리원량이 웨이보에 코로나19 위험성을 알린 사실을 공권력을 동원해서 막았다. 중국과 전 세계 사람들에게 가장 중요했던 신호를 무시하고 왜곡시켰다. 결과는 재앙이었다. 신호를 찾고 받아들이는 것부터 투명성이 확보되어야 준비와 대응도 최적으로 할 수 있다. 위기는 초기 대응이 가장 중요하다. 초기 대응력을 높이려면, '위기가 일어나면 어떻게 해야 할까?'를 미리 생각해놓아야 한다.

인간은 지혜롭다. 우리 주위에는 똑똑한 사람이 많다. 각 분야의 전문가도 충분하다. 하지만 미리 준비하고 대응하는 사람은 적다. 인류 역사를 보면 그 어떤 위기라도 대부분 극복했다. 해법을 찾았다. 문제는 속도였다. 거대한 재난이 발생했다고 생각해보자. 대부분 이렇게 행동한다.

위기 A 발발 → 1차 긴급회의 소집 → 전문가를 통한 A1 해법 도출 → A1 해법 시행. 하지만 (찾아낸 해법 A1보다 위기 발전이 더 빨라서 위기가 A에서 B로 발전) 해법 통하지 않음 → 2차 긴급회의 소집 → 전문가를 통한 B1 해법 도출 → B1 해법 시행. 하지만 (찾아낸 해법 B1보다 위기 발전이 더 빨라서 위기가 B에서 C로 발전) 해법 통하지 않음 → (…) → 위기가 F까지 발전한 후 '스스로' 속도가 줄어들기 시작 → 뒤늦게 쫓아서 만든 F1 해법이 효과를 내기 시작 → 위기 마무리

이렇게 되는 현상을 뒷북친다고 한다. 이런 상황에서 벗어나는 방법은 무엇일까? 위기가 발생했을 때, 긴급회의를 더 빨리 소집

하면 되는가? 아니다. 간단한 방법이 있다. 위기가 시작되기 전에 모여서 미리 생각하고, 미리 준비하고, 미리 전략과 행동 가이드 라인을 만들어놓으면 된다. 위기가 실체를 드러내지 않았으니 이런 단계에서는 한 가지 전략이나 행동 매뉴얼로는 부족하다. 다양한 시나리오를 수립하고 그에 맞는 복수의 전략과 매뉴얼을 준비해야 한다. 위기가 실제 발생하기 전에는 이런 절차는 귀찮고 소모적이다. 그래서 안 한다. 이런 준비를 안 했으니 위기가 발생하면 허둥지둥한다. 허둥지둥하다가 위기를 스스로 키운다. 그리고 생존의 위협에 몰린다. 위기는 초기 대응이 중요하고, 초기 대응을 잘하는 가장 확실한 방법은 위기가 일어나기 전에 미리 생각하고 준비하는 것이다.

위기가 발생하면 전방위 대응을 하는 것도 중요하다. 당연히 전방위 대응에 대해서도 위기 전에 미리 생각하고 준비해놓아야 한다. 전방위 대응을 해야 하는 이유도 간단하다. 위기가 어디로 튈지 모르고, 위기가 발생하면 전방위 시각을 확보하기 힘들기 때문이다. 산불을 진압하는 소방관을 생각해보라. 산불 흐름만 따라가다가는 산 전체를 다 태운다. 초기에 진압하고, 초기 진압도 전방위로 한다. 코로나19 사태에서 한국과 다른 나라의 차이는 무엇일까? 우리는 잘 안다. 다른 나라들은 감염자 확산 속도와 수를 감추었다. 위기를 축소 발표했다. 무시했다. 하지만 한국은 전방위 전수조사를 했다.

일부에서는 한국에서 감염 의심자 검사가 너무 많았다고 지적했다. 하지만 시간이 지나면서 한국의 방법이 옳았다고 평가했다. 초기에 전방위 전수조사를 해서 (초기에 나타나는 위기 관련 수치는 커질 수 있지만) 진압을 했기에 최종적으로 인명 피해 규모, 의료 자원과 경제 충격 등을 감소시켰다. 미국과 한국의 최초 감염자 발생과 초기 감염 확진자 수가 비슷했지만 감염자와 사망자 수가 수십 배 차이 난 이유다.

위기는 빨리 극복하면 기회로 바뀐다. 코로나19 사태에서 한국이 보여준 빠른 위기 대응력은 전 세계의 찬사를 받았다. 많은 국내외 전문가들이 코로나19에 대한 대응으로 한국의 신뢰도가 높아졌다고 말한다.

코로나19 이후에 바이오 분야뿐 아니라 제조업 생산기지로서 안정과 신뢰성 때문에 큰 기회가 올 것이라고 말한다. K-진단키트는 벌써 대박이 났다. 한국의 기술과 문화도 집중 조명을 받았다. 코로나19 이후 한국의 대중문화 호감도가 더 높아지면서 한류 열풍이 오래 유지될 수도 있다. 주식시장에서 대폭락을 준비했던 투자자는 코로나19 상황에서도 최고의 수익률을 올렸다.

위기는 누구도 피할 수 없지만 극복하는 속도는 다르다. 빨리 극복하면 남은 위기 기간이 전부 기회가 된다. 하지만 극복 속도가 늦을수록 피해는 커진다. 심지어 위기가 다 지나가고 난 후에도 후유증에 시달리게 된다.

중국의 우한, 이탈리아, 미국 뉴욕은 가까스로 코로나19 진압에 성공했지만 앞으로 그 후유증이 만만치 않을 것이다. 경제가 회복되는 속도도 다른 나라 혹은 다른 도시보다 느릴 것이다. 그 지역에서는 몇몇 부작용도 나타날 것이다. 예를 들어, 피해가 큰 만큼 외상후스트레스장애도 다른 곳보다 클 것이다.

코로나19 팬데믹의 높은 전염성과 강력한 치명률의 공포를 현장에서 온몸으로 직접 체험한 공공보건 근로자, 의료 종사자들의 심리적 고통이 아주 크다. 코로나19가 종식되어도 이들은 아주 심한 외상후스트레스장애에 시달릴 가능성이 높다. 지역 전체가 코로나19로 직접 피해를 입었으니 해당 지역 전체 공공보건 근로자 의료 종사자들이 외상후스트레스장애에 시달리게 된다.

코로나19 이후에도 지역 의료 시스템에 오랫동안 후유증이 발생할 가능성이 높다. 《팬데믹 심리학The Psychology of Pandemics》이라는 책을 쓴 브리티시컬럼비아대학의 스티븐 테일러는 2002년 사스가 전 세계를 강타하고 난 1~2년 후에도 사스 진압에 참여한 사람들은 여전히 생산성이 떨어졌고, 번아웃과 외상후스트레스를 경험할 가능성이 더 높았다고 평가했다.[31]

마지막으로 위기 속 기회에도 위기는 숨어 있다. 오일전쟁으로 국제 유가가 대폭락했다. 겉으로 보면 큰 기회다. 앞으로 상승할 일만 남았기 때문이다. 하지만 그런 기회 속에도 숨은 위기가 있다. 위기 속에서 찾아오는 기회에서도 숨어 있는 또 다른 위기를 조심해야 한다. 국제 유가 상승이 기회는 맞지만 원유 선물 가격에 직접 연결된 ETF, ETN 상품에 투자한 사람들은 막대한 손실을 입었다.

'동학개미군단'의 핵심 종목인 삼성전자 주식과 원유 ETF, ETN 중에 어떤 것이 더 나은지를 묻는 이들이 많았다. 필자는 원유 ETF, ETN는 다른 ETF보다 난도가 아주 높기 때문에 개인 투자자는 피하는 것이 좋다고 조언했다. 차라리 개인 투자자는 유가와 상관관계가 높은 에너지 회사나 에너지 섹터 ETF에 투자하는 것이 더 안전하다고 주의를 주었다. 원유 ETF, ETN에 숨어 있는 위기는 이런 것들이었다.

현재 유가가 낮더라도 앞으로 상승이 예측되면 만기가 긴 선물 가격이 현물가격보다 비싸진다. 선물고평가先物高評價라고 하는 콘탱고contango 현상이다. 일반적으로 선물에는 이자, 창고료, 보험료 등 보유 비용이 들어간다. 당연히 현물보다 가격이 높고, 결제 월이 멀수록 비용이 늘어난다. 그러니 선물은 만기가 정해져 있다. ETF는 만기가 없기 때문에 지수를 추종하는 유가 선물이 만기가 되면 근월물을 매도하고 원월물을 다시 매수해야 한다. 원유 관련 ETF를 장기간 보유하면 유가 선물은 만기 때마다 교체(롤오버) 비용을 추가로 물어야 한다. 일명 '잔고가 녹아내린다'는 일이 벌어진다. 단기 차익을 노리는 경우, 롤오버 비용은 크게 문제가 되지 않는다. 하지만 장기 보유하면 1년에 10% 이상 롤오버 비용으로 녹아내릴 수 있다.

국제 유가가 변동성이 크다는 것도 위험 요소다. 변동성이 큰 상품은 오르고 내리고 반복하는 횟수가 많을 수밖에 없다. 같은 5%로 상승과 하락을 반복한다면, ETF 가격은 제자리가 아니다.

하락한다. 이런 특성 때문에 다행히 조금씩 우상향하면서 등락을 반복하더라도 수익률이 적어진다. 또한 가격 괴리율 위험도 있다. 투자자가 몰려서 유동성공급자가 수급을 적시에 맞추지 못하면 실제 가치 반영이 제대로 되지 않아서 투자자가 제 가격보다 비싸게 매수할 가능성도 있다. 원유 ETF, ETN은 위기 속 기회에서 위기는 숨어 있다는 말이 가장 잘 어울리는 사례다.

코로나19는 아직 끝나지 않았다. 어쩌면 가장 위험할지 모르는 2차 유행이 다가오고 있다. 정부, 기업, 개인 모두 자만과 방심에 빠지지 말아야 한다. 지금부터 다시 심기일전해야 한다. 코로나19 1차 대유행기에서 배운 교훈들을 되새기며 2~3차 대유행을 철저히 대비해야 한다. 또한 코로나19 이후 새로운 세상에 대해서도 미리 생각하고 준비를 해야 한다. 만약 그렇게 할 수만 있다면 국내외 전문가들이 찬사를 보내고 격려를 했듯이 코로나19 이후 한국에 큰 기회가 올 수 있다.

필자가 이 책에서 예측하고 경고했던 몇 가지 또 다른 위기들은 피할 수 없지만, 그런 위기가 우리를 무너뜨리지 못하게는 할 수 있다. 위기도 기회로 대전환시킬 수 있다. 하지만 자만하고 방심하거나 다음 위기에 대해서 귀를 닫고 무시해버린다면 재앙이 일어날 수 있다. 그렇게 되면 한국에 찬사를 보냈던 해외 전문가와 지도자들의 말은 비난과 야유로 바뀔 것이다. 우리의 미래가 둘 중 어디로 갈지는 지금 우리 손에 달려 있다.

주

1장. 단기 질서 변화

1 제니퍼 라이트, 《세계사를 바꾼 전염병 13가지》, 이규원 역, 산처럼, 2020.

2 뉴스1(2019.12.05), 조성관, "스페인독감과 천재 화가의 죽음"

3 매일경제(2020.4.17), 이병문, "1918년 스페인독감, 당시 세계 인구 3분의 1 감염된 후 소멸'"

4 신동아(2020.1.31), 송홍근, "스페인독감, 식민지 조선을 휩쓸다"

5 동아일보(2020.4.1), "바이러스 퍼뜨렸지… 뉴욕서 동양여성 염산테러 당해"

6 한국경제(2020.4.2), 오춘호, "뉴욕의 아픔에서 코로나를 읽는다"

7 사이언스타임즈(2020.3.17), 유성민, "코로나19로 인해 평범한 일상이 바뀐다"

8 월간중앙(2020.3.27), 윤지호, "전염병이 바꾼 인류의 역사"

9 월간중앙(2020.3.27), 윤지호, "전염병이 바꾼 인류의 역사"

10 문화일보(2016.6.16), 엄주엽, "병자호란 때, 청의 조기협상은 천연두 덕분"

11 데일리안(2020.4.4), 강현태, "역설: 인간이 멈추자 자연이 숨쉰다"

12 동아일보(2020.4.3), 김민수, "코로나의 역설, 인간이 멈추자 지구가 건강해졌다"

13 한겨레(2020.4.2), 조일준, "코로나 팬데믹, 석유산업 저물로 기후변화 멈출까?"; 서울신문
(2020.4.9), 박종익, "코로나로 활동 멈추니, 인도서 30년 만에 히말라야가 보이네"

14 한국경제(2020.4.9), 강은구, "이런 숫자를 보게 될 줄이야. 김포공항 국제선 이용 9만명에서 0명";
나우뉴스(2020.4.6), 박종익, "코로나의 역설, 지구가 조용해졌다. 진동 줄고 하늘 맑아지고"

15 서울경제(2020.4.5), 최우문, "중국 주요 아웃렛 북새통, 소비 살아나나"

16 국민일보(2020.4.5), 박장군, "2만 명 몰린 중국 황산, 발 디딜틈 없는 '1cm' 거리두기"

17 중앙일보(2020.4.9), 이승호, "코로나 이후 폭풍구매? 보복성 소비 중국 경제 구세주 될까?"

18 매일경제(2020.4.12), 신익수, "제주, 강릉 5월 호텔객실 동났다"

19 중앙일보(2020.4.1), 김다영, "팬데믹 선언날, 성인용품 불티, 세계 '코로나 베이비붐' 오나"

20 동아일보(2020.4.6), 서형석, "현대차그룹, 코로나 진정 중국시장서 파격 판촉"

21 매일경제(2020.3.24), 신현규, "코로나발 위기, 야구로 치면 1회초 진입. 큰 기업 40% 사라질 것"

22 김우주, "신종인플루엔자 A/H1N1 대유행: 현황과 전망" 대한의사협회지, 2009: 52(8), 787.

23 김우주, "신종인플루엔자 A/H1N1 대유행: 현황과 전망" 대한의사협회지, 2009: 52(8), 789.

24 연합뉴스(2020.4.14), 차병섭, "코로나19 바이러스 고온서도 생존 가능, 여름에도 확산?"

25 중앙일보(2009.5.29), 안혜리, "신종 플루, 무더위에도 기승 왜?"

26 https://www.cdc.gov/flu/pandemic-resources/2009-h1n1-pandemic.html

27 김우주, "신종인플루엔자 A/H1N1 대유행: 현황과 전망" 대한의사협회지, 2009: 52(8), 790.

28 동아일보(2020.4.20), "뉴욕 의료체계 붕괴, 죽을 정도 아니면 입원도 못한다"

29 조선일보(2020.4.21), 이철민, "코로나, 나도 혹시 걸렸다가 나도 모르게 지나갔을지도"

30 머니투데이(2020.4.15), 황시영, "사회적 거리두기 2022년까지 필요할 수도"

31 한국경제(2020.4.12), 박상용, "영국 옥스퍼드대, '이르면 9월 코로나 백신 개발'"

32 파이낸셜뉴스(2020.4.17), 박종원, "미국 코로나19 치료제 '렘데시비르', 임상실험서 획기적인 효과"

33 중앙일보(2020.4.17), 김다영, "여기는 미쳐 돌아가고 있다. 뉴욕 요양원서만 2500명 숨져"

34 동아일보(2020.4.18), 허문명, "전시상황 대비하는 미국, 총과 탄알 구매 늘었다"

35 https://m.sports.naver.com/news.nhn?oid=425&aid=0000105092

36 블로터(2020.4.17), 황치규, "페이스북, 내년 6월까지 대형 오프라인 행사 없다"

37 동아사이언스(2020.4.13), 김민수, "코로나19 백신 후보 78개 개발 중, 5개는 사람 대상 임상 돌입"

38 중앙일보(2020.4.14), 임선영, "코로나 중대 돌연변이 발견, 백신개발 헛수고 될 수도"

39 전자신문(2020.3.18), 정현정, "코로나19 치료제, 백신 개발 왜 어려울까?"

40 한국경제TV, "미 연구진, '코로나 초기 1명이 5.7명 전염, 사흘에 2배씩'"

41 서울경제(2020.4.15), 임웅재, "면역 레이더도 피해가는 코로나, 항바이러스제 증상 초기에 써야"

42 경향신문(2020.4.13), 정원식, "왜 동유럽이 서유럽보다 코로나 잘 막았을까?"; https://www.worldometers.info/coronavirus/

43 매일경제(2020.4.12), 김형주, "한은 '두 달 내 코로나 잡혀도 금융위기급 경제 충격 못 피해'"

44 매일경제(2020.4.9), 신헌철, "IMF 총재, '올해 170개국 마이너스 성장 불가피'"

45 아시아경제(2020.4.4), 장세희, "ADB, '코로나19로 세계 경제 손실 최대 5000조 원 전망'"

46 연합뉴스(2020.4.8), 이상헌, "ILO, 코로나19로 노동자 81% 영향, 2차대전 이후 가장 심각"

47 조선일보(2020.3.30), 신수지·최원석·김신영, "한국, 머뭇거리다간 2008년 일본 꼴 난다. 기업부터 살려라"

48 파이낸셜뉴스(2020.4.14), 예병정, "코로나 장기화, 재발 '최악 시나리오' 땐 내년 세계 성장률 8%p 추가 하락할 것"

49 경향신문(2020.4.20), 송진식, "코로나 4분기까지 이어지면 건설사 7000곳 한계상황 직면할 것"

50 네이버 지식백과, 구매자관리지수(시사상식사전, pmg 지식엔진연구소)

51 한국경제(2020.4.8), 강동균, "코로나가 기회, 차이나머니, 자금난 처한 해외기업 노린다"

52 파이낸셜뉴스(2020.4.19), 송경재·윤재준, "코로나가 촉발한 '탈중국', 차이나머니 막는 나라들 증가"

53 한국경제(2020.4.7), 선한결, "큰손 사우디 국부펀드, 크루즈기업 주식 매입, 저가 매수 타이밍"

54 뉴시스1(2020.4.15), 한상희, "코로나로 일대일로 위기에 빠질 가능성 커져, 이유는?"

55 중앙일보(2020.3.28), 윤성민, "G20, '코로나 함께 극복' 외쳤지만, 2008년과 달라진 각자도생의 세계"

56 한국경제(2020.4.5), 정영효, "부품 수입 막히자 식겁한 일본, 중국 공장 유턴비용 3분의 2 대준다"

57 중앙일보(2016.10.19), 이동현, "사실상 회생 불능 좀비 기업 비율, 일본 2% 우린 15%"

58 중앙일보(2020.4.16), 유상철, "트럼프 '기업들 돌아오라' 중국 철수 압박, 일본도 가세, 중국 긴장"

59 중앙일보(2020.4.13), 조현숙, "코로나19로 고통받는 최빈국, G20 '채무 상황 연기' 추진"

60 머니투데이(2020.4.7), 김성은, "85개국이 IMF에 손벌려, 코로나19 위기 몰린 신흥국"

61 중앙일보(2020.4.12), 조현숙, "IMF에 회원국 절반 90여 개국 '살려달라' SOS, '세계대전 이후 최악'"

2장. 중장기 질서 변화

1 한국경제(2020.4.20), 강경민, "코로나 핑계로 안면인식 추적까지, 21세기 빅브라더 등장"; 머니투데이(2020.4.20), 박수현, "감시강화, 이동통제, 코로나19 틈탄 민주주의 위기"

2 KBS1, 글로벌 다큐멘터리, "네트워크가 지배하는 세상"

3 조선일보(2020.4.21), 김신영, "거대 코로나 위기가 거대 권력을 만든다"

4 한국경제(2020.4.16), 안정락, "코로나 팬데믹, '디지털 달러' 늦출 수 없다"

5 파이낸셜뉴스(2020.4.6), 김미희, "비대면 결제 늘며, 한은도 '디지털화폐' 실험 시작한다"

6 연합뉴스(2020.4.20), 차대운, "중국, 디지털화폐 시험 공식화, 쑤저우, 선전 등지서"

7 파이낸셜뉴스(2020.4.6), 김미희, "비대면 결제 늘며, 한은도 '디지털화폐' 실험 시작한다"

8 동아일보(2020.4.10), 조유라·이윤태, "언택트 기업 창업주가 억만장자로… 코로나19가 세계 경제 질서 흔들어"

9 IBS(2020.3.12), 차미영, 코로나19 과학 리포트, "인공지능으로 바이러스 진단, 예측"

10 머니투데이(2020.4.6), 조성훈, "코로나와 싸우는 AI, 자가격리자 문진하고 치료제도 찾고"

11 조선일보(2020.3.26), 이영완, "코로나 극복할 새로운 맨해튼 프로젝트"

12 신동아(2020.4.15), 송화선, "중국발, 언택트 기술 혁명, 코로나19가 준 선물?"

13 이사아경제(2020.4.9), 박선미, "또 터진 매출 거품 의혹, 커지는 중국기업 경계감"

14 중앙일보(2020.4.5), 정원엽, "중국 투자 반토막, 미국 1만 명 해고, 스타트업 경제 쓰나미 또 온다"

15 이데일리(2020.4.8), 정다슬, "실리콘밸리 덮친 코로나, 유니콘 기업들 조랑말 전락 위기"

16 중앙SUNDAY(2020.4.11), 황정일, "거리두기 직격탄 맞은 '공유' 에어비앤비 생사가 불투명"

17 중앙일보(2020.4.22), 김은빈, "트럼프 '성가시게 구는 이란 보투 다 쏴버려라' 해군에 지시"

18 중앙일보(2020.4.10), 임주리, "미국, 사망 중 70%가 그들인데, 흑인이라서 마스크도 못 쓴다"

19 중앙일보(2020.4.23), 배정원, "미국 실업률 30% 달하면, 푸드뱅크 감당 못해… 제2대공황 온다"

20 헤럴드경제(2020.4.17), 손미정, "누구나 감염, 코로나는 정말 인류에게 '평등한 재앙'일까?"

21 연합뉴스(2020.4.3), 이영섭, "EU 분열 우려 증폭, '이러다가 해체된다' 내부에서도 위기감"

22 조선일보(2020.4.6), 이벌찬, "중국 내부서 터져나온 경고 '노동자 2억 명이 실업자 될 것'"

23 중앙일보(2020.4.8), 장윤미, "'돈으로 안정을 산다' 시위 급증에 대처하는 중국식 해법"

24 중앙일보(2020.4.20), 유상철, "G7이 입은 손실만 4815조 원, '코로나 분풀이' 중국으로 향한다"

25 서울경제(2020.4.8), "상장사 35% 작년 이자도 못 갚아, 경제 셧다운된 올해 줄도산 공포"

26 매일경제(2020.4.19), 이진우, "IMF 망령 스멀스멀, 자영업자가 찍는 2020년판 '눈물의 비디오'"

27 한국경제(2020.4.23), 정연일, "해운대 두산위브, 6개월 새 38억에서 25억"

28 디지털타임즈(2020.4.8), 김민주, "코로나발 뇌관 터지나, 해외부동산 침체, 떨고 있는 증권가"

29 한국경제(2020.4.19), 강경민, "영국, IMF 요청에도 '노딜 브렉시트' 불사, 하반기 최대 악재 되나"

30 아시아경제(2020.4.13), 권재희, "코로나 위기에 미국보다 유로존 은행 더 취약"

31 https://research-paper.co.kr/news/view/271922

Post COVID-19

BIG
CHANGE